高校排球运动教学模式与科学竞训研究

桑 勇 著

全国百佳图书出版单位

吉林出版集团股份有限公司

图书在版编目（CIP）数据

高校排球运动教学模式与科学竞训研究/桑勇著
.--长春：吉林出版集团股份有限公司，2023.6
ISBN 978-7-5731-3679-4

Ⅰ．①高…　Ⅱ．①桑…　Ⅲ．①排球运动－体育教学－
教学研究－高等学校②排球运动－运动训练－教学研究－
高等学校Ⅳ．①G842.2

中国国家版本馆 CIP 数据核字（2023）第 115250 号

高校排球运动教学模式与科学竞训研究
GAOXIAO PAIQIU YUNDONG JIAOXUE MOSHI YU KEXUE JINGXUN YANJIU

著：桑　勇
责任编辑：欧阳鹏
技术编辑：王会莲
封面设计：豫燕川
开　本：787mm×1092mm　1/16
字　数：264 千字
印　张：13.25
版　次：2024 年 4 月第 1 版
印　次：2024 年 4 月第 1 次印刷

出　版：吉林出版集团股份有限公司
发　行：吉林出版集团外语教育有限公司
地　址：长春福祉大路 5788 号龙腾国际大厦 B 座 7 层
电　话：总编办：0431—81629929
印　刷：吉林省创美堂印刷有限公司

ISBN 978-7-5731-3679-4　　定价：69.00 元

前　言

　　教育是立国之本,强国之基,没有优良的教育,一个国家就难以获得发展。在经济和社会的快速发展下,竞争日益加剧,而这种竞争逐渐演变为人才的竞争。在这一背景下,高等教育面临着培养全面型高素质人才的历史使命。而健康的体质是人才的基础,要培养合格的人才,高校必须重视体育教学。尤其是目前我国面临着国民体质日益下降的严峻形势,如何加强高校体育教育,进行体育教育改革,成为高校体育教育的重要工作。

　　我国对高校体育教育非常重视。《中共中央国务院关于深化教育改革全面推进素质教育的决定》中明确了体育教育工作的重要性,《全国普通高等学校体育课程教学指导纲要》也对体育课程进行了分析与定位,这些都为我国高校体育教育的发展指明了方向。高校体育教育要严格遵循"健康第一""以人为本""终身体育"的指导思想,以《全国普通高等学校体育课程教学指导纲要》为依据,遵循体育教育的客观规律,不断进行体育教育改革,提高体育教育质量,为实现培养全面人才的重任而努力。

　　本套教材具有以下特点:

　　(1)内容丰富。本套教材根据高校体育教育的实际、学生体育学习的需要以及时代的发展要求,从庞大的体育系统中选择了一些对学生发展有利的、易于学生接受的、时代性强的内容进行讲解,既包含体育理论的相关知识,也包含体育运动项目的实践,编排全面、合理,能够满足高校体育教师教学与学生学习的需要。

　　(2)教育性强。本套教材在编写过程中突出教育性,不仅对学生进行体育文化的教育,还对学生进行体育实践的指导,更注重学生体育技能的掌握与体育意识的培养,体现出了体育在素质教育与人才培养方面的重要性。

　　(3)突出个性。本套教材在编写中严格遵守"以人为本"原则,内容选择上从学生的需要出发,讲解中考虑了学生的身心发展特征,并体现出了个体差异,有利于学生在学习过程中的个性培养,为终身体育奠定基础。

　　(4)实用性强。本套教材所选内容切合实际,编排遵循了人类认识的一般规律,语言通俗易懂,图文并茂,方便教师教学与学生学习,具有较强的实用性。

　　本书在教学与训练方法和手段的方面遵循了运动技能的形成规律,突出了教材的实用性,以"实用"为核心组织素材;语言通俗易懂,教材结构清晰、合理,层次分明,由易到难,由浅入深,图文并茂,既有利于教师教学,也有利于学生自主学习。以使读者更好地了解排球运动相关知识,也能提高学习的兴趣。

本书在撰写过程中吸收、借鉴了国内外专家和学者的研究成果和资料,在此表示衷心的感谢。由于撰写人员精力和水平有限,书中难免存在不妥之处,敬请广大读者批评指正。

目 录

绪　论

第一节　排球运动的历史渊源

一、排球运动的起源

据相关史料记载,美国是排球运动的发源地。1895 年,美国马萨诸塞州霍利沃克城的基督教青年会干事威廉·摩根经过长时间的摸索,创造了一种运动节奏比较缓和的、适合中老年人的球类游戏,游戏中人们对球进行隔网拍打,相互嬉戏,尽量使球不落地。摩根把这种游戏取名为"Mitontte",即"小网子"的意思,这就是排球运动的雏形。

在排球运动的初始阶段,运动场地及规则均相对随意,并没有严格规定。在游戏普及初期,人们在一处空地上,将一张球网架在 5 英尺 6 英寸的高度上(1.98 米),游戏过程中用篮球内胆隔着网来回拍打,球在空中飞来飞去。由于当时并没有专业的排球供游戏使用,而篮球和足球又太重,在游戏过程中很容易挫伤手指、手腕,为了找到合适的游戏用球(既不伤手指,又不会一打就跑),摩根找到当时美国制作体育用品的司保丁公司,司保丁公司按摩根的设计要求制作了一种外表用软牛皮包制、内装橡皮胆的球,这种球与现代排球相近,球的圆周为 25～27 英寸(63.5～68.5 厘米),重量为 9～12 盎司(255～340 克)。在此之后,排球运动员所用排球的大小与重量都和这个球保持统一。

1896 年,"Mitontte"在美国马萨诸塞州斯普林菲尔德基督教青年会体育指导大会上进行了首次表演赛,当时观看比赛的春田市的哈尔斯戴特博士建议把这一运动命名为"Volleyball",即"空中截球"的意思,该名称得到了摩根及表演者的一致同意,此后,"Volleyball"被一直沿用到现在。1897 年,美国体育杂志公开说明排球比赛的打法和简单规则,越来越多人的参与到排球比赛中,美国的教会、学校、社会在排球比赛方面分配了很多注意力,排球运动成为美国体育项目中的一种,在美国得到了快速的发展。

二、排球运动的发展历程

(一)从娱乐性向竞技性过渡

排球运动的第一发展阶段是由娱乐性向竞技性过渡,其发展时间大概为 19 世纪初至 20 世纪中叶。起初,排球运动是作为一项活动强度小、适合中老年人的运动产生的,没有具体的游戏规则,双方只需要将球打到对方的网内即可,具有较强的娱乐性。

随着参与人数的增加,人们逐渐认识到,难以将球一次击入对方的球网中,人们难以接到网前位置击来的球。随着网球这一运动的难度逐渐增加,人们开始尝试多种打球方法,久而久之形成了一套体系,并开始形成了简单的战术配合。

因为排球游戏中,游戏一方无休止地击球而始终无法过网的现象较为频繁,所以为了限制得球方无限传球导致的拖慢比赛节奏的问题,后来人们规定了每次获得球权后本方半场的传递次数,即每方击球至多3次,3次传递后球必须过网,否则判负的运动规则。这一规则的出现给排球运动的发展带来了巨大的影响,排球技术中的进攻技术开始分化为传球和扣球两种。在排球运动中,传球主要分为两次,分别由两个人负责,即一传和二传,一传以防守为主,二传则以进攻为主。随着排球运动的变化,原本为了满足中老年人需求的运动量较小的排球开始逐渐受到更多年轻人的青睐,网球运动的节奏逐渐加快,运动量也逐渐增加,赋予了更多的对抗元素。在排球运动环节中,扣球的威力较大且进攻多以网前为主,为了对抗扣球,人们将防守移到了网前,拦网战术出现。由于球权获得队的触球机会减少,任何技术环节都是宝贵的进攻机会,其中没有对方干扰的发球技术就越发得到人们的重视。排球运动的发球也开始采用增加力量的侧面上手球,从此排球运动的性质发生了变化,逐步从娱乐性游戏发展成为竞技运动之一。

当一项游戏被赋予了更多竞技元素并将朝着竞技化进一步发展的时候,一套系统的、公平的规则就是必要的产物,排球运动竞技化同样如此。1921~1938年间,排球运动的规则不断进行着大幅度的改变与完善。规则的改变也使得运动的战术更加明确与系统,如排球运动中就将发球、传球、扣球、拦网确立为当时排球运动的四大基本技术。后来,人们将这些技术进行有针对性的组合,并且在恰当的时机使用出来,排球战术由此出现,这为队员们在比赛中有目的、有意识、有组织的位置分工及战术配合和排球运动的深入发展打下了坚实的基础。

(二)竞技排球快速发展

排球运动的第二个发展阶段是在20世纪40年代至20世纪80年代,是竞技排球的快速发展阶段。第二次世界大战结束之后,在排球运动逐步成熟的大背景下,部分国家先后成立了排球协会。为了更加统一的开展国际排球活动,1946年,法国、捷克斯洛伐克、波兰倡议成立国际排球联合会。1947年,国际排联在巴黎成立,总部设在洛桑,法国的保尔·黎伯为第一任国际排联主席。国际排球联合会制定了国际排联宪章、排球竞赛规则,成立了技术委员会、竞赛委员会、裁判委员会。国际排联的成立标志着排球运动从此彻底摆脱了娱乐游戏性质,正式进入竞技排球阶段。国际排联成立后组织了一系列大赛,每隔四年举办一次,一直延续至今。众多的排球赛事和广泛的国际排球活动,促进了排球运动技战术的蓬勃发展。

20世纪50年代,东欧一些国家的排球技术水平较高。苏联男、女排均以身高体壮、扣球力量大且凶狠成为当时排球运动中"力量派"的代表,曾多次蝉联世界冠军。捷克斯洛伐克的男排是当时排球运动"技巧派"的代表,是当时苏联排球队的主要对手。20世纪60年代初,日本女排获得了快速的发展,世界女排进入了日苏对垒的发展阶段。20世纪70年代是竞技排球技战术发展速度最突出的时代,各种技战术应运而生,竞技排球运动发展迅速。20世纪70年代初,排球战术得到了较快的发展,世界排球发展呈现出不同流派各显特色、不同风格先后称雄的局面,不同流派在发展过程中互为补充、逐渐融合。1977年,国际排联修改了排球比赛规则,新规则规定"拦网触手后仍可击球",这一修改在很大程度上推动了排球运动攻防竞争的激烈程度。

(三)竞技排球多元化、娱乐排球的再发展

排球运动发展的第三个阶段是20世纪80年代至今,呈现出竞技排球多元化、娱乐排球的再发展局面。

1.竞技排球多元化

竞技排球的多元化发展主要分为三部分,即竞技化、职业化、社会化,具体内容如下:

竞技化。20世纪80年代以后,竞技排球逐步走向成熟,赛场上的竞争更加激烈,排球运动的技战术观念不断革新,只要技战术中某一环节的几位超群就可以获得胜利的时代已经过去,排球运动进入全攻全守的新时期。各排球运动强国水平相当,又各有特长,世界排坛呈现中国、俄罗斯、意大利、巴西、美国女排多强林立的局面。具体分析如下。西欧男排在职业联赛的交流中进一步发展了美国男排的攻防体系,使跳发球和纵深立体进攻战术更加灵活自如,施展很少,且拦网的成功率很高,排球进攻已不再是第三次击球的专利了。美国男排创造性地发明了摆动进攻战术,并在排球比赛中大胆运用跳发球和后排进攻技术,使前排的快变战术与后排的强攻有机地结合,形成纵深立体进攻战术。美国男排队员不仅文化素养高,而且善于改革创新,防守积极,作风顽强。中国女排是一支既有高度又有灵活性,既能攻又能防,既能快又能高的全面型球队,具有攻防全面、战术多变、以高制矮、以快制高的技战术特点。中国女排球从1981至1986年连续5次夺冠,在世界排球运动发展史中写下了辉煌的篇章,随后又在2003年、2004年连续两次获得奥运会冠军。2013年中,中国队首次无缘锦标赛决赛。2015年9月6日的世界杯中,中国女排第四次获得冠军,同时在2016年里约奥运会中获得冠军。2019年9月29日的世界杯中,中国女排第五次获得冠军。

职业化。竞技排球职业化产生于20世纪90年代,这个时期意大利和荷兰男排职业化率先开始并成功占据了国际领先地位。以意大利排球的职业化发展为例,为了适应本国排球发展需要,排球职业俱乐部应运而生,职业俱乐部的实施使意大利排球水平突飞猛进,尤其男排更为突出。意大利男排先后获得2次奥运会亚军和3次世界锦标赛冠军以及6次欧洲锦标赛冠军。2012年伦敦奥运会中,意大利男排获得铜牌。意大利女排也获得2002年世界锦标赛冠军,2007年意大利女排先是夺得了欧锦赛冠军,随后又历史性地夺得了2007年

世界杯冠军。由此可见,排球的职业化发展极大地提高了排球运动员的水平。

社会化。排球运动现已成为世界三大球类运动之一,具有庞大的人群基础,受到了人们的广泛关注,现已成为社会体育运动的重要组成部分。排球运动是全民健身的重要内容,具有丰富的社会价值。如今排球运动的样式也逐渐开始多元,衍生出多种形式的运动,如气排球、沙滩排球、软式排球等,逐渐受到人们的喜爱,其社会化进程越来越高。

2.娱乐排球的再发展

排球运动最初是作为一项娱乐游戏产生的,在长期的发展过程中,人们将竞技因素深入其中,使其成为一项运动项目,并受到众多人们的喜爱。随着社会的发展,人们对排球运动的关注点开始由竞技性逐渐转向先前的娱乐性。20世纪80年代后,随着生产水平的提升,人们开始有了更多的闲暇时间,对体育运动的需求也逐渐增加,希望通过体育运动来释放自己的压力,获得身体和心理的放松,由此,排球运动开始再一次普遍出现在大众的视野中,排球运动的娱乐性特点再次得到彰显,排球运动在原有的基础上,得到了进一步的发展。

从某种程度上来讲,竞技排球的发展也能够带动娱乐排球的发展。国际排联对排球比赛实施的一系列改革,增加了人们对竞技排球的兴趣,越来越多的人开始观看竞技排球,增加了排球运动在人们心中的喜爱程度。随着人们对排球运动的喜爱程度逐渐增加,越来越多的人开始尝试排球运动。但是由于竞技排球需要较强的技巧,需要团队成员的共同派和才能实现,增加了人们参与的难度。因此,人们对竞技排球的难度和规则进行了调整,经过长期的探索研究,产生了沙滩排球、软式排球、气排球等多种形式的娱乐性较强的排球运动。娱乐排球的再发展标志着排球运动进入了娱乐排球和竞技排球共同发展的新的发展阶段。

第二节　排球运动的发展概况

一、排球运动的发展动因

(一)社会发展与科技进步

体育与经济基础之间的关系较为密切,社会在发展过程中提供的稳固经济基础能够为排球运动的发展提供强有力的保障,科学的进步能够促进排球运动的发展,这两部分对排球运动的发展具有十分重要的影响,具体内容如下:

1.社会发展

社会发展方面的表现是多学科新理论、新方法在排球运用研究中的使用。值得一提的是,有很多科研成果在促进世界排球运动发展方面起到了非常重要的作用,作出巨大的贡献。例如,意大利的男排主教练,在先进的训练理论和实践的基础上提出了非常重要的指导思想,即"排球场上没有防不起的球",同时也提出了针对重扣防守的有效方法。在这些指导思想和方法的指导下,1990 年世界排球联赛中,意大利男排的防起率高达 64.3%,这也使得意大利男排自 1989 年以来排名始终保持在世界前列,并多次获得冠军。

2.科技进步

在运动科研方面,古巴取得了显著的成果,提出并总结了科学且能够快速提高运动员身体素质的方法,提高运动的腰腹力量以及快速的挥臂能力和卓越的弹跳能力。后来,随着人们生活水平的提升、闲暇时间的增加,人们对体育运动的需求逐渐增加。观看排球比赛已经无法满足人们的需求,人们开始切实的参与到排球运动中,进行娱乐健身,各种形式的娱乐排球也应运而生,排球方面所取得的科研成果为人们参与排球运动提供了条件,促进了排球运动的发展。

(二)转变防守观念

自从将传球与扣球技术分开之后,人们就把排球运动中那种在网前跳起后,将球扣到对方场区的技术视为向对方进攻。

20 世纪 50 年代,人们对于排球运动的进攻观念是通过"中、边一二"战术的形式来形成两个不同的进攻点,以此对对方造成威胁。之后随着拦网技术的出现,人们有了更为清晰的认识,不是只有一两点往下扣,只有将对方的拦网规避开,才能将扣球的效果更好地发挥出来。20 世纪 60 年代,扣球线路的认识,包括扣直线、扣斜线、扣高弧线等球。个人扣球技术也随之产生,如转体、转腕扣球等。20 世纪 70 年代,随着排球运动员身高的不断增长及弹跳能力的提高,人们逐渐认识到仅仅将进攻局限于点、线是很难摆脱和通过拦网的,在此基础上人们的进攻观念也开始朝着充分利用网长的整个垂面的方向转变。在当时,高球与快球、集中与拉开、时差与户差等战术的运用,使得扣球形成了一个"面",但就当时的进攻观念来说,仍然无法摆脱拦网的威胁。

在此之后,人们的进攻观念便开始由网前呼着场地的纵深迁移,相继出现了远网扣球、后排扣球和跳发球等,这也充分说明,排球运动的进攻区域已经从网前扩大到整个场地。此外,排球比赛也逐渐将拦网和发球作为进攻的手段和形式。现代竞技排球运动已经从"插上"和"中、边一二"的进攻形式中摆脱出来。在排球比赛中,主攻和副攻之间的分工也越来越不明显,主攻常常打快攻,副攻主要是参与后排进攻和强攻。排球比赛场上的主要得分手段是两翼队员的前后排跑动。成为两翼队员的原因是在接应二传方面的职责发生了根本性的变化,在这个位置上必须承担起在阵型的另一翼向对方发起进攻的任务。

从某种程度来说,广大群众积极转变排球运动进攻观念也加快了排球运动防守观念的转变速度。在当初点、线、面的进攻中,防守主要采用固定位置,以低姿的单、双臂击球的各种救球动作,在"边跟进""心跟进"的防守阵型的位置分工下进行。在防守阵型中由于出现了"扩大"和"压缩"的变化,便随之产生了鱼跃、前扑、滚翻垫球及挡球技术。当排球进攻战术进入到全方位立体进攻时代,在防守方面,人们的观念也发生了很大的变化,首先是将过去采用固定位置被动等待的防守转变为积极的出击型防守,并将固定位置分工的防守模式转变为动态型、变换型、针对型以及全方位的防守动作和拦网整体配合。

(三)修改竞赛规则

在排球运动由游戏向着竞技运动不断发展的过程中,排球比赛规则的不断增改和修补在其中起到了非常重要的作用,特别是对规则的增补和修改的认识上的变化使得排球运动向着更加理想、更加完美的方向发展。

在规则增补和修改的最初阶段,其目的只是能够更好地适应排球技术、战术的发展,并维护好排球运动的特性。例如,在最初的规则中将球在网前落地一次的规定取消,就是为了更好地保护和维护排球运动"球不落地""空中击球"的特点。后来,随着传球和扣球技术的不断分化,在排球规则中也相应地增补了有关发球、传球和扣球等技术的概念。而在规则中规定在场地上设置中线,实质上就是为了更好地适应拦网技术和扣球技术的发展。1977年,排球规则规定允许拦网后击球 3 次以及将标志杆内移,这使得快速反攻技术得以形成和发展。20 世纪 80 年代后,人们开始重新认识修改排球规则的原则,针对攻防平衡的认识,认为不能对进攻技术的发展进行消极的限制,而是要对防守技术的发展给予积极鼓励。因此,在此基础上,对排球比赛中第一次击球的靠击判罚有了适当放宽,并允许身体任何部位触球。之后,也对比赛用球的球内气压进行减小,以此来降低球的速度,便于防守。由此,全方位的防守技术随之出现。从用手臂来进行击挡,到身体的任何部位都可以进行击挡,再到击球动作的出现,这使得排球运动防守的控制范围不断扩大。这也为由固定位置的等待式防守转变为有预判的出击式防守创造了先决条件,同时也更好地促进了后摆防守与前排拦网的针对性配合,从而大大提高了防守的质量,促使防守阵型产生了质的变化。1999 年,自由防守人纳入规则之中,这对接发球和加强后排防守十分有利。

伴随着社会经济与体育的迅猛发展,借助电视传播等传媒,使得排球运动向着社会化和商业化的方向发展。人们开始意识到,只有修改排球运动的规则,才利于电视转播,将排球运动更好的推向市场。1992 年,技术暂停写入规则,规定每组比赛都有两次技术暂停时间,这是为了更好地适应赞助商播放广告的需要。此外,为了更有利于电视转播排球比赛,国际排联在 1997~1998 年期间,开始试行各种竞赛制度的修改方案,将发球权得分制改为每球得分制,从而使比赛时间的可控性得到加强。

由此可见,对排球运动规则的修改,在一定程度上也推动了排球运动的发展,使排球运动的相关内容更加完善,逐渐演变为一项广泛普及的运动项目。

(四)改革管理体制

要想促进排球运动的快速发展,需要将排球运动与市场结合起来,将其融入社会,实现排球运动的职业化发展,同时这也是世界排球界的主要发展趋势。排球竞赛的出现,一方面提高了人们对排球运动的兴趣,吸引了大量的观众,另一方面还能创造出极大的经济利益。

世界男排联赛和世界女排大奖赛的商业性较强,对参赛的队伍有较强的要求,凡是参赛的队伍,最终根据比赛的成绩可以获得数额不等的奖金。随着排球比赛的商业化发展,排球队伍的管理体制也随之发生了较大的变化,能够充分发挥每位球员的潜力。在职业化训练中,每位球员都可以有自己的绝技,在比赛的过程中可以充分调动每位球员的积极性,排球运动的技术水平和战术水平都得到了极大地提升。

二、排球运动的现状

近年来,我国的排球发展取得了较好的成效,以下将从排球运动技战术、排球运动俱乐部、排球运动队伍建设三个方面对我国目前排球运动的发展现状进行分析,具体内容如下。

(一)排球运动技战术发展

作为球类运动的一种,排球运动具有较强的竞技性和技巧性。随着人类社会的发展,参与排球运动的人们也逐渐增加,排球运动得到了极大的发展,其规则和技战术也随之发生了变化。现如今,随着竞技排球的发展,其战术和技巧开始受到更多人们的重视,迫切需要更为全面、快速和准确的战术。对于排球团队来讲,攻防全面的球员是必不可少的,不仅要数显排球运动的各项技巧,同时也需要具备一定的攻防技巧。

现代排球队伍打破了以往的攻强守弱的状况,发展为攻防技术不断融合,促进彼此的全面发展,后排主要进攻,使整个排球队伍形成立体战术,推动了整个排球队伍的进行和防守的全面协调发展。在排球战术方面,同样要遵循快速多变的发展原则,赛场技术动作要迅速,串联配合节奏要快速,同时还能依照对手自身特征灵活转变战术,使得对方处于无从适应的状态,进而在比赛场上掌握主动权。快速与多变同样体现在后排队员的进攻速度上,只有这样才能使得前后排达到相互配合、快中多变、变中求快的预期目标,最终提升队伍的攻守能力。

(二)排球运动俱乐部发展

排球俱乐部是排球组织的一种形式,是竞技排球的基本组成形式,其产生的目的是为了观赏和实践排球运动。中国排球俱乐部是由中国排球协会和地方排球协会注册产生的,后来在发展的过程中成为能够满足广大群众需要的公益性基层体育组织。除此之外,还包含由民政部门登记注册的社团实体以及由工商部门注册的经济实体,这两者均有独立法人资格。

在我国排球俱乐部的成立需要考虑两个条件,即外部条件和内部条件。外部条件就是我国的社会环境,随着社会主义经济在我国的确定,我国的经济发展取得了明显的成效,体育产业与市场经济的结合在部分城市取得了较好的成果,体育资源得以充分利用和开发,我国的体育运动呈现出体育社会化的发展趋势。内部条件是指排球俱乐部的成立必备的两个条件,即人才和资金,只有这样才能维持排球俱乐部的正常运转。此外,排球俱乐部还要注重人才培养工作,积极承担其应当承担的义务,与运动员和教练签订合同书,促进排球俱乐部长远稳定的发展,推动我国排球事业的进步与发展。现如今我国排球俱乐部的发展主要分为两个部分的内容,即职业化转变和不断完善排球俱乐部的管理,具体内容如下。

1. 职业化转变

排球俱乐部的职业化转变具有多层含义,主要为:第一,排球运动向职业化转变的首要条件是商品经济的发展,只有社会经济发展到一定程度的情况下,作为竞技表演的排球运动才会获得长期稳定的发展,逐步向职业化发展;第二,排球俱乐部的发展要遵循市场的发展规律,排球运动作为能够产生经济效益的活动之一,是市场中的一个主体,因此,排球俱乐部的职业化发展需要和市场的发展规律相适应;第三,竞技表演比赛是排球运动俱乐部职业化发展的主要产品,要想提高其产品竞争力,需要培养更多的专业人才,提高团队成员的技术水平,进而提高整个竞技表演比赛的技术水平,使其获得更多的支持;第四,排球俱乐部的主要内容是发展排球运动,排球俱乐部的职业化发展能够促进排球运动的发展,扩大排球运动的收益。

随着世界排球运动的职业化发展,职业排球俱乐部为如今职业排球的重要承载形式,职业排球俱乐部只有在排球的职业化发展中才能获得长远的发展。目前我国职业排球俱乐部的主要特点是关注球员的成绩以及日常的训练。职业排球俱乐部所经营的不仅有无形资产,还有球迷所带来的经济利润。但是目前我国的排球职业化发展还有很大的发展空间,需要采用多种方式,拓宽职业排球的发展方向,促进职业排球的进一步发展。

2. 不断完善管理

现阶段,随着我国排球俱乐部的发展与完善,排球俱乐部的管理也逐渐相对完善,主要表现为:首先,运动员的管理和培养更为全面,专业运动员的培养不是一朝一夕就可以实现,需要花费大量的时间和精力,采用科学的方式提高运动员的技术水平,运动员只有经过长期科学的训练,在其发展过程中不断对运动员的行为进行修正,使运动员的技术水平得以不断提升,在运动员的培养过程中应避免模式化的培养运动员,规定运动员该做什么和不做什么,而是应培养运动员的独立思考意识,使运动员从根本上树立竞争意识;其次,运动员的后勤保障也更为合理,一方面,运动员的报酬标准液更为合理,另一方面,运动员的心理素质和身体素质的发展也向着更好的趋势发展。如今的排球运动员不仅具有较高的技术水平,其心理素质和身体素质水平也相对较高。此外,多数排球俱乐部均配备有专门的医疗机构,保障运动员的安全以及比赛的顺利进行。

目前我国的排球运动员的管理制度正在不断完善,促进了我国排球俱乐部的顺利发展。此外,还要加强对排球教练的管理力度,一方面,教练要持证上岗,这是聘请教练的前提条件;另一方面,教练要不断地提升自身的技术水平,积极主动地学习该领域内先进的理论知识,不断提升自身的综合素质。

(三)排球运动队伍建设

1.教练队伍建设

排球教练是整个排球队伍的灵魂,教练的数量和技术水平直接影响着运动员的运动水平,该运动队伍所使用的技战术的能力和创新水平同样也与教练的水平有直接关系。目前我国的排球教练的招聘主要分为两个途径,一是退役的优秀运动员;二是体育院校排球专业的运动员。

普遍来讲,退役的优秀运动员具有较强的实践能力,但是其文化知识相对较差;体育院校排球专业的运动员的文化基础知识储备相对较好,但是其实战能力相对较弱。因此,排球教练应不断地学习新知识,丰富自己的知识储备,提高自身的综合素养,充分发挥自身排球教练的作用。

对世界上多数水平较高的排球队伍进行分析可以发现,教练在排球队伍中发挥的重要作用。以我国的女子排球队的主教练郎平为例,其凭借自身高超的专业技能和执教水平为我国女子排球的发展作出了突出的贡献。这主要体现在郎平教练带领中国女排在一系列重大国际排球比赛中取得的好成绩,如近些年郎平教练带领中国女排获得 2014 年女排世锦赛亚军、2015 年世界杯冠军、2016 里约奥运会冠军、2019 年获得世界杯冠军等。

2.运动员队伍建设

我国排球运动员相对较为年轻,因此在部分方面不够成熟,而且我国男子排球对于与女子排球队伍之间的差别较大,还存在有很大的发展空间。目前,我国排球运动员的文化素质普遍较低,不利于其之后的二次就业和长期发展。

三、排球运动的发展策略

(一)科学选取人才

随着我国排球运动的科学化发展,应制定符合排球运动的人才选取标准和评价标准,包括身高、下肢长、跟腱长/下肢长、指距/身高等,提高人才选取的科学性。学校与教练员一定要严格按照选材指标合理选材,避免只靠主观经验与熟人推荐等选材方式,以提高排球后备人才的培养。

(二)提高教练的专业水平

在如今快速发展的社会环境中,信息在不断地更新和发展,排球的技能、战术信息也在不断地更新和发展。因此,排球教练应重视自身的学习,保持自身的持续学习,提高其技术水平,掌握最新的技术水平,只有这样,才能提高自身的技术水平,在教学生时才会不盲目。此外,学校以及俱乐部还要加强教练的人员流动,提高教练的综合素质,使教练在不同岗位中学到新的知识,完善自己的知识体系,改善自己的教学方法。加强教练的岗位考核和培训,促进教练之间的交流与沟通,定期对教练进行培训,选出其中优秀的教练到专业院校进修学习。学校和俱乐部应采取各种形式来提高教练学习的积极性,不断提高教练的专业水平和综合素质。

(三)提高运动员的综合素质

近年来,人才是决定排球运动水平的关键因素。这就要求教练和运动员具有多向思维能力,借助当下先进的训练方法,不断提高运动员的综合素质,提高运动员的技术水平,积极向其他队伍学习,缩小我国排球水平与其他国家之间的差距。

(四)重视文化知识学习

排球运动作为一项世界范围内的运动项目,运动员在发展的过程中势必会参与国际的运动赛事。在国际赛事中,运动员作为一个国家的象征,不仅对其技术水平有一定的要求,对其综合素质也有一定的要求,因此,不仅要注重运动员的专业技能培养,还要注重其文化知识的培养,提高其综合素质。对运动员的培养,应同时重视专业知识培养和文化知识培养,为运动员的发展制定全面的规划,让学生认识到文化知识学习的重要性,变被动学习为主动学习,激发学生的学习兴趣。

(五)合理安排退役运动员

随着我国体育改革的深入以及劳动人事制度的改革,增加了我国退役运动员的安置难度。针对这种情况,应对我国的退役运动员进行分析,确定其文化程度和就业意向,建立对应的培训机构,开设各种技能培训班,培养退役人员的技术水平,拓宽其就业渠道。此外,国家有关部门还应完善相关的制度,保障退役运动员的合法权益。

(六)加快体育产业化发展

现阶段,中国职业排球市场还处于起步阶段,与世界上一些发达国家相比还有较大差距,其主要表现在:经营人才严重缺乏且结构不合理,从事竞技、培训的人才多,而经营管理方面的人才少,一些体育中介组织更是少之又少,体育经纪人才严重不足;排球职业市场体系尚未形成;有关排球的产业法规与市场规范不健全;体制不顺,机制不活;计划经济的福利型色彩依然浓厚,没有建立起按照市场经济规律运行的管理体制和总行机制;缺乏宏观规划;名牌产品空白,作为产业发展的支柱性产品极少。为此,应尽快发展我国排球经纪人队伍,以便通过他们的牵线搭桥作用,不断提高我国排球运动的职业化水平。

四、排球运动发展趋势

(一)职业化发展趋势

现如今,我国多数排球俱乐部的主要发展趋势是由事业型单位向企业型体制不断转换,部分运动员已经从竞技训练以及竞赛工作中脱离出来,转换为自身职业,排球运动呈现出职业化发展。其主要表现在两个方面:一方面是社会企业的直接参与;另一方面是竞技排球俱乐部体制的建立。在如今的社会主义经济发展中,排球运动的职业化发展是排球运动发展的必然趋势,彰显了排球运动的商品化发展。通过参与比赛,排球运动员能够获得相应的报酬,能够激发排球运动员投身排球事业的积极性,使其自觉投身排球事业。在这种情况下,势必会增加排球运动的激烈程度,所吸引的观众和球迷也就更多,所能带来的经济效益也就更多。

(二)市场化发展趋势

在如今社会市场化以及排球运动市场化的发展趋势下,中国排球运动要想获得长远的发展,需要紧跟社会的发展变化,遵循市场的发展规律。目前,我国排球运动的大体情况为投资力度大,获得成绩的周期较长,需要很长时间才能产生收益,从而抑制我国排球运动的发展。在这种情况下,需要对我国排球运动进行一定的调整,提高其观赏性,大力开展竞技排球,宣传排球赛事,提高排球比赛的商业价值,提升获得的收益。因此,我国排球运动的市场化发展是排球运动发展的必然趋势,不仅能够促进我国排球事业的发展,而且还顺应了世界排球运动的发展。

目前,我国排球运动的市场化发展已经收获了一定的成效,但是在其发展过程中还存在有需要解决的问题,主要有:第一,管理理念的局限性,过于关注独立的比赛,而忽视了整体的宏观把控;第二,体制具有一定的局限性,其运营制度还不完善,在市场化发展的过程中缺乏正确的引导;第三,对媒体和赛事的宣传不到位,民众关注程度较低,产生资金短缺。因此,为促进我国排球运动职业化发展的顺利进行,应积极调动各方面的发展力量,为我国排球运动的职业化发展提供保障。

(三)可持续发展趋势

现如今,不论是经济还是环境,我国都倡导实现其可持续发展,在这种社会背景下,排球运动也开始走可持续发展道路。排球运动可持续发展的根本目的是实现在时间维度和质量维度来能够方面紧跟中国的发展步伐,满足人们逐渐发展的排球运动需求。

排球运动的可持续发展是指排球运动在发展的过程中不受外界环境因素的影响,具备独特的层次逻辑和结构系统。我国大力开展体育运动的根本目的是提高国民的综合素质水平,推动社会的精神文明和物质文明建设。中国排球作为体育运动中的一部分,其发展要与我国体育运动的发展相适宜,实现排球运动的可持续发展。为实现我国体育运动的可持续发展,开始逐渐向产业化和社会化方向发展,排球运动也应顺应这一潮流。除此之外,人才也是影响排球运动可持续发展的重要因素,高校通过专业培养和训练,为排球事业提供人才也能有效促进我国排球事业的可持续发展。

(四)娱乐性发展趋势

在经济体育的蓬勃发展以及社会对体育运动的关注程度逐渐加深的社会环境下,排球运动也得到了快速的发展。但是由于专业排球运动需要较高的专业技巧,具有较强的对抗性,人们学习的难度较大,由于缺乏一定的技术,人们在排球运动时捡球的时间比玩球的时间还要多,长此以往,严重打击了人们参与排球运动的自信心,其积极性也会逐渐下降,排球运动的普及也受到了一定的影响。在这种情况下,娱乐性排球应运而生。娱乐性排球运动减少了竞技性,在保证其健身功能的前提下,还具有休闲、社交、娱乐等价值,而且娱乐性排球对场地设施的要求较低,只需要一个有网的场地、一个排球即可,其动作也较为简单,便于广大群众学习,成为如今广大群众开展娱乐活动的重要选择之一,成为广大群众喜欢的球类运动之一。常见的娱乐性排球形式主要有沙滩排球、气排球、软式排球等。

第三节　排球运动组织与赛事

一、排球运动的重要组织机构

(一)国际排球联合会

国际排联是国际排球联合会的简称,其成立于 1947 年 4 月 18 日,地点在法国巴黎,这是一个国际性组织,主要负责对世界各国排球运动进行指导。其宗旨为:在全世界开展和普及排球运动,对国际排球竞赛活动进行组织和协调。

国际排联的主要机构有代表大会、理事会、专家委员会、技术常设委员会、执行委员会、洲际联合会。其中代表大会是国际排联的最高权力机构,每两年举行一次代表大会。代表大会的常务机构是行政委员会。国际排联下设 9 个国际工作委员会,包括条法、财务、医务、发展、器材、教练、裁判、规则、竞赛。

由国际排联举办的重大排球赛事主要有:世界杯排球赛、世界排球锦标赛、奥运会排球赛、世界青年排球锦标赛等。

(二)亚洲排球联合会

亚洲排球联合会于 1954 年成立,该组织机构的总部所在地为日本东京。其宗旨为推动亚洲排球运动发展;对会员协会举办国际比赛给予指导和协助;对新成立的国家排联加入国际排联给予协助;推动各会员国的沟通和交流。

亚洲排球联合会举办的赛事主要有:奥运会排球预选赛;亚洲排球锦标赛;亚洲青年锦标赛。

(三)中国排球协会

中国排球协会的简称是中国排协,成立时间是 1953 年,会址在北京。1954 年中国排球协会加入国际排球联合会。该协会的主要任务为:组织全国性排球比赛;推动群众性排球运动的开展;加强与国际排联、亚洲排联及其所属机构的联系,参与国际排球交流;对中国排球队的训练、竞赛、科研等进行检查与指导;对国家排球队和国家青年队运动员和教练员进行选拔,并对等级称号做出评定;组织排球教练员、裁判员进修学习;主持国家级排球裁判员的考试工作;对全国排球规则及裁判法进行修订。

二、排球运动中的重大赛事

(一)国际大型排球比赛

1.世界锦标赛

以其他国际大型排球比赛为比较对象,世界锦标赛的举办时间最早、整体规模最大。布拉格是第1届世界男排锦标赛的举行地,时间为1949年。莫斯科是第1届世界女排锦标赛的举行地,时间为1952年。以后世界男排、女排锦标赛都是每四年举行一届,与奥运会穿插进行。各国都可以申请参加世界锦标赛,没有洲际队数限制,但从1986年开始,国际排球联合会对世界锦标赛的参加队数进行了限定,要求不能超过16个。确定参赛队的方法是,东道国代表队和上届锦标赛中获得前7名的队直接获得参赛资格,五大洲锦标赛的冠军队也可直接参赛。在国际排联组织的资格赛中会产生最后3个参赛名额。

2.世界杯赛

第1届男排世界杯赛于1965年举行,地点在华沙,第1届女排世界杯赛于1978年举行,地点在蒙得维的亚。以后男排、女排世界杯赛都是每四年举行一届。从1977年开始,日本被国际排联批准为世界杯赛的固定举办地。参加世界杯赛的队伍有数量限定,不能超过12个,东道国代表队、上届冠军队和各洲锦标赛的前两名队伍均可获得参加世界杯赛的资格。

3.奥运会赛事

奥运会中排球相关的比赛主要分为排球赛、沙滩排球赛以及残奥会中的坐式排球赛。

正式将排球比赛列入奥运会比赛项目是在第18届奥运会上(1964年)。参加奥运会排球赛的男、女队伍各12~16支、8~12支。东道国队、上一届奥运会的冠军队、上一届世界杯冠军队和五大洲锦标赛的冠军队均可直接参加奥运会排球赛。

正式将沙滩排球列入奥运会比赛项目是在第26届奥运会上(1996年)。参加奥运会沙滩排球赛的男、女队伍都是24支,每队2名球员。

正式将男子坐式排球列为残奥会比赛项目是在第6届残奥会上(1980年);正式将女子坐式排球列为残奥会比赛项目是在第12届残奥会上(2004年)。

4.世界青年锦标赛

1977年,第1届世界青年锦标赛举行,地点在巴西里约热内卢。之后由每四年举办一届改为每两年举行一届。参与世界青年锦标赛的队员年龄最大为20岁,不能超过这个年龄。东道国代表队、上一届世界青年锦标赛的冠军队和各洲青年锦标赛的前2~3名均可获得参赛资格。

5.世界男排联赛和世界女排大奖赛

世界男排联赛和世界女排大奖赛属于商业性大赛,国际排球联合会是举办这两项赛事的主要机构。1990 年举办第 1 届世界男排联赛,每年一次,采用主、客场制。1998 年举办第 1 届世界女排大奖赛,每年一次,采用巡回赛。这两项重要赛事极具商业色彩,所以国际排联会以"专门硬件"来严格审查申请报名参赛的队伍。申请报名参赛队的主场所在地一定要达到的要求分别是:第一,体育馆能容纳 5000 名以上观众,配备相应的新闻通信设备;第二,有电视台通过卫星向世界转播,电视台保证每天都有与比赛有关的电视节目。必须将每场比赛的录像提供给国际排联;第三,设有国际机场,或距国际机场的路程不超过 2 小时;第四,申报参赛队向国际排联交纳报名费 50 万美元。为此,每年在这两项比赛举办之前,由国际排联组织专门机构协商确定参赛资格及参赛队数。

6. 世界沙滩排球锦标赛

1997 年,每年举行一次的世界沙滩排球大奖赛被改为世界沙滩排球锦标赛,该项比赛一般根据参赛人数确定站数,通常是 8～12 站,获得参赛资格的选手最多 40 对,进入排名榜的只有 24 对。如果有超过 40 对的选手报名,就要先进行资格赛。报名的选手必须打满 4～5 站。

7. 世界少年锦标赛

世界少年锦标赛始于 1989 年,第 1 届少年男排锦标赛和少年女排锦标赛分别在阿联酋、巴西举行,都是每两年一届,参赛者的年龄范围必须小于等于 18 岁。

(二)国内大型排球比赛

国内的大型排球比赛主要有全国排球联赛、全国排球锦标赛、全国运动会排球赛、全国城市运动会排球赛、全国乙级队联赛。

全国排球联赛每年举行一次,采用主、客场制;全国排球锦标赛每年举行一次;全国运动会排球赛是一项综合运动会,主要对各省市体育运动水平进行检验,每四年举行一次;全国城市运动会排球赛每四年举行一次,主要对各省市体育后备人才的运动水平进行检验;全国乙级队联赛每年举行一次,实施升降级制。

第一章　高校排球运动教学开展的学科基础

第一节　运动生理学基础

一、运动负荷

(一)运动负荷的本质

运动负荷就是根据实际情况,设定练习的基本方式,在此基础上实现对机体的有效刺激。机体对这种刺激会住处一定的反应,表现为生理和心理方面。本部分所将的运动负荷主要是指生理上的负荷,是机体所能承受的运动刺激。运动负荷的强烈刺激会使人产生一定程度的生理反应。运动负荷量可以用相关生物化学的指标来衡量。运动负荷的外部表现为量和强度,其内部表现则为心率、血压、血乳酸等生理机能指标的变化。运动负荷越大,刺激强度则越大,机体出现反应的程度也越大,各项生理指标出现明显变化。

当人体受到运动负荷的刺激时,人体的系统和部分器官会相应的产生一定的反应,通常表现为耐受、疲劳、恢复、超量恢复和消退等。在体育课堂中,学生在课堂上需要做一定的运动训练,通常情况下,一节训练课就会引起学生的身体机能变化并表现出一定的特征。

1. 耐受

当排球运动员参与训练时,运动会给运动员的身体带来一定的负荷刺激,而运动员在长期的体能训练中逐渐形成了一定的应对这种负荷刺激的耐受能力。影响这种耐受能力强弱的因素主要有运动负荷强度的大小、运动员的训练水平。在运动员身体耐受阶段,往往能表现出较为稳定的训练状态,能高质量地完成训练任务,因此,训练课的主要任务可安排设置在这一阶段。运动负荷的耐受能力具有较强的个体差异性,受到多种因素的影响,如训练负荷的量和强度、训练后机体机能的恢复程度及运动员的身体机能状态等,不同的运动员会表现出不同的耐受能力。

2. 疲劳

疲劳是指机体受到一定的运动负荷刺激后,其机能和速率的降低给机体带来的感受。适当训练时间所产生的疲劳,有助于提高运动员的运动水平。在排球运动员的训练过程中,应根据训练的主要目的,确定训练的时间,以使运动员达到一定程度的疲劳,获得预期的恢复效果。

3. 恢复

当排球运动员结束训练后,需要通过饮食来补充自己在训练过程中消耗的能量,身体在得到营养的补充后,开始补充能量,修复因能量的耗费而引起紊乱的内部环境,使机体的各部分系统逐渐恢复到训练前的状态,从而实现机体内部结构的重建。决定机体恢复时间的主要因素是机体的疲劳程度,通常情况下,机体疲劳程度的加深其恢复时间也就相应的增加;机体疲劳程度的减小其恢复时间也会相应的缩短。

4.超量恢复

在排球运动中,超量恢复是指不仅恢复了机体在运动中的能量,而且还超过了训练前的水平。对运动员来说,训练中运动的负荷量越大、训练强度越高,身体所产生的疲劳感也就越深,其所表现出来的超量恢复也就越明显,能够有效提升运动员的运动能力。

5.消退

在排球运动中,运动员通过训练所获得提升的能力不会一直存在,如果没有及时利用这些超量恢复,没有在此基础上提高自身的运动负荷,获取新的运动刺激,那么其在运动训练中提升的运动能力将会在一定时间后恢复到训练之间的水平,这就是运动负荷刺激适应的消退。要想实现排球运动效果的提升,发挥运动训练的最大效果,就需要及时地在超量恢复的基础上,加大下次运动的训练量并完成。

(三)机体适应与训练效果

1.机体适应

在生物学中,生物机体的基本特征有应激性和适应性。对于外界的变化,机体不仅会产生刺激反应能力,更重要的是会产生对应的适应能力。对于运动负荷刺激,人体同样也会产生一定的适应能力。人们在长期的运动中受运动负荷刺激的影响,其身体结构和生理机能等方面会因适应体育训练强度而发生变化,如肌肉增长、肌纤维增粗等,这都是身体为适应长期运动负荷的刺激而产生的一系列变化。

2.训练效果

在排球运动中,运动员参加运动训练的主要目的是通过相关的联系,给身体一定的负荷刺激,使训练者在身体形态、生理功能等方面为适应负荷刺激而发生一系列的变化,从而提升运动员的运动能力。在这一过程中,运动员自身产生的适应性变化就是负荷运动的训练效果。将运动负荷运用在排球运动训练中,具有较强的优势。运动员在结束排球训练,经过一段时间的恢复后,不仅所消耗的能量得到了恢复,同时还有可能发生超量补偿;在运动过程中受到伤害的肌纤维不仅得到了修复,而且其力量还得到了提升。因此,运动员在排球训练中既有结构重建,即改善机体结构,又有技能重建,即提高机体技能。

在长期的排球运动训练中,运动员的集体会反复呈现出"刺激—反应—适应"的变化过程,是机体对运动负荷所产生的刺激由不适应逐渐转换为适应的逐渐发展的过程,同时也是运动员的身体结构和机能在破坏和重建中不断发展的过程。在经过这些过程后,运动员的体能水平往往会得到大幅度的提升。

3.运动负荷阈

在排球运动过程中,机体承受的生理负荷是对机体的有效刺激,是引起各器官系统功能产生适应性变化的原发因素。但刺激引起机体出现反应与适应的程度与刺激强度的大小有关。运动负荷过小,不足以给机体带来足够的刺激,则很难引起机体的适应性变化;运动负荷过大,给身体带来超出承受范围的刺激,不仅不能提高适应能力,反而会伤害运动员的身心健康,甚至出现运动损伤,并可发生过度训练或过度疲劳等病理性改变,导致不良后果。因为机体对不适宜的刺激也能发生适应性改变,但其适应的结果往往是消极的,不是运动员所希望看到的。因此,只有生理范围内的适宜刺激,才能加快机体适应,并使机体的形态、结构与生理机能产生运动员希望出现的良性适应,要注意的是应结合运动员自身情况制定训练量和强度,并非训练量越大训练效果越好。运动负荷阈是指校园排球课程教学中适宜生理负荷的低限至高限的范围。运动练习的强度、持续时间、练习密度和数量是构成运动负荷阈的四个基本因素。这四个基本其素之间存在相互联系、相互作用的关系,当其他因素大体相同时,四个基本因素中的任何一个发生变化,都会影响这次练习给人体带来的生理负荷量。

二、影响体能训练的生理学因素

(一)速度素质训练

在排球运动中,运动员的速度素质主要由反应速度、动作速度和位移速度三部分组成,因此,要研究速度素质训练的生理学因素时,应从这三方面内容着手来进行研究,具体内容如下。

1.反应速度

影响反应速度的因素有很多,其生理学因素主要有中枢神经的兴奋状态、反射活动的复杂程度、接收信号的刺激强度、注意力集中度、遗传因素等,具体内容如下:

第一,中枢神经的兴奋状态。运动员的中枢神经的兴奋状态直接影响着机体的反应速度,如果机体的兴奋程度越高,那么其反应速度也就越快;如果机体的兴奋程度较低或是运动员处于疲劳状态,那么其反应速度就会下降。

第二,反射活动的复杂程度。反射活动的复杂程度决定反应时的长短,其对机体的反应速度产生重要的影响。反应时是机体接受刺激与做出肌肉动作之间的应答时间。反应时的长短主要取决于感受器的敏感度、中枢信息加工时间以及效应器的兴奋性,具体涉及以下过程:机体某些感觉器官被刺激而兴奋→兴奋沿传入神经传到中枢神经→大脑中枢根据过去的经验对传入的兴奋进行分析(刺激方式越复杂,中枢神经对信息加工的时间越长)→中枢所发的冲动沿着传出神经传到机体相应的肌肉群→肌肉根据刺激的特点与要求作出相应的应答。

第三,接收信号的刺激强度。机体所接收信号的刺激强度也直接影响着机体的反应速度,机体所接收的信号的刺激强度越大,所作出的反应也就越大。

第三,注意力集中度。机体的注意力集中程度对其反应速度也具有十分重要的影响。如果机体的注意力集中度越高,其反应速度也就越快,反之,如果机体的注意力集中度较低,其反应速度就会相应的减慢。

第四,遗传因素。遗传因素对机体的反应速度影响也较大,据有关调查表明,遗传因素在机体反应速度中发挥着70%以上的作用。

2.动作速度与位移速度

在排球运动中,影响其运动速度与位移速度的生理学因素主要有:身体形态和发育、能量供应、肌肉力量、肌肉快纤维百分比、神经系统的功能特点、遗传因素等,具体内容如下:

第一,身体形态和发育。运动员的身体形态和发育状况与其速度素质之间的关系较为紧密,对其产生着重要的影响。其中对运动员的速度素质具有重要影响的因素主要是运动员的四肢长度。一般条件下,运动员的四肢长度与其运动速度之间是呈正比例的。人们在运动时,肢体是围绕关节轴进行各种转动的,如果运动员的手脚离关节轴之间的距离越远,其运动速度也就越快。

第二,能量供应。在校园排球课程教学中,人体肌肉收缩速度受以下几项因素的影响比较显著:第一,肌纤维中动用化学能的速度与强度;第二,兴奋从神经向肌肉传导的速度与强度;第三,机体化学能转变为收缩机械能的速度与强度;第四,机体释放和分解三磷酸腺苷(ATP)的数量与速度。大量研究证明,在人体的三大代谢供能系统中,动作速度和位移速度的能力主要取决于磷酸原(ATP-CP)系统的无氧代谢供能力。通过科学的体能训练,改善ATP-CP系统的供能能力,能有效地提高运动员的动作速度和位移速度。

第三,肌肉力量。从力学角度分析,加速度是影响一定时间内速度大小的决定性因素,而加速度大小取决于克服阻力做功的力量,力量越大,加速度就相应越大。对于人体来说,体重是需要克服的最大阻力,因而人体质量(体重)与加速度成反比。想要提高动作速度,运动员可以通过提高力量素质和减少人体质量带来的阻力两个方面实现。而我们知道,人体力量与体重之比是相对力量,因而,相对力量才是决定动作速度和位移速度的决定性因素,所以相对力量越大,肌肉在运动时就越容易克服内、外部阻力。因此,影响肌肉相对力量的因素必定会对动作速度和位移速度产生影响。

第四,肌肉快纤维百分比。研究表明,人体肌肉快纤维百分比越高的人,其机体的快速运动能力也就越强。通常情况下,速度型项目的运动员其快速运动能力较强,如短跑运动员,其肌肉快纤维比例也就相对较高,肌肉快纤维百分比可达到90%以上。

第五,神经系统的功能特点。神经系统可以有效支配与控制肌肉活动。运动生理学指出,人体完成不同形式的快速运动都是在神经中枢活动高度协调的支配作用下完成的,也可以理解为机体在支配作用下表现出的动作速度与位移速度。提高神经中枢活动的高度协调,能保证运动员在提高动作速度和位移速度的过程中,促进机体迅速组织必要的肌肉协作参与活动,抑制对抗肌(肌肉内部的阻力)的消极影响,从而表现出较高的运动速度。研究表明,神经活动过程的灵活性可以影响机体的肌肉主要表现在两个方面:影响肌肉的猛烈收缩和随意放松的能力。后者是神经中枢合适的抑制状态作用的结果。运动、过程中,充分放松肌肉的能力与长时间维持高速运动的能力成正比。除此之外,机体中枢神经系统兴奋与抑制转换的持续时间,会直接影响运动员在运动过程中转换速度的快慢,二者之间存在着密切的联系,具体表现为二者成反比例关系,即兴奋和抑制神经元之间的转换速度越快,转换持续时间越短。运动员在进行高速度活动时,疲劳的最初表现即为中枢神经的疲劳,随之会导致机体运动速度的降低,最后导致机体的运动完全停止。因此,运动员在保持较高的速度进行运动时,持续时间不宜太长。

第六,遗传因素。在影响排球运动员动作速度和位移速度的众多生理因素中,生理因素也发挥着重要的作用。

(二)力量素质训练

影响排球运动员力量素质训练的生理学因素主要包括最大肌肉横断面积、肌肉初长度、肌纤维类型、神经因素,以及性别、年龄、激素等多方面因素。运动员在进行力量素质训练时,应从这些影响因素入手,开展对应的训练,其中应注意以下几点内容。

1.最大肌肉横断面积

最大肌肉横断面积是指将某块肌肉中的所有肌纤维横切,以此获取的横断面面积就是最大肌肉横断面积,通常情况下使用平方厘米(cm2)表示,主要是由肌肉中肌纤维的数量和粗细决定的。有相关生理学研究表明,人体每平方厘米横断面积的肌肉能够产生 3～8 千克的肌肉力量。人们的每立方厘米的肌肉横断面积与人体的肌肉力量是呈正比的,其每立方厘米的肌肉横断面积越大,其肌肉的力量也就越大。在排球运动中,运动员可以通过相关的力量训练增加肌肉横断面积,实现肌肉力量的提升。

2.肌肉初长度

运动员的肌力大小与肌肉收缩前的初长度也具有密切的关系,二者成正比例关系。通常情况下,肌肉收缩前的初长度越长,肌肉收缩的张力及缩短的程度越大。出现这种生理现象的原因反映在两个方面:一方面,肌肉本身具有弹性,在受到快速牵拉时可弹性回缩;另一方面,肌肉拉长时,肌梭感知肌纤维长度变化而产生冲动,通过牵张反射机制提高了肌肉的对抗力,即用肌纤维的回缩的形式对抗肌肉被动拉长。对于排球运动训练而言,肌肉初长度对运动员各项动作的发挥情况有显著作用。

3.肌纤维类型

依据肌肉的收缩特性进行分类,肌纤维可分为快肌和慢肌两种类型。二者相比,快肌产生的收缩力更大。因此,运动员的骨骼肌中快肌纤维百分比高、横断面积大、直径大,则肌肉收缩力量大;反之则肌肉力量小。一般而言,人体肌纤维的发展状况会在一定程度上受到遗传因素的影响,但是先天条件的影响较小,最重要的是受后天训练因素的影响。例如,在田径运动项目中,短跑运动员拥有较多的快肌纤维。另外,研究还发现,快肌的纤维横断面积、快肌的收缩力量、慢肌的纤维横断面积、慢肌的收缩力量等可以在力量训练的影响下相应增加,但快肌纤维增加的速度比慢肌要快。

4.神经因素

在人体复杂的身体结构中,影响神经的因素主要有:中枢驱动、神经中枢对肌肉工作的协调及控制能力、中枢神经系统的兴奋状态等,具体内容如下:

第一,中枢驱动。中枢驱动是指人体中枢神经系统动员肌纤维参加收缩的能力。在运动员的体能训练中,其参与运动的肌纤维数量直接影响着运动员在运动中的肌肉收缩能力,但是运动员在体能训练中,并不是所有的肌纤维都能参与最大用力的收缩,不同的运动员由于其身体素质、训练时间、训练强度等因素,会表现出不同的肌肉收缩能力。对于缺乏训练的运动员来讲,参与肌肉收缩活动的肌纤维量为 60%;对于经常训练的优秀运动员来讲,参加肌肉收缩活动的肌纤维量为 90% 以上。中枢驱动作用是支配运动员机体中的肌肉的运动神经元放电频率及其同步变化,通过力量素质训练能够有效提高运动神经元的放电频率,进而增强中枢驱动能力。

第二,神经中枢对肌肉工作的协调及控制能力。排球运动员参与排球运动,是在充分调动自身各部分肌肉共同工作的基础上实现的,各部分肌肉群是在对应的神经中枢的支配下完成有关工作的。因此,运动员在训练的过程中应注意锻炼神经中枢对肌肉工作的协调及控制能力,提高机体内各部分肌肉之间的协调能力,使各部分的肌肉与协调起来合作,发挥肌肉群的最大力量。

第三,中枢神经系统的兴奋状态。中枢神经系统的兴奋状态会促使机体大量释放肾上腺素、乙酰胆碱等生理活性物质,进而促使肌肉力量增强。研究发现,人在极度激动或紧急情况下会发挥超大力量。分析出现这种现象的主要原因能够发现,一方面是因为人的情绪极度兴奋造成肾上腺素分泌大量增加,另一方面是因为大量增加的肾上腺素提高了肌肉的应激性,同时神经中枢发出了强而集中的冲动,机体的“储备力量”得到了迅速的动员。研究显示,儿童、少年时期,力量训练能引起肌肉力量的大幅度增加,但肌肉力量增大的同时,肌肉体积的增长速度较为滞后;但是在力量训练的后期,机体肌肉力量的进一步增加会在很大程度止更加依赖肌肉体积的增长。这些内容表明,机体的神经系统功能的完善对肌肉功能的发育有重要的影响,而且适应机制在人体力量训练的不同时期表现也各不相同。

除以上几项影响力量素质训练的生理学因素之外,性别、年龄、激素等同样发挥着重要影响。

(三)耐力素质训练

在排球运动中,运动员的耐力素质受到多种因素的影响,其中能够产生较大影响的生理学因素主要有有氧耐力和无氧耐力两种,具体内容如下。

1. 有氧耐力

在运动中,影响有氧耐力的因素主要有:氧运输系统的功能水平、神经系统的调节能力、骨骼肌的氧利用、能量供应水平、能量利用效率等,具体内容如下。

(1)氧运输系统的功能水平

人体的氧运输系统主要由呼吸系统、血液、循环系统等构成。氧运输系统的主要功能和任务是为人体的各部分活动输送氧气、营养物质以及代谢的产物等,对运动员的有氧耐力具有十分重要的影响。氧运输系统的功能水平也称为是最大氧运输能力,主要受到血液的载氧能力和心脏的泵血功能的影响,具体内容如下:

第一,血液的载氧能力。影响血液载氧能力的众多因素中,血液的血红蛋白含量具有重要的影响。有相关研究表明,每克血红蛋白能够与 1.34 毫升氧气结合,血红蛋白含量与血液的载氧量是呈正比的。一般情况下,成年男性体内,平均每 100 毫升血液中有大约 15 克血红蛋白,其氧容量约为 20 毫升,与男性相比,女性和儿童的则相对较少。运动员由于长期运动的原因,其体内的血红蛋白含量要比一般人要多,平均每 100 毫升有 16 克,因此其体内血液的含氧量也要比一般人要多。

第二,心脏的泵血功能。最大心输出量是指心脏每搏输出量和心率的乘积,它对心脏的泵血功能具有十分重要的影响。在单位时间内,最大心输出量和肌肉组织的获得的血流量以及氧气的输出量是呈正比的。有相关研究表明,与一般人相比,优秀的耐力项目运动员往往拥有较大的心室腔容积、较厚的心室壁。此外,与普通人的 100～120 毫升的心脏每搏输出量相比,运动员的相对较高,为 150～170,即使心率提升其每搏输出量也并未减少,其心肌收缩力也往往较大,具有较快的射血速度。

(2)神经系统的调节能力

神经系统的调节作用对排球运动员的耐力活动能够产生重要的影响,因此,要想提高排球运动员的耐力,需要满足以下要求:首先,神经系统能够在长时间内处于兴奋状态;其次,神经系统拥有较强的抑制节律性转换能力;再次,运动中枢与内脏中枢具有较好的协调活动能力,以保持肌肉收缩和舒张的良好节律;最后,运动器官与内脏器官可以进行切实有效的配合。由此可见,从根本上改善神经系统的调节功能,有助于排球运动员的神经系统活动进一步适应耐力运动的相关需求,这是排球运动员提高耐力素质的关键性生理学基础以及原因之一。

(3)骨骼肌的氧利用

骨骼肌的氧利用情况对耐力素质训练也具有一定程度的影响。运动员的氧利用状况主要表现为以下几个方面。

人体的肌肉组织主要是从流经其内部的毛细血管的血液中摄取和获得氧气。因此,生理学认为,肌纤维类型、肌纤维的有氧代谢能力对机体肌肉组织摄取和利用氧气的能力有重要的影响。在机体的肌纤维中,I 型肌纤维比例与其所在的肌肉翕有氧代谢酶的活性、肌肉摄取和利用氧的能力成正比。实践证明,优秀的耐力项目运动员的慢肌纤维比例高,氧化酶的活性高,线粒体的数量大,毛细血管分布密度大,肌肉摄取和利用氧气的能力强。在影响耐力的机体机制中,心输出量是其中的核心影响因素,肌纤维类型的比例构成及其有氧代谢能力是次要的影响因素。

机体在运动时,骨骼肌的氧利用能力受无氧阈的影响。以无氧阈的最大吸氧量比值为例,比值越高,肌肉的氧利用能力越强。一般人的无氧阈约为 65%,优秀耐力运动员的无氧阈可高达 80% 以上。

(4)能量供应水平

研究表明,运动员在参加耐力性运动时,机体的大部分能量都来源于机体内部肌糖原和脂肪的有氧氧化。因此,机体的肌糖原含量不足可以明显影响运动员的耐力水平,在运动前或运动过程中,通过合理训练而使机体的肌糖原储备增加、有氧氧化的能量利用效率提高、肌糖原利用节约、脂肪利用比例提高等,对提高运动员的耐力素质十分有益。

(5)能量利用效率

能量利用率是指在单位耗氧量条件下,机体在运动中的做功能力。能量利用率在运动员的运动训练中具有十分重要的作用,在运动员的其他机体因素相同的情况下,能量利用率的不同会使运动员的能力素质高低呈现出一定的差异,具有较高的影响率,最高时可达到65%。根据国外的相关研究表明,如果两个长跑运动员具有相同的最大吸氧量相对值,并且他们在跑步过程中的使用率均为85%,那么能量利用率较高的那个运动员会比能量利用率较低的运动员的成绩要高,最高可快13分钟。

2.无氧耐力

在运动中,影响无氧耐力的因素主要有:骨骼肌的糖无氧酵解供能能力、肌肉对酸性物质的缓冲能力、神经系统对酸性物质的耐受能力等,具体内容如下。

(1)骨骼肌的糖无氧酵解供能能力

骨骼肌的糖无氧酵解供能能力对运动员的无氧耐力具有重要影响。肌糖原在运动中的主要作用是通过无氧酵解为机体提供能量,这也是运动中无氧耐力的主要能源的来源。在运动过程中,肌糖原的无氧酵解能力主要受肌纤维百分构成以及糖酵解酶催化活性的影响。有关学者的研究成果表明,在各类代谢性质的运动项目中,运动员的肌纤维百分构成与糖酵解酶活性存在很大差异,这同时是导致运动员无氧耐力差异的一项重要原因。

(2)肌肉对酸性物质的缓冲能力

对排球运动员而言,肌肉对酸性物质的缓冲能力影响着其耐受能力。细胞内以及机体内环境的理化性质的改变会影响机体的运动能力,尤其是影响机体的耐力。机体内部的理化性质的变化主要是由肌肉糖酵解引起的,$H+$肌肉糖酵解的产物,可以在机体的肌细胞内大量累积,甚至可以扩散到血液中改变血液的酸环境,进而导致肌肉审酸性物质增加,影响机体的耐力素质水平的正常发挥。

在人体中,肌肉和血液中存在着缓冲酸碱物质,保持机体内环境pH稳定的作用。这种缓冲物质是一种混合液,由弱酸(如 H_2CO_3)、弱酸与强碱生成的盐(如 $NaHCO_3$)按一定比例组成。研究表明,提高机体的耐酸能力是提高机体的无氧耐力水平的一项有效途径,但无氧耐力训练不会直接提高排球运动员机体缓冲酸碱物质的水平,而是在训练过程中加强运动员由于酸碱物质产生的不适应感,由此使排球运动员的耐受能力得到大幅度提升。

(3)神经系统对酸性物质的耐受能力

神经系统对酸性物质的耐受能力对运动员的无氧耐力素质也会产生较大的影响。人体的内部环境整体上是呈酸性的,在安静状态下,其血液的PH值为7.4,而骨骼肌细胞液的PH为7.0。在运动状态下,人体的PH值会总体下降,血液PH会下降到7.0左右,骨骼肌细胞液的PH下降到6.3左右。

机体的神经系统在机体的运行发展中具有十分重要的作用,不仅能够协调运动肌的驱动,同时还能协调不同肌肉群之间的活动,因此机体的神经系统对运动员的无氧耐力水平也会产生一定的影响。据有关研究表明,人体PH值的变化会对人的神经系统产生一定的影响,进而影响到上述两个协调功能。因而,运动员在训练的过程中,要通过科学系统的耐力训练,提高运动员的神经系统耐受能力,从而提高其对抗酸性物质的能力。

（四）柔韧素质训练

1.肌肉、韧带的弹性

影响运动员柔韧素质的因素有很多，其中，具有较大影响的直接因素是肌肉组织、韧带组织的弹性。人们在不同年龄段，其肌肉和韧带的弹性是不同的，会随着人年龄的增长和运动的训练而逐渐发生变化。此外，中枢神经也会对运动员的肌肉组织变化产生一定的影响，如果运动员的情绪较高，那么其身体的柔韧性也会相对较好，更能发挥自己的真实水平。

2.神经过程转换的灵活性

神经过程转换的灵活性对运动员的柔韧素质也具有十分重要的影响。人体在运动过程中，一方面，肌肉的基本张力与神经系统兴奋、抑制过程转换的灵活性有关，中枢神经系统对抗肌间协调性的调节、中枢神经系统对肌肉紧张和放松的调节等都能有效地提高肌肉的张力；另一方面，肌肉的张力与神经过程分化抑制的发展也有密切的关系。由此可知，参与校园排球教学的教练员一定要高度重视针对机体神经过程转换的灵活性训练，如此有助于排球运动员的机体柔韧性得到大幅度提升。

3.关节的柔韧性

关节的柔韧性与关节周、围组织的大小密切相关。关节周围组织（肌腔、韧带、肌肉、皮肤等）的大小与伸展性、关节生理结构都会影响关节的柔韧性。在关节周围的组织中，肌腱与韧带有助于加固关节。一方面，肌肉可以从外部给予关节一定的加固力量；另一方面，韧带的抗拉性能将关节的活动限制在一定的范围内，避免关节在运动中受伤。对于运动员而言，发展关节的柔韧主要是对限制关节活动的对抗肌施加影响，使关节的对抗肌可以主动牵拉伸展，从而减少对关节活动范围的限制，提高关节的伸展度和柔韧性。需要补充的是，增进跨过关节的韧带肌腱和皮肤的伸展性则是运动员提高机体关节柔韧性的有效方式和重要方法。

4.性别差异

在生理学中，女子的柔韧性普遍要比男子的柔韧性要好。这是因为，男子的肌纤维性对较长，强而有力，横断面积大，对关节活动范围限制较大；女子的肌纤维细长，横断面积小，伸展性好，对关节活动范围的限制较小。因此，在柔韧素质训练过程中，应区别对待。

5.年龄特征

柔韧性呈现出较为明显的年龄差异，不同年龄段的人们其身体柔韧性也不同，具体来讲，按照年龄段，可以将柔韧性分为以下几个部分：

第一，0～10岁，从自然的发展规律来看，这一阶段的人们的柔韧性是最强的，随着年龄的增长，骨骼的硬度开始不断加强，其柔韧性开始逐渐下降。因此，在10岁之前，应适当地给予孩子以柔韧素质的训练，逐步提高人们的柔韧性。

第二，11～12岁，与上一阶段相比，这一阶段人体的柔韧性有一定程度的下降，相对降低。尤其是随着腿部活动的增加，左右开胯的幅度明显下降。尽管这一阶段人体的柔韧性有了一定程度的下降，但是人体具有较大的可塑性，引注意加强其肌肉柔韧性的训练，提高关节的柔韧性。

第三,13～15 岁,在这一阶段,人体骨骼的生长速度要快于肌肉的生长速度,因此,运动员的柔韧性会有一定程度的下降。在这一阶段中,在开展体育训练时要注意全身的拉伸工作,但避免过度训练其柔韧性,避免拉伤肌肉。

第四,16～20 岁,在这一阶段,人体的整体发育已经基本成熟,在训练过程中可以适当的增加其运动负荷和训练强度,加强排球运动员的基础素质训练。

三、运动训练效果的生理学评定

(一)安静状态下的生理适应特点

在长期运动的负荷刺激的作用和影响下,与运动密切相关的各器官系统如运动系统、血液循环系统、呼吸系统和神经系统产生了良好的适应性。

1.运动系统

(1)骨骼特点

运动训练对骨骼的影响体现在骨密度方面的变化。根据不同的运动项目,结合运动员的训练水平和训练年限,骨密度呈现不同的变化特点。适宜的运动可以有效地增加峰值骨量,减缓随年龄增长而发生的骨质疏松。研究表明,运动员的骨矿物质含量根据运动等级体现出不同的水准,男子健将级运动员的骨矿物质/体重(BMC/BW)高于二、三级运动员,女子健将级运动员的 BMC/BW 高于一、二、三级运动员,这表明运动员骨密度随训练水平的提高而增加。由于不同运动项目对骨的刺激作用不同,所以骨密度也不相同,投掷、摔跤等力量性项目的运动员骨密度最高,而耐力性项目运动员的骨密度最低。这是由于不同的运动负荷刺激对骨骼产生影响的途径不同,骨矿物质合成效应则不同。负荷强度与 BMC/BW 之间有密切的关系,以力量为主的运动项目负荷强度高于其他项目,所以 BMC/BW 处于较高水平。而过量的耐力运动可使女运动呼血液中雌激素水平降低和男运动员血液中雄激素水平降低,导致骨代谢过程中骨的吸收大于骨的形成,从而使骨密度降低。此外,运动员身体不同部位的骨密度具有训练部位的特异性,如网球运动员握拍击球手的骨密度高于另一只手,表明运动可能只对受刺激局部部位的骨有一定的刺激作用。

(2)骨骼肌特点

运动训练对骨骼肌的影响主要表现在肌肉的体积增大,横断面增大,肌肉力量增加。这是由于运动训练中,尤其是力量训练可以促进氨基酸向肌纤维内部的转运,使肌肉组织中收缩蛋白质的合成增加,从而引起肌肉肥大和肌力的增长。与此同时,运动训练对机体抗氧化能力产生的作用尤为显著。近些年来,很多研究成果显示,耐方训练能够有效提升肌组织超氧化物歧化酶(SOD)和谷胱甘肽过氧化物酶(GPX)的活性。肌肉抗氧化酶活性的提高也是骨骼肌运动性适应的重要生物学特征之一。运动负荷、训练状态及抗氧化剂的补充等因素可影响肌组织抗氧化能力的运动性适应。大多数研究证实,运动负荷大、训练状态良好以及抗氧化剂的外源性补充(如维生素 E、维生素 C 等)都对机体抗氧化能力具有积极的影响。

2.氧运输系统

(1)呼吸机能特点

运动员的运动训练对呼吸机能也具有较大的影响,通过研究表明,运动员经过长期规律的训练,具有较强的呼吸肌力量,其肺活量也较大,气体交换的效率要比平常人要高。此外,通过专业的肺活量测试可以发现,训练规律的运动员其呼吸肌的耐力也相对较好。闭气能力也是呼吸机能中的一部分,运动训练能够加强人们对呼吸的控制,因此,运动员的闭气时间与平常人相比较长。

(2)血液特点

与普通训练程度的人相比,除部分特殊项目的运动员的血液指标会有一定程度的变化外,多数项目运动员的血液成分并没有特殊的变化。如耐力性运动员的红细胞和血红蛋白的数量相对较多,其血液中部分酶的活性会升高等。

(3)循环机能特点

运动能够影响人们的心脏形态结构和心血管机能,主要表现为,经过长期运动的运动员,与普通人相比,其在安静状态下的心率较为缓慢、心脏的功能水平较高,循环机能较强。一般情况下,经过长时间规律的耐力训练之后,运动员在安静情况下的心率只有每分钟40～50次,甚至更低。除心率有一定的变化外,运动员的心脏还会呈现出运动性心脏增大的特点。在所有的运动项目中,出现心脏增大的运动员多为力量性和耐力性的运动员,其中心肌肥厚多为力量性运动员;心脏容积增大多为耐力性运动员。

3.中枢神经系统

系统运动训练能够对排球运动员中枢神经系统机能产生很大的积极作用,同时有助于运动员各项感觉器官的机能获得有效增强。

(二)运动和恢复期的生理特点

1.定量负荷

定量负荷是一种限定运动强度(一般低于亚极限强度)和运动时间的运动实验条件下的负荷。训练者在完成定量负荷时具有机体进入工作状态的时间短、身体生理反应较小,运动后恢复快的特征。这些特征在运动系统、中枢神经系统和氧运输系统等方面表现得十分明显。

(1)肌肉活动高度协调

肌电图研究显示,在完成相同的定量负荷时,训练者的肌肉活动程度小,主动肌、对抗肌和协同肌之间高度协调,肌电振幅和积分值较低,且放电节律清晰,动作电位集中并发生在动作时,在相对安静时动作电位几乎完全消失。表明有关中枢的活动高度协调。

(2)心肺机能变化较小

在训练中,经过长期系统训练的运动员在完成定量负荷后,其心肺机能所产生的变化较小,所表现出来的运动反应与平常人相比也较小,主要表现为:心率和心输出量相对较低,心率的增加幅度较小,其呼吸的深度增加,呼吸频率减缓。而一般人在安静状态下主要是通过加快心率和呼吸的频率来增加心输出量和肺通气量。

2.极限负荷

排球运动员在参与极限负荷运动时,往往需要将自身的最大潜力充分发挥出来,将机体各个器官与系统的功能发挥得淋漓尽致;和正常人相比,优秀运动员的生理功能水平高,机能的发展潜力大,对极限负荷表现出强大的适应性。一般常选择极限负荷运动时的生理指标,如最大摄氧量、氧脉搏、最大氧亏积累、最大做功量等指标对训练效果进行评定。

(1)最大摄氧量

最大摄氧量反映了人们对氧气的摄取情况,能够体现人们的心肺能力。当人们在完成最大负荷运动时,没有训练经理或是训练经理较少的人,其最大摄氧量每分钟仅有2~3升,而经过长期训练的优秀运动员,其最大摄氧量最高可达到每分钟5~6升。

(2)氧脉搏

氧脉搏是指人们在单位脉搏输出中所获取的氧气含量,一般情况下人们的脉搏次数与心跳次数是一致的,因此氧脉搏就是每分钟的心率与摄氧量之间的比值,这一数值能够有效反映心脏的工作效率。据有关研究表明,优秀运动员在进行运动训练时,其氧脉搏平均指数可达到23毫升,是运动员安静时的6倍。因此,拥有较高氧脉搏指数的运动员往往拥有较强的氧运输系统,其心脏的工作效率也较高。

(3)最大氧亏积累

最大氧亏积累是指人们在从事具有较高强度的、能够发挥自身极限的运动时,实际消耗的氧气含量与理论上应消耗的氧气含量之间的差值,它是衡量机体无氧运动能力的指标之一。有相关研究表明,优秀的短跑运动员其最大氧亏积累值要比其他体育项目的运动员要高。

(4)最大做功量

最大做功量是指训练者在递增负荷达极量时所完成的功。持续训练的运动员最大做功量和做功效率都明显高于不经常运动的人。由此可见,和没有参与过训练的人相比,高水平的排球运动员在完成极限负荷工作的过程中往往会有很高的运动效率以及巨大的运动潜力;与此同时,高水平排球运动员机体在运动起始阶段进入工作状态的节奏快,运动结束后身体恢复时间短,这都是因为运动训练使得排球运动员机体出现良好适应的结果。

第二节　运动心理学基础

一、运动动机

(一)动机含义

动机是推动人去从事或参与某项活动,并引导活动朝向参与者的某种目标发展的心理动因或内在动力。在排球运动中,动机发挥着十分重要的作用,能够帮助人们提前预判落球位置。动机是人的一种心理活动,看不见摸不着的一种心理因素,在排球运动中人们可以根据他人的行为变化来猜测其行为动机。需要和诱因是动机产生的两个必要条件,具体内容如下所示。

1. 需要

在心理学中,需要是个体在发展的过程中,因缺乏某种东西而一起的内部紧张感和不舒服感。人在需要这一因素下,能够产生愿望和驱动力,进而开展各种活动。整体来讲,人的需要主要分为生理性需要和社会性需要。生理性需要是人天生就有的,是人在面对饥渴、缺氧、劳累、寒冷等生理感受时想要改变痛苦所产生的需要;社会性需要是建立在生理性需要的基础之上的,是人们后天在社会的发展过程中逐渐形成的。例如在排球训练中与队友和睦相处的需要,得到教练赞赏的需要,提高自身运动水平的需要,加入更好运动团体的需要等。

2. 诱因

诱因是指引发个体需求动机的外在因素。诱因是引发需求的直接因素,因此它具有一定的指向作用,能够为人们的行为提供一定的指导。诱因的完成期限没有明确的规定,可以是短期内能够实现的,也可以是需要经过长期努力才可以实现的。个体的行为动机可以由人的内在需要来驱动,也可以由外界环境来驱动,一般情况下,这两种因素并不是独立存在的,而是相互产生影响,来推动形成人的行为动机。

(二)动机类型

1. 生理性动机与社会性动机

根据人们所产生需要的种类,可以将动机分为生理性动机和社会性动机两种。生理性动机是指为满足人的生理需要而产生的动机,例如由于运动中的能量消耗而产生的吃饭、喝水的动机就是生理性动机。生理性动机推动着人们进行某种社会活动,一旦人们的生理性需求得到满足,其生理性动机就会下降而逐渐消失。社会性动机是指为满足人的社会性需要而产生的动机。例如在运动训练中的沟通需要而产生的交流动机,因比赛中获得成就的需要而产生的成就动机等。这些社会性动机推动着人们的发展,促进了人们之间的交流和沟通,提高了运动员的技术水平。

2. 外部动机与内部动机

根据产生动机的来源,可以将动机分为外部动机和内部动机。外部动机是指在外界因素的影响下而产生的动机,例如运动员参加比赛是为了获得冠军等。外部动机是受到外部驱动的行为动机,其行为的产生受到了外部力量的推动。内部动机是在内在需求的基础上,激发人们参与某种社会活动来展示自己价值,以获得满足感的动机。内部动机是人们为满足自身的内在需要而产生的内在驱动,推动着人们进行各种活动。例如学生因为喜欢排球运动而报名参加,其参加排球运动并不是为了获得某种奖励,只是因为喜欢为促使其主动地参与排球运动。

在排球运动中,多数情况下这两种动机是并存的,运动员参与排球运动不仅有外部动机的推动,还有内部动机的驱动,这两种动机积极地推动着排球运动员的发展,运动员在排球运动中的表现也往往会受这两种动机的影响。但是不可否认的是,这两种动机在排球运动员的发展中不仅发挥着其积极作用,同时也具有一定的消极作用。外部动机能够促进内部动机的发展,但是如果没有选取合适的外部奖励方式,就会对内部动机的发展产生消极作用。

3. 直接动机与间接动机

根据人们参与某种社会活动的心理动因是指向活动过程还是活动结果,可以将动机分为直接动机和间接动机两种。人们在参与一项活动时,直接动机指向的是活动的内容、组织形式等内容;间接动机指向的是生理、心理等间接内容。在体育活动中,直接动机与运动训练之间的关系较为密切,其明确的具体内容,能够对人们产生直接动力指导者人们进行体育训练。但是如果人们参与的体育训练具有较大难度,人们在参与过程中难以感受到体育训练带来的乐趣,感到内容枯燥、单调时,直接动机就显出一定的局限性,难以发挥其效果。在体育训练中,虽然间接动机与人们直接进行体育训练活动之间的关系并不紧密,但是能够产生长远的影响,能够激励运动员持久进行体育训练、参与体育活动。因此,在体育训练中,应将直接动机和间接动机结合起来,促使运动员实现自我水平的提高。

4. 缺乏性动机与丰富性动机

缺乏性动机也称为匮乏动机,具体表现为逃避危险、避免威胁等单一性特征的动机,一般情况下该动机是为了满足生存与安全的目的。例如运动员为避免参赛而逃避训练,谎称自己受伤,这就属于缺乏性动机。丰富性动机也称享有动机,是为了使自己享受乐趣、获得满足、有所成就等而产生的动机,包括满足和刺激的一般目的,趋向张力的增强。

(三)动机功能

动机在人们的行为中发挥着重要的作用,具有激活、指向或选择、调节与维持等功能。在人们的活动中,动机具有指向作用,不仅能够激励个体的行为,同时还能影响个体行为的强度和方向。

1. 激活功能

激活是指动机能够激发人们产生某种行为,推动个体进入某种活动,使个体的静止状态逐渐转为活动状态。

2. 指向或选择功能

指向或选择功能是指动机能够为个体行为的活动提供方向。指导人们进行某种活动。如为了满足获得优异成绩这一动机,运动员会刻苦训练,推动着自己向前发展。

3. 调节与维持功能

调节与维持功能是指人们在参与活动时,动机能够维持、增强或减弱人们投入其中的力量。如果人们的动机越强,其行为也就越强烈。例如,身体素质水平差距较小的一些运动员,在参与同等强度的体育训练时,有的运动员能够坚持下去,而有的运动员却坚持不下去,这就是动机的强度对人们的行为产生的调节作用。

二、心理机能训练

(一)心理机能训练的含义

在运动心理学中,心理机能训练主要包括广义和狭义两层含义。心理机能训练的广义含义是指有目的、有计划地对运动员的心理状况产生影响的过程;狭义含义是指采取适当的方法,来帮助运动员调节自身的心理状态,进而调节其活动行为。

(二)心理机能训练的意义

在体育运动中,心理机能发挥着十分重要的作用,因此,进行适当的心理机能训练具有十分重要的意义,主要表现为以下几点:

第一,心理机能训练能够提高运动员的技能水平,促使运动员将运动的表象训练和技术训练联系起来,从而提高体育训练的效果。当运动员身体疲劳或是身体状态较差无法进行运动训练时,可以进行适当的表象训练,从而实现巩固之前掌握的运动知识的效果。

第二,多样的心理机能训练能够帮助运动员消除体育训练中的消极情绪,使运动员时刻保持清醒的头脑,形成积极的情绪。

第三,适当的心理机能训练能够缓解运动员参与体育训练的疲惫,降低运动员在运动过程中产生的身体兴奋、肌肉紧张的状态,使运动员更快的恢复到正常状态。

在排球运动中,心理机能的训练能够在一定程度上提高运动员在比赛和训练中的调节能力,增强运动员的训练效果。如果运动员能够熟练掌握这一能力,不仅能够在排球运动中发挥作用,同时还能对运动员的其他行为产生迁移作用,帮助运动员形成积极的生活习惯,促进运动员的综合发展。

(三)心理机能训练的原则

1.自愿性原则

在心理机能的训练过程中,自愿性原则是其中的首要原因,只有运动员自愿参与心理机能训练的过程,才能发挥自身的能动性,达到预期的效果。在心理机能训练的过程中,心理辅导员所采用的正确引导和训练方法,需要建立在运动员自愿积极地参与训练的基础上。运动员对心理机能训练所持的态度,是否愿意参与心理机能训练是决定其效果发挥的决定因素。如果运动员对心理机能训练持否定态度,被迫参与心理机能训练,不仅不会达到预期的效果,还会使运动员产生消极情绪,心理机能训练也毫无意义。

2.因材施教原则

在进行心理机能训练的过程中,由于运动员的个体差异,因此,教练应根据每位运动员的实际情况,针对性地选择合适的训练方法进行训练,为运动员制定独特的心理训练计划。

3.长期系统性原则

在人们的各种活动中,技能的形成需要经过长期系统的练习巩固,如体育运动中的射门、扣球等技术的熟练运动都是需要经过长期地不断训练才能实现。心理技能训练也是如此,其中的心理控制训练、焦躁情绪的调节训练、注意力的训练等内容,都需要运动员经过长期的训练才能熟练地掌握,发挥心理机能训练的效果。心理机能训练需要不断的进行重复,使心理和身体紧密地联系在一起,只有这样,即使在紧张的运动比赛中,运动员也能发挥心理机能训练的作用。心理机能训练是一个长期的过程,需要专业的人员进行指导。因此,在制定心理机能训练方法时,心理学工作者应与教练和运动员进行沟通,对具体的问题进行分析,然后根据分析的结构制定切实可行的训练计划。然后按照计划,逐步实施,提升运动员的综合素质。

4.与专项运动训练相结合原则

在开展心理机能训练前,首先要明确的是心理机能训练的开展是为了提升运动员的运动效果,因此在开展心理机能训练时,应将运动员的体能训练、技术训练等专业训练内容结合起来,使心理机能训练与专业训练相互配合,提高运动员的综合素质。

(四)心理机能训练的实施

心理机能训练需要经过长期的系统训练,在实施的过程中应按照不同的阶段,逐步开始实施。根据心理机能训练的时间维度,可以将心理机能训练分为四个阶段:第一阶段是基础训练阶段,设定的时间期限为 6 个月左右;第二个阶段是赛前针对性阶段,从比赛前约 2 个月开始进行;第三个阶段是临场心理调节的训练;第四个阶段是赛后的心理恢复训练。从内容上来看,心理机能的训练主要分为三个阶段,不同阶段具有不同的训练内容,分别为:第一阶段是帮助运动员了解心理机能训练的内容,认识到心理机能训练的重要性;第二个阶段是让学生开始由简入繁的掌握心理机能训练的内容;第三个阶段是运动员反复训练这些机能,将其与自己的训练活动结合起来,运用到比赛活动中。

第三节　运动生物力学基础

一、人体运动的时空特点

(一)时间特点

1.时刻

时刻是指物体在空间某一位置的时间度量。时刻的主要作用是表示运动的始末以及标识关键技术的时相,如运动员关键的身体姿位、特定的关节角度等。

2.时间

时间即两时刻间的间隔。在运动员的运动训练和比赛中,持续时间是运动的时间度量,单位用秒(s)表示。一般来说,评价运动员动作技术优劣的重要参数就是运动持续时间。

(二)空间特点

1.位移、轨迹与路程

位移是指从物体初始点指向终点的矢量,单位用米(m)表示。它是用来描述物体位置变化的。轨迹是质点运动的路径。路程则是物体运动轨迹的长度,路程为标量。路程的单位也是米。

2.角位移

以刚体运动形式为划分依据,人体的运动可以分为三种形式:一是平动,二是转动,三是复合运动。在时间间隔相同的条件下,转动刚体上面的各个质点会发生不同的线位移,但是它们转过的角度则是一致的。因此,据此在描述转动时,就可采用物体转过的角度来描述,称为刚体转动的角位移,以逆时针方向为正。角位移的单位通常用度(°)、弧度(rad)表示。

(三)时空特点

1.速度和加速度

速度与速率。速度是指描述物体运动快慢的时空物理量。人体在变速直线运动中的位移和通过这段位移所需的时间之比,就是人体在这段时间内(或这段位移)的平均速度。速率是指人体或物体运动经过的路程与其所用的时间之比。速率反映的是单位时间内物体路程改变的数量大小。

加速度。加速度,即描述物体速度变化快慢的物理量。平均加速度则是指人体运动的速度变化量与发生这种变化所用的时间之比。在体育运动中,加速度通常指瞬时加速度。

2.角速度和角加速度

角速度。角速度是指描述物体转动运动快慢的度量,单位为:弧度/秒(rad/s),或度/秒(°/s)、周/秒。

角加速度。角加速度是指描述角速度变化快慢的物理量,单位为:弧度/秒 2(rad/s2),或度/秒 2(°/s2)。

二、人体运动的平衡与稳定

人体的平衡状态就是指相对于惯性参照系静止或做匀速直线运动的状态。运动员在进行体育运动的过程中,为了更好地完成部分技能动作,往往会需要做平衡动作加以辅助,例如吊环的十字支撑等。对于体操、武术等诸多项目而言,人体平衡能力发挥着极为关键的作用。稳定性指的是人体在对同等类型的外界因素干扰进行抵抗的时候将身体稳定在平衡状态的能力。人体的稳定性通常被分作以下类型:一是静态稳定性,二是动态稳定性。具体而言,静态稳定性指的是人的身体在处于静止不动状态的时候对不同的干扰加以抵抗的能力;动态稳定性指的是人体在身体平衡被打破的条件下,将干扰因素排除,让身体重新回到平衡状态的能力。无论是在排球训练还是在排球比赛之中,静态稳定性和动态稳定性所发挥的作用都是值得被重视的。

(一)人体平衡的类型

1.根据人体重心和支撑点的位置划分

以该标准为依据进行划分,人体平衡能够被分为三种形式:一是上支撑平衡,二是下支撑平衡,三是混合支撑平衡。具体而言,上支撑平衡指的是身体的支撑点位于身体重心的上方位置,单杠垂悬平衡就划归到此类;下支撑平衡指的是身体的支撑点位于身体重心的下方位置,手倒立平衡就归属于此类的范畴;混合支撑平衡指的是人体重心位于上、下两支撑点之间的平衡,肋木侧身平衡就属于此类。

2.根据平衡的稳定程度划分

按照这个划分标准,能够将人体平衡划分成稳定平衡、有限稳定平衡、不稳定平衡、随遇平衡四种类型。稳定平衡指的是无论身体的姿势位置出现偏离的程度有多大都可以回复至最初姿势位置的平衡状态。体育运动中的上支撑平衡往往属于此种类型。有限稳定平衡指的是人体姿势位置的偏离不超过特定范围就可以顺利回复至原本的平衡状态。下支撑中的面支撑平衡都是有限稳定平衡。不稳定平衡指的是身体稍微发生偏离就定然会令整个身体倾倒的平衡。下支撑的线支撑或者点支撑都应当被归类为不稳定平衡。随遇平衡指的是不管身体的姿势位置出现什么样的偏离,都可以在当下的新位置形成新的平衡状态。在此种平衡之下,尽管物体不再处于原本的位置,但其重心高度仍旧和原本保持一致。在体育运动之中,球体平衡应当被归为随遇平衡的范畴。

(二)人体稳定度的影响

1.支撑面大小

通常支撑面的面积大小在很大程度上影响着人类身体的稳定程度。正常情况下人的稳定程度和支撑面的面积是成正比的。

2.重心高度

在支撑面这一因素保持不变的前提下,身体的重心处于越低的位置,就会具有更强的稳定程度;身体的中心处于越高的位置,就会具有越弱的稳定程度。

3.稳定角

稳定角就是指重力作用线和重心至支撑面边缘相应点的连线间的夹角。一般情况下,稳定角越大,人体或物体的稳定性就越好。

4.稳定系数

稳定系数,即稳定力矩与倾倒力矩之比值。它能够表明物体依靠重力抵抗平衡受破坏的能力。在稳定系数大于1的情况下,物体自身能够对外来倾倒力矩加以抵抗,从而保持住自身的平衡;在物体稳定系数小于1的情况下,物体自身无法对外来的倾倒力矩加以抵抗,其就无法继续维持自身的平衡状态,也就是说物体自身会出现倾倒的状态。应当明确的是,我们不能够将稳定性和平衡视作是同等的概念,要明确二者之间的不同。一般而言,稳定性指的是人体将自身始终保持在某种状态的能力,这里说的状态既包括静止状态,也包括运动状态;人体平衡则指的是人体在受到外力影响的时候仍旧能够保持自身身体姿态的能力。

第四节 运动生物化学基础

一、体能训练的代谢基础

人体的物质和能量代谢是体能训练的核心。根据生物化学的研究,可以把人体能量代谢分成三大系统,即磷酸原供能系统、糖酵解供能系统和有氧氧化供能系统。这三个供能系统在运动过程中的供能比重存在或多或少的差异,运动员的供能能力对其运动能力、体能水平都有决定性作用。

(一)无氧代谢系统

人体的速度、力量素质具有短时间、大功率输出的特征,其能量供应主要由磷酸原供能系统和糖酵解供能系统所保障。上述这两大供能系统被称为无氧代谢系统,即不需要氧气就能进行能量供给。

1.磷酸原供能系统

在机体的供能代谢中,ATP(三磷酸腺苷)、CP(磷酸肌酸)都通过高能磷酸基团的转移或水解来释放能量,我们通常把 ATP、CP 这种包含高能磷酸基团的物质称为磷酸原。ATP,CP 对能量的分解、释放和再合成的过程则称为磷酸原供能系统,也可以称为 ATP－CP 供能系统。ATP 本身不能贮存能量,而是能量的供体。在运动与代谢的过程中,肌肉内 ATP 分解直接产生能量,这是无氧代谢的核心环节。ATP 水解反应可以为体内需要能量的物质提供能量,实现各种生理过程。肌肉内,ATP 的分解和 ADP 的增加可迅速激活肌酸激酶 CK,CK 催化 CP 分解供能,再合成 ATP。磷酸原系统是高强度运动的主要能量来源,且供能的最大功率输出极高。磷酸原在肌肉中的贮存量很少,在人体开始运动后最早启动,最早进入角色进行代谢。在跑步时的加速和冲刺,该系统也要发挥重要的供能作用。

2.糖酵解供能系统

随着运动的进行,体内氧气逐渐被消耗,含氧量越来越低。在氧气供应不足的情况下,骨骼肌中的糖原或者葡萄糖进行酵解反应,生成乳酸,释放能量,合成 ATP,新生成的 ATP 迅速补充运动中消耗的 ATP,让机体继续保持运动。这种代谢反应被称为糖酵解供能系统。这种糖酵解供能系统的反应发生在细胞质中,进行的一连串复杂的酶促反应。随着运动速率的加快,ATP 和 CP 迅速消耗,糖酵解反应的过程在顷刻间就能进行,当运动持续 30秒左右,糖原的糖酵解速率就能达到最快,并维持 1～2 分钟,随后反应速率逐渐降低,在身体上表现为运动强度下降,速度减缓。

磷酸原系统和糖酵解系统供能过程都是无氧代谢,它们构成人体运动无氧代谢供能系统。无氧代谢系统是短时运动能量的主要来源。在排球运动员参与长时间耐力训练时,尽管运动强度偏低、持续时间比较长,但最后阶段加速冲刺时的能力依旧需要由磷酸原和糖酵解提供。

(二)有氧代谢系统

若是身体内部有较为充足的氧气供应,那么人体内的糖、脂肪和蛋白质就会发生氧化分解反应,它们在反应中转化成水、二氧化碳以及尿素等的同时,也会将一定的能量释放出来。该过程又被称作有氧代谢过程,形成有氧氧化供能系统。糖、脂肪和蛋白质通过有氧代谢释放大量能量,可再合成 ATP,为肌肉运动持续供应能量。其中,在有氧代谢之中,脂肪与糖是关键的燃料,以有氧代谢提供运动中所需能量的运动方式就被称作有氧运动,而开展此种运动的能力就被称作有氧耐力。

1. 糖的有氧代谢

在有氧运动过程中,体内的肌糖原或葡萄糖会发生氧化反应,在被转化为二氧化碳和水的同时将能量释放出来。这种过程即为糖的有氧代谢。

2. 脂肪的有氧代谢

脂肪也是人类身体内重要的"燃料",但其供能唯有通过有氧代谢实现。由此可知,若是个体想要通过运动达到减肥目的,最好选择有氧运动。

3. 蛋白质的有氧代谢

在运动过程中,蛋白质也会出现一定的降解,氨基酸也会给身体提供部分能力。但应当指出的是,蛋白质的供能存在着一定的限度,在身体已经消耗掉很多糖原之后,在总耗能量之中,蛋白质供能的占比也仅仅在 $15\% \sim 18\%$;通常身体若是开展为时 60 分钟的有氧运动,蛋白质功能的数量也只占到总代谢的 4.4%。所以,不管身体处在何种状态之下,人体的能量都不主要由蛋白质代谢提供。但总体而言,蛋白质分解代谢与合成代谢平衡是维持生命活动的重要基础。

二、体能训练方法的生物化学基础

(一)速度训练

根据相关理论可知,磷酸原和糖酵解系统的供能能力在很大程度上决定着人体的速度素质,因此为了让排球运动员能够在运动时拥有更快的速度,排球教练员可以通过科学、合理的方式让运动员的磷酸原供能系统和糖酵解供能系统发生有利的变化,让它们彼此适应、彼此配合,从而令排球运动员在运动过程中得到更加优质的能量供给。要想让排球运动员的身体具有更好的磷酸原供能能力,就要进行最高强度的训练,并且将训练时间控制在 10 秒之内。在展开多次训练之后,每组训练之间应当留出不少于 30 秒的休息时间,做完 10 组运动之后,要留出不少于 3 分钟的休息时间。要想让排球运动员的身体具有更好的糖酵解系统,以生物理论原则为依据可以采取如下方法:运动 1 分钟,休息 4 分钟。循环 5 次视为一组,每组运动完毕之后能够休息较长一段时间之后再开展下一组的训练。

(二)耐力训练

通常,若是个体有着较强的耐力素质,那么主要是因为其有氧系统有着较强的能量供给能力。所以,在实施耐力素质训练的时候,最好加长时间和距离,但是适当降低运动的强度。一般而言,长途骑车、长跑、远距离游泳等游泳都是较好的耐力训练方式,在训练时尽量确保训练时长不短于半小时。应当指出的是,在开展长时间的耐力训练时,运动员要科学地调整自身的呼吸,并且合理地控制好运动的强度,确保自己的身体不出现疲劳的情况。

三、训练恢复的生物化学特点

(一)超量恢复

超量恢复描述的是运动过程中及运动后能源物质的消耗和恢复的过程。运动时,体内主要进行的化学反应是伴随着能源物质的分解进行能量消耗,而恢复过程处于次要地位。

所以说人体在运动时,能源物质的消耗要远远大于恢复,这就使得运动时身体内部的能源物质处于逐渐减少的状态。在运动过程停止之后,身体才逐渐开始恢复,体内的能源物质的量才会逐渐上升。因此在运动后,为了将体内的各物质再次回到正常甚至更好的水平,运动员就要通过科学方法补充体内营养,例如合理膳食等。这种在运动中消耗的能源物质,在运动后恢复到并超过运动前水平的现象称为超量恢复。在合理的范围内,通常超量恢复程度和运动对身体的刺激程度成正比。超量恢复阐明了运动时能源物质在消耗和恢复过程中的特点,符合超量恢复的能源物质包括肌糖原、ATP、CP 及蛋白质等。因为不一样的物质有着各异的消耗程度,所以它们的恢复情况自然也存在着较大差别,而不同强度、不同时长的运动也在能源物质的消耗方面各不相同。所以,排球教练应当熟练掌握身体能源消耗及恢复的科学规律,并将其作为重要的参考数据,科学地为运动员制定训练计划。

（二）体能训练中的间歇

运动员若是进行爆发力训练,那么在 10 秒的权力运动过后,应当给自己留出多于半分钟的休息时间,并且最好将休息时间控制在 60～90 秒,这样能够让磷酸原物质的数量有足够的时间恢复,基本可以恢复至最初的一半水平。如此重复运动几次过后,可以休息较长一段时间,休息 时长控制在 2～3 分钟。若运动员进行的是半分钟以内的全力运动训练,那么休息间歇应当多于 1 分钟;若运动员进行的是 1 分钟以内的全力运动训练,那么休息间歇应当保持在 4～5 分钟;若运动员进行的是 400 米跑训练,那么在重复练习 4 次之后运动员至少应当给自己留出 15 分钟的休息时间。这种时间安排能够让身体内部的能源物质得到一定程度的恢复,并且能够令部分代谢产物被及时清理和消除,让身体以良好的状态迎接接下来的紧凑训练。通常来说,休息时间和能源物质恢复程度、体内废物代谢程度是成正比的,但尽管如此,在体能训练完毕之后,运动员也不可无限制地休息。

（三）体能训练后的休息

在做完运动之后,身体往往会产生酸痛感,其原因在于运动促使体内生成大量乳酸。因此,在运动结束后,运动员的首要"任务"就是对身体内的乳酸进行清除。积极休息是清除乳酸的有效手段,这里所说的积极休息并不是指让身体完全静止不动,而是在运动完毕后继续进行一些低强度运动,如慢走等,让体内的乳酸等废物尽快排出。若是运动员的训练时间长达几个小时,那么就要对肌糖原的恢复情况加以考量。在开展次数多、高强度的运动训练之后,体内肌糖原的恢复时间为 5～24 小时,并且摄入食物中的含糖量并不会对其恢复时间产生影响。但若是运动员开展的是日常性、持续性的高强度训练,那么体内肌糖原至少要在 48 小时以后才能够恢复,并且在恢复期身体还要摄入适量的糖分。若非如此,肌糖原就无法顺利恢复至运动前的正常水平。

四、体能训练效果的生物化学评定

（一）运动能力评价

1. 10 秒最大负荷测试法

根据磷酸原代谢系统的供能特点,可以用 10 秒以内最大负荷运动进行测试。如可以让运动员进行 30～60 米跑或者是自行车功率计等。若是条件允许,教师可以先对处于安静状态下学生的血乳酸值进行测量,之后让学生进行最高强度的运动,将运动时间控制在 10 秒之内,教师在此期间记录好学生的运动速度,并且在运动完毕后对学生血乳酸的最高值进行测定和记录。在此种情况下,运动速度快并且身体的血乳酸增值较低的同学,往往有着较强的磷酸原供能能力。

2.60 秒最大负荷测试法

60 秒最大负荷测试法能够将人体可以达到的最高糖酵解供能能力确切地测定出来。在运用此种测试法时,往往让学生先做 400 米的跑步运动,教师将其运动成绩记录下来,并且测定学生运动前后的血乳酸峰值。因为 400 米跑属于糖酵解系统供能,所以说 400 米的成绩对于人的糖酵解供能能力有着较为可信的说服力。若是条件允许,教师可以让学生在跑台上跑步 60 秒,将学生的跑步距离记录下来,并且测定学生运动前后的血乳酸峰值。若是运动过后,学生身体的血乳酸浓度处于 14～18 微摩尔/升这个范围之内,说明其身体的糖酵解系统有着较高能力;若是学生身体的血乳酸浓度在 9～10 微摩尔/升以下,这就说明其糖酵解系统能力处于一般水平。在排球训练之中,若是排球运动员具备了更高的运动水平,那么其血乳酸浓度相应地也会有所升高,即其身体的糖酵解供能系统会有更高的能力,这就说明近期进行的体能训练取得了较为理想的效果;若是运动员的运动成绩有所上升,但是其血乳酸浓度仍旧维持在和原本差不多的水平,就表明其还存在着一定的上升空间;若是血乳酸浓度维持在原本的水平或者是有所上升,但其运动成绩却呈现下降趋势,则表明学生的身体机能水平相较以往而言有所下降,体育训练取得了与预期相反的效果。

3.最大吸氧量测试

通过测定个体的最大吸氧量,能够有效地判定出个体的有氧能力。但是对个体最大吸氧量的测定会用到价格高昂的设备,并且其测量时间长、操作复杂且有着较大难度。所以,通常情况下此项测试往往在专业体育机构中才能够完成。

4.6 分钟亚极量负荷测试法

此种测试方法具体用来对个体氧气转运系统的适应性和专项耐力运动的能力进行测定,根据其测定结果可以基本判断出个体的机能状态和耐力训练的效果。在进行此项测试的时候,学生无须使用全部力气,并且其测定过程简单易操作。测试的时候采用亚极量运动负荷,将运动时长控制在 6 分钟左右,在做完跑步动作后对个体的心率、血乳酸值等进行测量和记录。在经过一个周期的锻炼之后,再进行同等负荷、同等条件的运动测量,若是个体的血乳酸浓度及心率都出现了明显的下降,那么说明相较之前来说他有了更强的有氧代谢能力。

5.12 分钟跑测试法

通过 12 分钟跑测试法能够能够对个体最大的有氧能力进行测定。与其他的测定方法类似,在让个体运动之前,先对其处于安静状态时的血乳酸值进行测量,之后让被测者热身后跑步 12 分钟。被测者跑步的时候,应当将其跑步的距离记录下来,还要将其跑步至 3 分钟、5 分钟、10 分钟时候瞬时的血乳酸值进行测量,借助跑距和血乳酸值的测量结果做出综合性的判定。在跑步运动达到 12 分钟以后,若是随着跑步距离的增加,个体血乳酸能够得到更快的消除,那么表明该个体有着较强的有氧代谢能力,其身体机能处于良好的状态;若是在 12 分钟过后跑步的距离越短,跑后血乳酸以较慢的速度消除,就表明该个体不具备较强的有氧代谢能力,其身体也不具备较高的运动水平。

(二)身体机能评价

身体机能评价指的是以生物化学理论为依据对一次或一周期训练活动的负荷及运动后恢复情况进行评价,通过一个或多个指标对运动者某一时刻的身体机能状态进行考量。评定训练课负荷效果的指标主要有血乳酸、血尿素、尿蛋白和尿胆原等。评定训练课的负荷量、负荷强度及恢复情况时,一足要根据训练计划和训练目的选择检测指标,尽可能配合生理学、医学和心理学的理论来进行,得出全面、客观、科学的结论。

1.血乳酸

身体代谢反应会生成部分中间产物,乳酸即为其中之一。乳酸不仅是糖酵解的产物,同时也是有氧代谢氧化的产物,在特定的化学反应之下它能够转变成糖。所以,运动过程中能量代谢必须关注的方面就包含乳酸生成以及乳酸清除的代谢变化,并且要以这两方面指标为重要依据来把握训练强度。当人体不运动处于静止状态的时候,血乳酸浓度通常不会高于 2 微摩尔/升。在运动的时候,身体内的血乳酸浓度会慢慢增加,并且其增加速度和运动强度成正比。通常,短时间激烈运动和短时间间歇运动都会使得体内血乳酸浓度迅速增加,且后者增加速度更快。而运动员在开展时间较长的耐力运动后,血乳酸仍旧不会以较快的速度上升。运动后的血乳酸浓度与训练水平有着密不可分的联系。经常进行速度耐力训练的人,运动方法妥当、运动成绩好,其血乳酸浓度相对来讲比较高;经常进行耐力训练的人,完成相同亚极量运动时,血乳酸浓度越低则水平越高。

2.尿蛋白

若人的身体处于健康状态,那么其尿液中不会含有较多蛋白质,每日通过尿液排出的所有蛋白质不会多于 150 毫克。而有些人在运动后,其尿液中所含有的蛋白质就会变多。由运动引起蛋白质含量增多的尿,称为运动性蛋白尿。部分人会将运动性蛋白尿和病理性蛋白尿等同起来,但实际上二者有着较大的不同,前者在运动完毕后这种情况可以在短时间内恢复。运动尿中蛋白质的含量可以被当作评定运动负荷强度、评定运动者身体机能状态的指标。在运动过后的 15 分钟左右对运动员的尿样进行检测,能够查看运动负荷会在何种程度上影响着身体的肾功能。通常运动强度和血乳酸值、尿蛋白排出量是成正比的。在次日早晨对运动员的尿样再次进行检测,就能够对其机体的恢复情况加以准确地评定。一般来说,在运动项目、运动符合保持不变的前提条件下,运动员的尿蛋白排除量会稳定在一定的范围。若是在条件未发生改变的情况下个体的尿蛋白含量有所上升,那么可能说明个体的身体机能水平相较以往来说有所下降。若是在其他条件不变的情况下增强训练的运动负荷,使得运动员有着更高的尿蛋白排泄量,并且在次日早晨检测的时候尿蛋白仍旧维持在较高的水平,这就表明运动员的身体机能暂时还没有完全恢复;若是加强运动负荷后运动员的尿蛋白含量有所上升,但是在四小时过后或者是在次日早晨尿蛋白含量有所降低,大致与处于安静状态时的水平相同,那么就说明此种运动负荷对身体是有益的,实施此种负荷的训练有利于让机体保持在良好的状态,能够在适当休息后仍旧恢复至原本的身体水平。

3. 血红蛋白

血红蛋白又被称作血色素,是红细胞的主要成分,主要作用是作为红细胞运输氧气和二氧化碳的载体,维持血液酸碱平衡。总体上看血红蛋白直接对身体的运动能力、机能水平等造成影响,并且它是对个体有氧代谢能力进行衡量的重要指标之一。在正常情况下,一个人体内每 100 毫升血液中,男性和女性的血红蛋白含量分别是 12～15 克、11～14 克。当身体机能水平下降或者是长时间进行高强度运动的时候,血红蛋白值就会下降,甚至无法维持在正常数值之内。这种由运动引起的血红蛋白低于正常水平的现象被称为运动性贫血,通常十分消耗体能的项目会造成运动员的身体出现此种现象。当身体处于贫血状态的时候,不管身体进行的是何种运动,其运动能力都会出现下降的现象。所以,人们往往会在早晨当人体处于安静状态的时候对运动员的血红蛋白值进行评定,并以最终数值来衡量其身体机能水平,以此为依据来为其运动符合进行设定。另外,血红蛋白值还能将身体的缺铁情况反应出来,人们可以用该指标来对运动员的健康水平、营养状况等进行评定。

4. 血尿素

尿素是评定体内蛋白质代谢的主要指标。在正常生理状态下,尿素的生成和排泄处于稳定状态,血尿素浓度保持固定值,安静值在 4～6 微摩尔/升。职业运动员的血尿素浓度比一般人要高,为 5.5～7 微摩尔/升,原因是运动员体内蛋白质代谢更加旺盛。血尿素指标同样能够用来对运动员的运动负荷进行评定。通常情况下,在运动 40～60 分钟的时候,运动员体内的血尿素指标就会开始出现上升的情况。在大量运动之后,若是运动员的血尿素高于 8 微摩尔/升,就表明目前运动员的运动负荷过高。在运动次日早晨可对运动员的血尿素浓度进行检测,并根据检测结果查看运动员身体的恢复情况,若是其血尿素已经恢复到正常的水平,说明其身体代谢水平良好,身体机能也处在正常的水平,其运动负荷是较为适宜的。若是运动后第三天早晨其血尿素值仍旧处于偏高的状态,那么说明其身体不具备较强的恢复能力,其身体机能水平一般。在对训练周期负荷进行安排的时候,运动员身体的血尿素浓度可能会出现以下几种情况:第一,在整个训练周期内运动员的血尿素始终保持在原本的水平,这表明运动负荷较小,身体并未出现相应的变化;第二,在训练周期的初始阶段血尿素值出现升高的情况,之后慢慢下降至原本的数值,这表明此时安排的运动符合适中,机体完全可以适应;第三,在整个训练周期中,运动员的血尿素值适中处于较高的水平,这表明运动员有着超高运动符合,身体尚未恢复至正常水平。在第三种情况下,教练员要对运动员的运动量及运动负荷进行适当调整,若是运动员依旧按照原本的训练计划展开训练,那么其身体可能会出现过度疲劳的现象。

第二章 高校排球运动教学理论分析

第一节 高校排球运动教学的任务

一、增强学生体质健康

由于近年来我国大学生身体素质不断下滑,相关的高校便将体育课程作为一个学生锻炼身体、增强身体素质的平台,以此来鼓励学生多做运动、保持一个健康的体魄,排球运动的设置也是为此目的。大学生们在排球课程当中得到了身体的锻炼、意志品质的锻炼,身体素质和心理素质都能有所提高,同时也能使身体的免疫能力得到提高。大学生进行体育课的学习,养成良好的锻炼习惯,能够形成健康的体魄。

二、传授排球知识和技能

学生们通过学习排球的相关知识和技能,能够了解排球的发展历史和相关运动文化,并能够积极主动地参与进排球运动中来。排球教师可以通过传授给学生相应的排球原理和方法,让他们进行科学的训练。学生也能够将排球运动的相关方法和知识原理应用到其他的学科中去,在其他方面也能得到有效的提高。排球课最重要的便是让学生学习到排球的相关技术,树立终身运动的意识。

三、为学生终身参与体育打好基础

高校体育的目标是让学生们树立终身学习的意识,高校需要通过趣味性来吸引学生们对体育的关注,排球课也是如此。学校可以通过对学生进行长期的排球技术指导,来提高学生对排球的兴趣,同时加深他们对排球的认知,让他们对排球的相关内涵和文化历史有一个深刻的理解,积极主动地去参加排球运动。学生在此过程之中能够形成良好的运动习惯和运动态度,养成终身锻炼的意识,选择合适自己的运动项目和运动方法。

四、促进学生个体的社会化

大学的排球课程要关注学生的发展阶段及他们的身体素质,不断完善学生的人格与思想品德,使学生的身体素质和道德品质都能得到良好的发展。在排球教学中,学生们能通过排球运动的团结协作养成一定的群体意识和责任感,能够形成团结互助、勇敢拼搏、砥砺前行的意志品质,为之后的学习生活奠定一定的基础。

五、培养竞技排球人才

长期以来,我国竞技体育实行的都是三级网训练体制,通过市运动队、省运动队和国家运动队的形式选拔竞技体育人才,随着我国社会的快速发展,这种选拔方式出现了越来越多的弊端,不利于竞技体育人才的选拔。随着我国竞技体育体制的不断改革,借鉴美国竞技体育人才选拔的经验,我国也开始慢慢通过高校来选拔竞技体育人才,作为三大球项目之一的排球,在高校具有一定的基础,具有这样的发展潜力。因此,在开展学校排球教学活动的过程中,要善于发现有排球运动天赋和运动才能的学生,并在课余时间对他们进行排球运动训练,以提高他们的排球运动技术水平。有条件的高校还应该组织排球高水平运动队,这样既可以丰富学校的校园文化和学生的课余生活,同时也可以为高一级的排球运动队或排球俱乐部输送后备人才。

第二节　高校排球运动教学的管理

一、高校排球运动教学管理要求

（一）提高排球教学质量

高校进行排球运动教学管理,需要将管理落实到排球教学质量上来,不断提高排球教学的质量,将排球的教学管理落实到教学的全过程当中,同时也要兼顾每一位学生,进行全员化的教学,这样才能将教学管理真正落到实处。

（二）重视排球教学的专业性

排球教学是一项非常重视专业性的工作,高校的排球教师应当对排球运动有一个深入的了解,能够对学生进行科学合理的指导和教学,建立相应的教学制度和教学管理措施。高校可以让教师在排球教学之中有更强的主体性和自主性,能够发挥出自己的专长,能够及时得到学生的教学反馈和相关意见,让课程更加生动活泼。

（三）体现排球教学管理的特色

经过不断地研究与实践,当前我国已经基本确立了一些排球教学管理的特色,如在指导思想的管理上,把育体与育心、社会需要与学生需要、校内体育教育与社会终身体育结合起来;在教学内容的管理上,将民族性与国际性、健身性与文化性、实践性与知识性、统一性与灵活性结合起来;在教学的宏观控制上,把行政管理与业务督导;统一要求与分类指导;基本评价与专题、特色评价结合起来;在教学过程的管理上,把教师主导作用与学生主体作用、以理施教与以情导教、教学的实效性与多样化、严密的课堂纪律与活泼的教学气氛、激发学生兴趣与培养刻苦精神结合起来,这些都体现了我国排球教学活动管理的特色。

二、高校排球运动教学管理计划

高校教师和领导者进行教学管理制度的订立时,不仅要考虑排球运动教学质量的提高,同时也要考虑制度的科学性和合理性,要保证学生能够在课堂上得到科学合理的锻炼,能够更加热爱排球运动。排球的教学管理可以包含以下几方面的内容。

(一)教学工作整体计划

教学工作的整体计划需要由国家来制定,同时也要配套大纲和教材,相关院校如果要贯彻落实整体计划的要求,必须将国家颁布的教学整体计划作为本校开展相关教学的依据,按照科学合理的进度完成相关的教学工作。

(二)教学学年工作计划

学校的教学学年工作计划是一个长期的计划,对于排球教学工作来说,这种学年计划既要符合国家的相关教学方针和有关政策,也要贯彻落实教育部门相关领导人的意志,同时也要兼顾学校本身的情况,在往年教学经验的基础之上对本学年的教学工作计划有一个合理的规划。

(三)课外教学工作计划

排球的教学不仅要依靠课堂上的教学,也要依靠课外的学生实践。课外教学工作计划应包含三个层面的内容,一是全校层面上的课外教学计划,二是班级上的课外教学计划,三是个人层面上的教学工作计划,这三者相互结合才能让排球的教学工作质量有所提高。

(四)业余训练计划

排球运动教学需要学校对学校学生开展相关的业余排球训练,让学生在业余生活之中体会到排球运动的乐趣。制定业余训练计划要考虑很多现实的方面,既要从时间维度上考虑,例如多年训练计划、学年训练计划、周训练计划、课时训练计划等。在制定业余训练计划之时,我们更应该进行全局化的考虑。

(五)运动竞赛计划

学校应当注重排球运动的竞赛计划,这个计划旨在培养出高水平、高素质的排球运动员,也能有效提高学生的运动兴趣和排球教学的质量。学校和体育教师可以利用一些节假日对有兴趣的学生进行一个强度较大的集中训练,并与赛事相结合。

(六)教师培训计划

在排球教学进程中,需要教师们不断学习新的知识,不断提高自身的综合素质。在制订教师培训计划时,要充分考虑到每个教师的业务水平及学校体育的发展水平、年龄层次,结合教学的实际情况,在不影响教学的情况下轮流培训。教师培训计划是增强教师素质的重要形式,同时,还应加强教师学习意识的增强,提高其自我学习的意识。

(七)场馆和教材发展计划

在制定排球运动的场馆与相关教材的计划时,院校应当考虑到排球教学的实际发展情况和学校的经济基础,科学合理地进行场馆的建造和设备的采购。

三、高校排球运动教学管理组织

高校排球运动教学的管理是一个比较复杂的过程,需要进行相应的组织和实施,需要各方面进行密切的配合,这样才能够保证排球教学活动的正常开展。管理的组织职能贯穿于整个排球教学活动的全过程,如果缺乏严密的组织工作,则排球教学目标实现的可能性就会降低。排球教学管理的组织过程,从一定程度上来说就是以排球教学的目标为出发点,而对人、财、物、时间、信息等因素的配置和调整。排球教学的管理组织所具有的职能主要包括:第一,根据管理的相关需要,首先要按照学校类型、规模大小,建立排球教学组织管理机构。第二,要对每一层次人员进行职权分工,确定职责范围,明确各层次或横向间的协调关系。第三,优化配置各层次管理人员,做到人尽其才。第四,建立各层次体育教学管理规定,做到有规可循,有章可依。

四、高校排球运动教学管理评估

高校排球运动教学管理评估能够解决很多教学目标达成和教学方案实施上的困难,它能够有效地促进排球教学计划的实施,督促教学管理的顺利进行。教学方案的实施过程当中如果相应的教学管理制度与现实情况中的教学活动产生了冲突,可以用相应的手段来保证教学活动的顺利实施,达成相应的教学目标。因此,这种教学反馈在这个过程当中发挥着重要的作用,想让这种反馈更加及时,就需要建立相应的教学管理评估制度。不具备合理的排球运动教学管理评估,很多教学工作没有办法正常进行,也很难得到学生的反馈、提高排球运动的教学质量。

(一)准备

这里的准备是指组织准备和方案准备。组织准备指开始前请一些业内专家和相关一线工作者进行商讨并成立专门的评估机构,负责检查与评估的工作;方案准备是指由评估对象、评估方法、评估内容、评估等级、评价说明等组成的整体文件,方案准备是整个教学评价环节之中最具专业性的一部分。

(二)自评

自评包含许多层面的内容,既有前期的动员和对相关资料的收集整理,也有后期的评定与汇总。有关部门可以建设一个具有专业资质的评估团队,对所收集的相关信息进行核对检查,整理成表格后汇报给上级部门。

(三)验收

在验收环节,有关部门应当组织专家团队对高等院校进行评估。专家在进行评估时,不仅可以审阅相关档案,也可以进行抽样调查,方式多种多样。专家们或通过实地考察,或通过线上访问等方式对相关的排球教学管理工作进行审查,按照具体的评估标准对学校的体育教学工作进行评定,并将评估结果交由相关部门,同时也应该把评判结果发给学校,让学校对自己的体育教学工作所出现的问题进行及时的修正。

五、高校排球运动教学管理机制

(一)高校排球运动教学管理机制概述

1.排球教学管理机制的含义

管理机制具体是指管理系统内各构成要素之间相互联系和作用及其调节方式,它的实现依托于建立一定的组织机构和与组织机构相符的组织制度。组织机构的建立将系统内的相关关系人根据需要分配到组织系统内的各个部门。制度的建设是针对系统内各个岗位职能制订的各岗位人员的行为规范。因此，机制的实现形式是机构加制度。机制是否能保证系统内的各要素的作用正常且充分地发挥是评判一个管理机制是否优秀的主要依据，具体是指该机制的建立是否能达到人尽其才、物尽其用，能充分调动所有组织人员的积极性。根据管理机制的基本含义，结合排球教学的基本特征，可以得出结论，排球教学管理机制是指为保证排球教学的进行所涉及的各级与排球教学相关的组织或机构、各利益相关主体之间为一个共同目标相互作用的关系体系。排球教学管理机制通过有关制度的制订和实施，规范排球教学组织内部的各种相关利益主体的行为，以保证整个管理体系的正常有序运转，同时确保高素质排球运动人才培养目标的实现。

2.排球教学管理机制的构成

排球教学的管理机制对于排球教学的发展有着重要的作用，排球教学管理机制越完善则排球教学质量越容易提高。广义与狭义上的体育教学管理指向不同，他们共同构成了我国的体育教学管理体系。

广义上，校内校外所进行的体育教学的全部要素都归属于学校的体育教学管理体系之中，纵观校内校外的各个主体，不仅包含着政府、企业，也包含家长、学生等。

狭义上，学校的体育教学管理只包含校内体育教学中的各方面内容。需要注意的是，各类学校的教学质量和总体经济实力不同，相应的管理制度和管理团队也会不同，但各个相关主体的共同目标 确实一致的，那便是共同提升体育教学的质量，推动体育事业的发展。

排球的教学管理需要将不同主体之间的利益进行综合考虑，并建立一个符合规律的运行体制，高等院校中的排球课程不仅需要相应的管理机构和管理人员，也需要一个合理的管理体系和制度，排球教师们要学会根据现阶段的实际情况和培养目标设置课程的具体内容。因地制宜、因时制宜地制定教学方案，能够让学生更加高效地学习排球技术，同时也能够提高教师和学生的积极性与主动性。

现如今，我国的体育教学与社会的发展紧密相连，因此，排球教学管理在发展的过程当中应当突破传统的认知，学校尤其是高等院校的体育教育管理应当以人才的培养为重要目标，不断提升管理的效率与质量，更加适应社会发展的需要。学校要尽量保持开放积极的办学态度，为社会培养出德智体美劳各项优异的人才。

（二）创建高校排球运动教学管理机制

创建高校排球运动教学管理的合理机制，这是学校教师和相关领导人合理安排日常的排球教学活动、提高教师和学生的积极性的基础。高校排球运动教学管理机制应有以下几个方面构成。

1.激励机制

（1）激励依据

激励机制经常运用于教学活动的各个环节之中，它能够有效提高学生的学习积极性和学习主动性，让学生更加高效地学习，不断提升自我、发展自我，而学校在此过程之中也能够收获一批德智体美劳样样精通的优秀学子。这种激励机制在排球教学管理当中主要根据学生、教师、管理人员的的利益取向来确定。排球教学管理机制可以利用一些手段和方法调动学生和教师的积极主动性。

(2)激励方式

在激励方式上,一般有两种情况,一种是物质上的激励,另一种是精神上的激励,对于二者的运用如下所示。

第一,物质激励。主要包括奖金、奖品、优厚的福利待遇,还有职务、职称、工资的晋升等。例如,在对排球教师与管理者的激励中,最受被激励者关注的是教师职务的晋升。这主要是因为教师职称的晋升会直接影响其收入和未来教师生涯的走向。因此,学校必须对此给予高度的重视,要充分运用职称的科学评定将教师的工作重心引导到学校期望的目标和方向上来。现阶段,针对我国学校教师的职称晋升的依据,一直是以教师发表的论文、著作、科研课题的数量,重视发表论文刊物的级别等为参考的。事实证明,这是一种极为片面的评价标准,不能全面地反映出不同教师的教学质量的高低。例如,一些教学经验丰富、教学质量高、深受学生欢迎的教师往往会因为其所发表的论文、著作、科研课题的数量等硬件不够而不能得到有效的晋升,而一些教学水平不高的教师却能通过一些途径获得晋升机会。由于对教师的评价标准不科学、不合理,很难调动教师群体致力于教学工作的积极性,不利于排球教学质量的进一步提高。

第二,精神激励。精神激励一般是指通过鼓励和授予荣誉来提高个体或群体的自信心,使个体或群体获得满足感,给予个体或群体一种精神上的正向引导。精神激励能够让个体获得一种积极的评价,这种激励成本低且效果好,合理使用能够收获比物质激励更好的效果。

(3)注意事项

无论是物质激励还是精神激励,都需要使用者运用合理,结合二者各自的优势和特点,发挥最大的效果,其中有几点需要使用者注意。

第一,排球教学人员需要建立一个合理的教学机制。这个合理的教学机制要做到公平公正公开,这样才能让多数人从中受益。一旦机制变成少数群体捞取利益的工具,那么教学机制就会面临崩塌的风险,不仅不能起到基本的教学功效,甚至还破坏了学校和管理人员在学生心中的地位和形象。学生一旦在这种机制当中失去了对相关组织机构的信任,那么学习积极性和主动性就会随之降低。因此,建立排球教学机制的时候,我们需要建立一个好的反馈制度,让教职工和学生能将自己的意见和问题及时反馈给任课教师和学校领导,起到一个监督和引导的作用。

第二,结合多种激励方式。物质激励和精神激励都是必要的,二者可以结合起来使用。普通的奖金激励能够对学生和运动员产生很大的吸引力,但是这种方式依然有所欠缺,应该将物质奖励与精神奖励结合起来,利用不同的激励手段,满足学生或运动员的心理需求,因人而异地满足不同学生或运动员的需求。在高校的排球运动教学之中,教师应当以精神激励为主要激励手段。

第三，日常考核与激励机制相结合。单纯的激励机制不能从根本上推动日常工作的有效进行，还必须依赖于日常考核标准。因此，必须把激励机制与日常考核结合起来，将激励所激发的内在动力与考核的外在约束形成合力，以发挥组织机构人员的最大潜能。

总之，在排球教学中，良好的激励机制是十分必要的，一方面它能使教师更加主动地参与实践，在教学中的投入会更加自觉；另一方面它能使学生以此为动力，坚持不懈地朝着自己崇高的理想前进。此外，还有助于组织管理者不断提高管理水平。

2.保障机制

（1）保障必要性

首先，随着排球运动的不断发展，新材料和高科技器材被不断应用于排球教学中，因此，排球教学中的排球教学设备应该得到必要的升级而重新进行购置。其次，现阶段我国分发到各个地区的教育资金尚不能做到全面满足各级各类学校的实际需求，经费短缺是各学校排球教学所遇到的共同课题，是目前影响我国教育发展的主要"瓶颈"。最后，在有限的教育资金分配上也存在着问题，由于教育资金有限，因此只能暂时支持主要教学内容，和其他学科相比，排球教学能分到的教育资金较少，很少有学校能完全满足当前排球教学的需要。因此，排球教学的健康发展有赖于投入保障机制的建立。

（2）保障具体内容

完善排球教学管理中的保障体系需要从国家层面和学校层面两个部分着手进行。在国家的层面上，相关部门应将排球教学管理体系中的保障机制主要包括国家层面与学校内部两个方面。首先，从国家层面来讲，国家应该继续加大教育方面的投入。其次，从学校内部来讲，教学支出应是学校支出的主要部分。在学校中，各级各类学校可以结合本校的实际情况采取院系两级管理的财务预算管理，或是学院一级的财务预算管理方式。但无论哪种管理方式，都要保障一线排球教学的需要，尤其是要使学生实训、校外顶岗实习所需经费得到保障。

3.风险处理机制

（1）风险处理机制的意义

和其他学科的教学内容不同，排球教学的主要授课内容几乎全部是以身体运动为主。因此，在排球教学过程中，应加强对学生的安全管理，对学生的每一种行为都要严格观察，随时排除隐患。在排球教学实践中建立风险处理机制，能使排球教学始终在安全的基础上进行，具体来说，学校应根据风险可能发生的概率和严重程度作出不同程度的判断，建立可靠的风险处理机制，将可能发生风险的因素降到最低。如果风险发生，那么要在第一时间把事件的负面影响降至最低，防止事态的进一步升级，以保证排球教学的顺利有序进行。

（2）风险主体的构成

一般来说，风险由客观事物和人为主体构成。首先，客观事物构成的风险主要是指排球教学周边环境所带来隐患的风险。例如，在每堂排球课程开始之前，教师、场地或器材的管理人员要对所用器材进行全方位的检查。其次，人为主体构成的风险主要是指由于学生安全意识不强、身体状况不适、对于所学运动技能的掌握不扎实等导致的运动中出现错误动作而引发受伤等隐患的风险。

第三节　高校排球运动教学文件

在高校排球运动教学中,排球教学文件是开展教学活动的重要依据,是教学工作的重要组成部分,制订一个科学合理的教学文件是非常有必要的。通常情况下,教学文件主要包括排球教学大纲的制订、排球教学进度的制订和排球教案的编写。

一、教学大纲

教学大纲是教学的主要依据,它规定了排球课程的基本内容和要求,高校排球运动教学任务、课程教学时数和要求,是排球教学工作的主要依据。排球教学大纲的内容主要包括以下几个方面。

(一)前言

前言是教学大纲的开头部分。这一部分主要对排球教学课程的作用和地位、制订排球教学大纲的依据、教学指导思想、采用的教法、技战术教学要求等加以说明。在前言中,首先要指出制订排球教学大纲的理论依据,明确排球教学的培养目标。排球教学大纲也是各级各类排球教育者对教学活动进行设计和计划的纲领性文件,排球教学者必须根据排球教学大纲确定教学思想及制订其他排球教学文件。

(二)教学课时数

在高校排球运动教学中,排球教师要根据教学大纲的要求合理地分配教学的课时数。教学课时数的分配既要符合教育计划中所规定的排球教学的总时数,又要将理论课与技术课教学的时数合理分配好。具体来说,在安排教学内容和课时时数时应注意以下几点。

第一,分配理论课与技术课的课时时,要根据不同教学目标以及不同的教学对象对教学的不同要求来确定恰当的比例。通常情况下,理论课和技术课的安排要出现在每个教学阶段中,但难度要呈层层递进的趋势。

第二,在安排教学内容时,要根据学习者的不同年龄阶段和不同性别进行,练习时也可以考虑不同人所能承受的不同负荷,但课时总数应尽量保持一致。

第三,在分配技术课课时时,要根据教学的具体情况、学习者的基本状态进行。一个技术动作的学习不要有太长的时间跨度。但是一个技术动作的迁移和变异可以贯穿在技术学习的始终。

第四,在安排排球理论课时,应重视理论知识本身的顺序性和系统性。要注意将排球运动的基本理论知识和各种技战术的理论部分统筹安排;技术课的安排除了要考虑到系统性和整体性外,还应考虑到不同技术之间的迁移作用,尽量避免运动技能的消极性迁移作用,避免形成错误的动作定型。另外,还要考虑到不同的技术教学对场地器材、气候以及其他具体情况的要求,也要考虑到教学者的实际情况。

第五,在教学完成以后,教学者要明确规定每学期考试、考查的项目,并规定考试和考查的课时数。

（三）教学内容

在排球课教学中,教学内容一般包括技术和理论两个部分。

1.技术部分

首先要明确各种技术的教学目的,包括每种技术动作的特点和作用,以及未来的发展趋势,国内外不同的技术观点,技术动作与场地器材规格的关系,比赛规则、裁判方法对技术动作的制约,教学步骤和教学方法对技术动作学习的影响,产生错误动作的原因和纠正错误动作的方法及安全措施等。对排球教学大纲中规定的排球教材内容,还应介绍学生学习的基本特征、教法重点、组织教学以及注意事项等。

2.理论部分

在排球理论课的教学中,要列出在教学过程中所要学习的排球理论细目,要求教学者在安排教学基本内容的基础上,多引进国外最新科研成果的新进展和新成就讲授其新的发展动态、特征以及不同的学术观点,使理论课内容丰富而有深度,一方面可以扩大学习者的见识,另一方面对于提高排球教学水平也是很有帮助的。

（四）成绩考核

排球课程成绩的考核主要包括规定考试的内容、方法、标准、评分方法要求等。同时,针对动作技能,要根据学习者具体实际制订专门的考核标准。在高校排球课程中,成绩考核要根据教育计划规定的各学期考试、考查要求进行,教学大纲中要明确规定考核的内容、方法,技术项目考核的技术评定的规格要求、技术达标的评分标准。另外,在进行排球课程成绩考核时,对于学习者的学习态度、课外作业等情况,也要有相应的评分标准。考核内容要包括理论知识、运动技能、平时表现和完成课外作业等方面,合理分配每项考核内容所占的评分比例。技术评定既要注意科学性,又要注意可操作性;要采取多种评价方法相结合的方式对学习者进行评价。通常来说,评价一般采用可量化的指标,以提高评价的客观性和准确性。

二、教学进度

教学进度是将教学大纲规定的课程内容和教学时数落实到每一节课的教学文件。在排球教学中,教学者一般都会依据教学进度来书写教案。教学进度的安排是否符合学习者的具体实际将成为提高教学水平和质量的关键因素。在安排教学进度时,教学者切忌将教学内容简单地罗列,而是要在基本的教学内容的基础上,重点突出教学重点和教学难点,合理地安排教学内容。教学者还可以根据教学目标和任务的需要,理论课、技战术综合课、考核课、教法课和能力培养课等的不同类型可在备注中说明。一般来说,在排球课教学中,制订教学进度的方法主要有阶段螺旋式和循序渐进式两种。

（一）循序渐进式

循序渐进式教学进度,是指将教材内容按照主次和难易程度科学地分配于全教学过程。在教学的最初阶段,首先进行重点技术的教学,这一教学内容要贯穿于整个教学过程之中,同时还可以穿插战术教学的内容。重点技术和战术是整个教学活动的主线,理论知识的教学则根据其对重点技战术学习的影响而安排在教学过程中。在用这种方法安排排球教学进度时,要将新授内容与复习内容相结合,将技术内容教学与战术内容教学相结合,将攻击技战术与防守技战术相结合,将提高技战术水平与培养各种能力相结合。可以在教学课中安排比赛,也可以在正常课时教学之外安排专门的比赛,并通过比赛尽可能地培养学习者在实际比赛中灵活运用技术和战术的能力,提高技战术水平和培养战术意识。最后进行综合复习考试,构成一个系统的教学过程。在高校排球教学中,选择循序渐进式的方法安排教学进度时应注意以下几点要求。

第一,要将重点内容的教学安排在教学过程的最初阶段,这样可以让学习者有充足的时间了解、学习和掌握重点技术,也为随后学习战术打下基础。第二,要将基本理论知识、基本技术和基本战术的教学有机结合起来,并增强各项内容中的联系。第三,由重点内容的学习带动一般内容的学习,通过基本理论知识的教学来指导技术、战术方面的教学。第四,分清每个课时的教学重点和难点,每次课都有明确的教学内容,便于备课。除此之外,在安排教学进度时,还要根据教学任务的需要适当安排,理论课、技战术综合课、考核课、教法课和能力培养等课的不同类型可在备注中提示说明。

（二）阶段螺旋式

阶段螺旋式进度,是指将教学过程划分为紧密联系的四个阶段,每个阶段都包括基本技术、串联配合、全队战术、比赛等几个教学内容和过程。各个阶段既有其独立性,同时又是下个阶段的基础。这种方式能帮助学习者在具备一定知识和技战术能力的基础上逐步掌握新的内容,既遵循了循序渐进的原则,又符合学生学、习排球运动的具体实际。在螺旋式的四个阶段中,因为教学的目标和任务不同,排球教学时数分配比重也应有所侧重。一般第一阶段 35%;第二阶段 30%;第三阶段 20%;第四阶段 15%。在高校排球教学中,选择以螺旋式安排教学进度时应注意以下几点要求。

第一,要由多到少地安排排球技术教学的内容,要首先进行重点技术内容的教学。第二,安排排球战术教学内容时要由少到多,但是也要首先安排重点战术内容的教学。第三,在选择教授技战术的教学方法时,必须符合运动技能的形成原理。第四,可以选择比赛法进行教学,安排简单的比赛,为学习者提供实战机会,以提高学习者的技战术能力。

三、教案编写

教案是根据教学进度中所规定的具体教学内容和教学的实际情况而编写的每个课时具体计划。教案一般包括以下几个组成部分:课程的目标任务和具体要求;教学内容的安排;教学步骤;练习方法与组织;课的各部分内容以及教学内容的重点和难点等。

（一）技术课教案

在高校排球教学中，技术课教案中课的任务主要包括对学习者学习态度、认知情感、技能技术等几个方面的培养。各项任务的制订应该既具体又恰当，符合学生的具体实际。一般来说，排球技术课教案主要包括准备部分、基本部分和结束部分三个部分。

准备活动的内容要结合课的基本任务和内容进行设计，要注意准备活动的有效性，既要有一般准备活动又要有专项准备活动。基本部分中的讲解部分不能占过大的比重，讲解的语言要精练，归纳动作技术要领要有逻辑性；做动作示范时要考虑到处于不同角度的学习者都能清晰地观察；对课程的组织教法、选择的练习手段、练习负荷和需要的场地器材都应在教案中明确说明；在进行较复杂技术动作的教学时，还应在教案中明确易犯错误的纠正方法和运动损伤的防治和处理预案。结束部分所安排的放松练习要有针对性，主要是进行心率的调整和对练习中所动员的主要肌群和关节的放松。课后教学者要在教案的备注栏中写明通过本节课教学所产生的心得体会以及发现的问题，记录下学习者对于教学内容的掌握程度，并对教学效果做简要的评价。

1.准备部分

准备部分占总课程15%～25%的时间。主要任务是首先将学习者组织起来并告知本节课所要学习的内容，使学习者在明确目标的情况下进入学习情景，并安排一些专门的练习将学习者的注意力集中到排球运动中来，调动他们神经系统的兴奋性并使身体的各系统机能开始进入运动状态，克服生理惰性，从身体和心理上准备好进入基本部分的练习。排球课的准备活动形式很多，但是无论教学者采取哪种方法或手段都要遵循负荷量由小到大逐渐递增的原则。准备活动的练习要与基本部分的主要内容相联系。准备活动中也可以包括发展学习者排球专项体能的练习。

2.基本部分

基本部分占总课程50%～75%的时间。主要内容是首先明确本节课程的教学重点和教学难点，在教学过程中进行重点教学。在排球技术课中，安排这一部分的教学内容时应注意技术动作之间的练习，在这一部分的前半部分，安排学习新的技术动作，后半部分则将新动作与学习过的技术动作结合起来进行练习。要尽可能地增加练习的密度，为学习者多提供练习的机会。要重视课程的组织过程和步骤并选择适合学习者特点的练习方法。采用科学的组织教法也是备课的重点之一。同时，在教学中要有意识地培养学习者的能力。

3.结束部分

结束部分占总课程10%～15%的时间。这一结束的过程应该是有组织的而不是随意的，安排的练习应使在练习中主要动员的肌群得到很好的放松，同时也使学习者的神经从练习中的紧张中放松下来；必要时对学习者本节课的纪律、学习质量和教学任务完成情况进行点评；布置课后的练习任务和下节课要进行的准备工作。

（二）理论课教案

理论课教案是教学者按照教学大纲的具体要求来撰写的。教学者在理论课的教案中除了要体现教学大纲所规定的基本理论知识,还应增添与之相关的国内外的最新研究成果的新知识以及发展的新方向、新动态、新趋势等内容,也可在教学过程中穿插不同的学术观点和教学者自己的观点。需要注意的是,在撰写理论课教案时,结构要清晰,文字要简单明了,要结合具体的教学实际编写一些生动的案例。

第四节　高校排球运动教学效果的评价

一、高校排球运动教学效果评价的含义

高校排球运动教学评价是运用一切可行的评价技术手段,对排球教学活动及其效果进行测量,并予以价值判定的过程。高校排球运动教学评价的实质是对排球教学活动从影响和效果两个方面给予价值上的判定,并积极引导排球教学活动朝预定的目标发展。通过适当的教学评价,可以促使排球教学更加有目的地实施。

二、高校排球运动教学效果评价的原则

(一)科学与可行统一

科学性评价是指所使用的评价方法和评价标准与评价事物的客观规律相符合,能够体现出决定事物本质的主要因素和内在联系,并尽可能地做到数量化和精细化,进而将主观估计的因素降到最低水平。可行性评价是指使评价方法和评价标准更加简便易行、便于操作。科学性与可行性是一个矛盾体。在评价中,所采用的科学的评价方法和评价指标都是比较复杂的,难以掌握实施,再加上在评价领域中有很多因素都很难确定相应的客观标准,并且不能进行量化。因此,在制订相应的指标评价体系时,还要对评价的可行性进行考虑。

(二)指导与评价结合

在进行评价的同时,应该对教学进行指导,主要包括以下几个方面。首先,对工作绩效进行检查,看是否与工作目标相一致,并对存在的问题进行分析,以此来对工作计划进行适时修正,岫使整个工作朝着总体目标的方向来努力。其次,"以评促建、评建结合、重在建设",通过开展评估工作来进一步促进工作的顺利开展。最后,没有指导的评价是消极的,是无法达到评价目的的。要在对评价结果进行认真分析的基础上来进行指导,并与评价对象的主观条件相结合,从实际出发,进一步提出相应的改进意见,以使评价对象克服自身的缺点,发挥其自身优势,进而争取获得更大的进步。

(三)客观与可比一致

在建立相应的指标评价体系的过程中,所采用的评价指标和评价方式应尽量是能够定量的、可具体情况公认的,通过评价能够客观、公正地反映出工作的实际情况。除此之外,在建立相应指标评价体系的过程中,针对同类评估对象要注意选择其共性内容,要对标准化的评价体系进行严格控制,并对评价尺度的一致性进行准确把握,根据准确的评价结果来对同

类事物的优劣和差异进行比较、权衡。

三、高校排球运动教学效果评价的方法

（一）教师评价与学生评价相结合

传统的排球教学评价是以教师评价为主体地位的，这种评价方式不能很好地反映排球教学的实施效果，在评价过程中，应该采取教师对学生的评价、学生对教师的评价、学生之间的评价以.及学生自评相结合的方法，从而实现评价主体的多元化，提高教学评价的真实度。

（二）结果性评价和过程性评价相结合

在排球教学评价中，不能只进行结果性的评价，对学生通过排球课学习的运动技能水平进行评价，还应该结合学生在体育学习过程中的态度、情感等因素进行过程性评价。将结果性评价和过程性评价紧密结合起来，可以使排球教学过程变得更加合理，从而提高排球教学的质量。

（三）定性评价和定量评价相结合

在排球教学评价过程中，要注意将定性评价和定量评价结合起来，不能只进行定性评价，也不能只追求定量评价。例如，在足球教学中，不能单单以学生颠球数量的多少来判定学生运动水平的高低，应该结合学生在整个学习过程中的体育参与度，体能水平等综合判定。而在进行专项体能的教学时，如对跑动的距离、仰卧起坐的数量等有一个明确的要求，从而实现排球教学的相应目标。因此，在排球教学过程中，一定要注意将定性评价和定量评价结合起来。

（四）整体性评价与个体言异性评价相结合

对于一堂排球教学课来说，通过对全体学生学习效果的整体评价，是对排球教学效果的检验指标。但是，由于学生身体素质和运动能力的不同，导致在进行排球学习时，不可能取得同样的效果，必须有针对性地进行个体差异性的评价，区别化对待，有利于使学生建立排球学习的信心，使学生对自己的排球学习效果有一个更加清晰的认识，从而更加积极地参与到排球学习中去。

四、高校排球运动教学效果评价的内容

（一）教学管理体制

排球教学管理体制是排球教学评价的主要内容之一。排球教学管理体制评价的内容主要包括学校是否已设立以校领导为首的排球教学机构，如排球教学各层次的职责是否明确，领导能否对排球教学进行直接管理，分管校领导能否经常关心排球教学工作的发展；排球教学的规章制度是否建立和健全等。

（二）教师

对排球教学师资队伍的评价是评价排球教学效果的重要方面，对排球教师的评价包括以下两个方面。

1.教师综合素质评价

政治素质。排球教师政治素质的评价主要有对思想道德修养、良好的文明行为习惯、政治理论的考核成绩、遵纪守法、工作态度、教书育人、为人师表、坚持四项基本原则、参与民主管理等方面的评价。

知识结构素质。对排球教师知识结构素质的评价包括两个方面：一是要对教育学和心理学的基本原理和原则进行熟练掌握，同时了解学生的身体发展和教育规律，这样才能做到理论与实践相结合；二是必须具有全面系统的排球专业知识，并对相关学科的基本常识有所了解。

能力素质。能力素质的评价主要是指对教师完成教学工作的能力、独立进行体育教学活动的能力、教育管理学生的能力、表达能力、创新能力、开发和运用体育资源的能力、教育科学研究能力等的评价。

心理素质。排球教师的心理素质评价的内容主要包括四个方面：一是思维敏捷、缜密，能向学生传授有严密逻辑的知识体系；二是观察力必须敏锐，能够及时通过学生的言行洞察而对其内心世界有所了解，从而发现学生的潜力；三是情感丰富，能以自己乐观愉快的情绪感染学生；四是在意志品质方面必须非常可靠，面对困难做到迎刃而解，保证排球教学的顺利进行。

可持续发展素质。对可持续发展素质的评价主要是对教师接受新理论、新方法、新技术的能力进行考量，同时还要考虑教师的自学提高能力，教师寻求发展的能力以及教学改革和教学研究及科研能力。这其中，教师的教学发展潜能也是非常重要的一个素质。

2.教师教学工作评价

教学思想。考核教师在排球运动的教学过程中，对于教书育人原则的坚持程度，对于学生的全面发展是否有利，是否有改革创新的精神等。

教学技能。教师的讲解语言是否准确、规范、简洁，是否对排球的专业术语有着正确的运用，动作的示范能否做到优美且正确无误，在处理课堂突发事件时能否冷静处理，并使教学工作得以顺利进行。

教学方法。教学方法有没有足够强出启发性来帮助学生进行独立的思考、分析和解决问题的能力，并激发学生的创新意识；是否与学生的身心特点相符合并有助于激发他们的学习兴趣和动机；教学中的直观因素是否足够提高学生的学习效率。

教学内容。教学内容是否科学性和思想性统一，是否紧紧围绕教学目标安排，思想品德教育的内容是不是贯穿在课程当中，运动负荷的安排科学与否，对教学组织的合理程度等。

教学效果。教师是否能调动学生的学习积极性和主动性；是否能激发和保持学生运动的兴趣并促进学生形成体育锻炼习惯；是否培养学生顽强、勇敢、合作、竞争的心理品质。

（三）学生

学生是排球教学的对象，对学生的评价重点在于其排球运动的学习，具体如下所示。

1. 排球学习评价

对排球运动学习的评价指依据《体育教学大纲》所规定的学习目标和学习内容，对学生个体或群体的学习过程和学习成果进行价值判断的活动。具体包括对学生身体素质和运动能力、体育基础知识、排球运动技能、学习情感的评价。

2. 学习能力评价

学力是学生学习的能力，是学生获得行为的才能、能力。评价学生的学习能力要对学生的排球学习能力状况以及个别差异更为了解，从而在排球运动教学目标的完成当中获取更多的信息资料，达到培养学生排球运动技能的目的。

3. 思想品德评价

对学生思想品德的评价主要指学生是否热爱中国共产党、热爱社会主义祖国，是否培养美感和文明行为并逐渐养成遵守纪律、尊重他人、团结友爱的习惯等。

(四)教学客观条件

排球教学条件评价对排球教学的效果有着非常大的影响，所以在评价排球教学的效果的过程中是非常重要的内容。排球教学条件评价的内容主要包括排球教学场馆器材的配备符合标准、排球教学经费占教育经费的比例等。

1. 场地器材

排球场地器材是进行排球教学的阵地，因此，只有拥有良好的排球场地和器材，才能有效地实施排球课程，实现排球教学的目标。

2. 教学经费

一般情况下，排球教学的经费包含在体育教学经费当中，学校领导对体育教学工作的重视程度决定了体育教学经费的充足程度。因此，要让学校领导意识到学校体育工作的重要性，进而认识到排球教学工作的重要性。

五、高校排球运动教学效果评价的准备工作

为了做好排球教学效果评价，获得更加真实的评价效果，应做好以下几点准备工作。

(一)评价开始前

评价开始前的准备工作主要包括：第一，要对排球教学中整个评价指标体系的内容进行熟练掌握，并认真把握好整个评价工作的目的。第二，做好宣传和动员工作，使排球教学中所有成员都能够积极、主动地参与到整个评价工作准备中来，并认真地做好本职工作。第三，组织和建立有代表性的、强有力的评价工作领导小组和筹备工作组，明确职责、合理分工。第四，根据所建立的整个评价指标体系中的内容要求来进行资料的收集。第五，对收集来的资料进行分类、汇总，并建立相关的档案，然后对相关的原始材料进行核对查实。第六，根据相应的评价标准，开展较为客观的、实事求是的自评活动。第七，对自评工作中存在的缺陷进行修补。第八，填写各类报表，并撰写自评报告。

（二）评价进行中

第一,选择其中最具有代表性的人员来做好针对评价的汇报工作。第二,与评价组做好协调、配合,共同做好各项考查、测试、座谈等的组织工作。第三,组织相关人员来认真听取评价的结果和评价建议。第四,搞好会务接待工作。

（三）评价结束后

第一,根据相应的评价结果、分析和建议,来认真地制订相应的整改方案。第二,对制订好的整改方案进行有步骤、有组织、有措施的落实。

六、高校排球运动教学评价的具体步骤

（一）制订教学评价目的

解决为什么要进行评价是进行排球教学评价的首要环节。排球教学活动是在一定的目的指导下进行的。排球教学评价的具体目的不同,评价的内容、组织形式和方法也不同。

（二）成立教学评价小组

排球教学评价小组是进行排球教学评价的主体。成立排球教学评价小组时,要依据具体的情况确定组成的性质、规模及其人员组成。排球教学评价小组或评价机构可以是具有连续性和稳定性的,也可以是临时性的。但是,无论是什么样的评价小组都必须具有一定的权威性。排球教学评价小组一般由分管领导和排球专家组成。

（三）制订教学评价指标体系

制订评价指标体系是进行教学评价的关键步骤,通过建立相应的评价指标体系,可以更加清楚地反映出排球教学的过程,对教师排球教学进行科学反映。确立指标体系时,应该遵循科学合理的原则,恰当地使用相应的评价指标。

（四）收集教学评价信息

收集评价信息也是实施排球教学评价的一个重要环节。在排球教学评价过程中,搜集评价信息的方法主要有以下几种。

1. 问卷法

评价者通过书面调查评价对象而获取评价信息。

2. 测验法

评价者依据评价内容编制一定的等级量表和标准的试题,用以收集评价信息。

3. 访谈法

评价者依照访谈提纲,通过和评价对象面对面谈话或者是小组座谈会的方式直接搜集信息。

4. 观察法

评价者依据指标内涵的要求和评价对象的特点,有目的、有计划地直接进行自然状态下或控制条件下的观察进而获取评价信息资料。

5.文献法

评价者通过查阅与评价对象有关的文字记载的材料,进而收集评价资料。

(五)分析教学评价结果

在收集了相关教学评价的资料后,就要对其进行加工处理。只有依靠对评价资料的加工处理,才能做出科学的、正确的判断。同时,指出评价对象的优点及其存在的问题,并分析原因,进而提供改进办法和措施。在实施评价的过程中如发现方案有缺陷必须及时修正。

第三章 高校排球运动技术教学与训练

第一节 排球技术力学问题

一、启动与制动

(一)启动

人体的启动指的是从原本的静止状态到运动状态的转变过程。启动是为了促使个体在短时间内以较快的速度实现身体的移动。在现代社会,排球运动更加注重运动的快速性,所以在启动方面所提出的要求也比以往更高。从科学角度来说,下列三个力学因素在很大程度上影响着启动的速度。

1.启动方向上的稳定角

稳定角即支撑面两边缘上相应两点与物体重心连线所形成的夹角,表示物体的稳定性。在支撑面一定的情况下,如果物体的重心位置较高,重心在支撑面上的投影点到支撑面边界某个方向的距离较短,在这个方向上的稳定角就小。因此,在支撑面一定的情况下,物体在某一方向上的稳定性取决于其重心的高度和重心在支撑面上的投影点距支撑面相应边界的距离。启动方向上的稳定角越大,启动越慢;稳定角越小,启动越快。

2.支撑反作用力

物体所受到的作用力和其改变原本运动状态的速度呈正比,即作用力越大速度越快。支撑反作用力指的是人的腿部在蹬向地面的时候所受到的地面给予的作用力,该作用力的大小等同于人腿蹬地的力量,并且这两种力量的方向是相反的。通常人受到的支撑反作用力越大,就能够以更快的速度实现身体的启动。

3.蹬地角

蹬地角是指在蹬地时支撑反作用力的作用线与水平方向的夹角,其大小决定着支撑反作用力在水平方向上分力的大小。蹬地角越小,水平方向获得的分力越大,启动就越快。

(二)制动

人体从开始的运动状态向静止状态转变的过程被称作制动。制动的过程和启动的过程可以说是全然相反的。人体在制动的时候,个体需要跨出较长的距离,让跨出的那只脚蹬向地面,从而让地面产生的反作用力作用于人体,对人体起到一定的支撑作用。反作用力和重力的合力方向相反于人体的运动方向,两种力彼此冲突平衡,使得个体移动的速度逐渐降低,并最终让个体处于静止状态。通常来说,下列因素会给制动的速度造成影响。

1. 支撑反作用力

支撑反作用力和制动的速度成正比,即支撑反作用力越大,制动的速度就会越快。

2. 支撑反作用力与地面夹角

夹角越小制动越快。排球运动中往往可以通过重心下降、上体后仰等减小该夹角。

二、起跳

在现代环境下,排球运动更加注重高快的结合,比赛的激烈程度也非以往所能相比。在赛场上,队员们更倾向于通过拦网、扣球来为队伍争得分数,而无论拦网还是扣篮,其动作的完成程度在很大程度上是由队员的弹跳能力决定的。所以在排球运动中,弹跳不仅要达到一定的速度,还要达到一定的高度。

排球运动中涵盖着很多类别不同的跳跃动作:以起跳脚为分类依据,可将跳跃动作分为单脚起跳和双脚起跳;以跳跃方向为分类依据,可将跳跃动作分为竖直向上跳和向前的冲跳;以助跑方式为分类依据,可将跳跃动作分为原地起跳和助跑起跳等。

下肢的有力蹬伸与上半身、手臂的加速运动等,会生成一种方向朝下的惯性力,这种力量借助双脚的传导直达地面,这时地面就会将支撑反作用力作用于人体,而支撑反作用力和重力会形成一种合力,让人体形成一种方向朝上的加速度,促使个体的身体顺利腾空。

一般而言对跳跃的高度造成影响的因素有如下几种:起跳时双腿各关节及肌群的爆发力、起跳上半身和手臂向上运动的加速度;个体起跳的方向。具体来说,在其他因素和条件保持不变的前提下,个体竖直起跳有助于个体最大限度地得到竖直方向分立,从而获得最大起跳高度。若是同时兼顾高度和远度,那么就要对蹬地的角度进行一定调整,令个体获得水平方向分力,促使个体实现较为理想的冲跳。

三、旋转球与飘球

通常排球的飞行路线在很大程度上取决于其本身的运动状态,这里所说的运动状态涵盖了以下两种——旋转及飘晃,下面具体分析两种运动状态的形成原因。

(一)球体形成旋转状态的原因

当击球的作用力不直接作用于球体重心的时候,就会出现旋转力矩,从而使得球体处于旋转状态。球的旋转也可以分为不同的类型,具体有前旋、后旋、左侧旋和右侧旋。当球的飞行方向是正前方的时候,球的各个表面的空气都会相应地流向后方,并且这些气流都有着相同的流动速度。若是球体处于旋转状态下,那么其周围气体流动的速度就不会十分均匀。举例来说,当排球处于前旋状态的时候,球体上部的运动方向是朝前的,此时球体周遭空气的流动方向也是向前的,就会和向后流动的空气形成相反的运动方向,这样位于排球上方的气体流动速度就会变慢。上旋球球体下部向后运动,带动气体也向后运动,与球体下方向后流动的空气的流向相同,球体下方的气体流速增快。流体流速较小的地方压强较大,流体流速较快的地方压强较小。所以前旋球球体上方的压力大于下方,球在飞行过程中要偏离原来的预定的抛物线轨迹而向下飞行,旋转越快,影响越大。同理,后旋球的运动轨迹偏离预定轨迹向上,左侧旋球向左、右侧旋球向右偏离(如图 3—1—1 所示)。

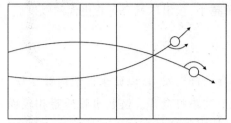

图 3—1—1　后旋球运动轨迹

(二)球体形成飘晃状态的原因

对于排球形成飘晃状态的原因尚未形成明确的定论,当前专家学者在这方面的观点大体如下:

第一,如果外部施加的力能够与排球重心重叠,那么球会在不旋转的状态下朝着前方飞出去,而通常不存在旋转轴的物体并不具备稳定的飞行轨迹,所以这些球体的飞行会有一定的摆动感。

第二,球的振动在一定程度上改变了球体的形状。球体在振动时其形状也出现一定幅度的变化,变形部分周遭的空气流动速度也处于变化之中,故而压强差也会出现不同变化,这就会使得排球在飞行的过程中会发生路线的变化,从而看起来飞行并不稳定,有飘晃感。

第三,球在不旋转的状态向向前移动,会受到空气的挡阻,其速度会慢慢降低,移动出 5 至 10 米的时候,排球所受到的压力会急速增加,从而发生失速的现象,其移动路线也定然随之改变。

第四,不旋转的排球在空中移动的时候,其后的空气密度较小,压力在短时间内大幅降低,故而会在球后产生旋涡。这些旋涡的大小和其施与排球阻力是成正比的。旋涡对球的飞行会产生干扰和阻止的作用,从而令球体的飞行状态呈现出摇晃的感觉。

第五,球体表面布有多条黏合线,它们有的和空气流动方向一致,有的则和空气流动方向不同,这种差异会引起空气对流速度的变化,从而形成一定的阻力差,令排球的运行路线发生偏离。

第六,在球体不旋转飞行的前提下,以大小相同的力对排球的特定部位朝着相同的方向击打,此时,若是排球的球嘴朝上,那么球的飞行路线就会发生向上的偏移;若是排球的球嘴朝下,那么球的飞行路线就会发生向下的偏移。

四、入射角与反射角

根据光学镜面反射原理可以知道,入射角和反射角是相等的。该原理可以应用在排球领域,对垫球动作做出一定说明。飞来的不旋转排球在接触到运动员的手臂之后,其反弹出去的角度和其触及手臂时的角度基本上是相同的;若是飞来的旋转球接触到运动员的手臂,那么球体自身的旋转就会加大排球和手臂之间的摩擦力,与此同时,手臂也会赋予排球一个同等大小、方向相反的反作用力,而此种反作用力和垫击力的合力方向和排球弹出方向往往是一致的。在垫击排球的时候,垫出球的弧度和手臂点击平面与地面所形成的夹角有着较大的关联。通常而言,手臂和地面之间形成的夹角越大,出球的角度往往就会越平;相反地,手臂和地面之间形成的夹角越小,垫出球就会有着更大的弧度。

五、挥臂速度

人在击打排球时,往往会上臂先发力,以此来促使前臂运动,继而将力量传导至手腕做出击球的动作,它又被称作上肢鞭打动作。链状事物质量相较而言更大的一端率先做加速运动,之后其动量传递开来,使得末梢的位置也开始以较快的速度移动,此即鞭打动作的力学原理。上肢表达动作通常是部分与部分之间的带动及力量的传导,在排球运动中,上肢鞭打动作往往需要按照下列顺序带动:躯干—肩膀—上臂—前臂—手,从而令人体的大小关节能够按照顺序展开运动。在带动过程中,某环节达到最大速度之后下一环节便获得其活动速度。由此可知,鞭打动作有力且快速。为了做好鞭打动作,个体应当首先将相关肌肉调整至放松状态,唯有如此,挥动的速度才能够达到较为理想的状态。

第二节　准备姿势与移动教学

在排球运动之中,准备姿势和移动是发挥着重要作用的无球技术,是排球运动员必须要掌握的技能。唯有掌握了上述两项技能,运动员才能够顺利地做出各种有球技术,并且不同的有球技术需要借助这些无球技术来实现衔接。准备姿势和移动二者是相互铺垫、相辅相成的,做好准备姿势的目的在于为后面的移动动作奠定基础,可以说运动员实现快速移动的前提就是做好准备姿势。

一、准备姿势

为了更便捷地实现技术动作,个体会将身体调整至合理姿势,该姿势又被称作准备姿势。准备姿势往往既要保持身体重心的稳定,又方便迅速地做出击球动作,有利于运动员在需要的时候实现快速启动并做出动作。为完成某项有球技术而做的准备姿势,称专项技术准备姿势,例如拦网、发球、传球等都采用不同的准备姿势。一般来讲,按照身体重心的高低,准备姿势可分为半蹲、稍蹲和低蹲三种。

(一)半蹲准备姿势

1.动作方法

两脚分开大致与双肩平齐,其中一只脚稍微靠前放置,脚尖向内收拢,脚跟提高一定的高度;膝关节微微弯曲,其投影位置应当在脚尖之前;上半身稍微向前倾斜,将身体重心前移;让双臂处于放松状态并微微弯曲,两手在腹部前侧放置;全身肌肉整体呈适当放松状态,目光专注于来球,双脚处于微动状态。

2.技术分析

膝关节微微弯曲,脚后跟距离地面一定高度,这种姿势有利于个体在最短的时间内朝不同方向蹬地启动,预先拉长伸膝肌群和增大移动时的后蹬力量,也便于及时起跳、下蹲和倒地。上半身稍微向前倾斜能够为个体向前方或者向侧前方移动奠定基础,双手放置在腹部前侧的位置有利于个体快速地做出伸臂、摆臂等动作,确保个体能够顺利击到来球。另外,相较于紧绷的肌肉来说,处于适度放松状态的肌肉更便于迅速启动。双脚微动能够保持个体神经系统的兴奋感,确保克服肌肉静止惯性,确保肌肉在较短的时间内实现收缩动作。

3.技术要点

屈膝提踵,含胸收腹,微动。

(二)稍蹲准备姿势

稍蹲准备姿势比半蹲准备姿势的重心稍高,动作方法相同。

(三)低蹲准备姿势

相较于半蹲准备姿势而言,低蹲准备姿势的重心更加靠前并且处于更低的位置,双脚无论是在左右方向上还是在前后方向上都有着更大的距离,膝盖相较而言也更加弯曲;肩膀的投影应当超过膝盖,膝盖的投影应该超过脚尖,双手放置在胸腹之间的位置。

二、移动

从启动到制动的过程被称作移动。个体移动是为了更迅速地拉近和来球的距离,营造较为理想的人与球的位置关系,方便个体做出后续的击球动作。通常个体移动的速度在很大程度上决定了个体能否在场上占据有利位置,能否为自己争取更多的击球空间和时间。而移动的及时与否在很大程度上决定着技战术的实现程度。通常,移动包含下列几个环节:启动、移动步法和制动。

(一)启动

启动处于移动的初始阶段,它指的是在做好准备姿势的前提条件下,对身体重心加以变化,令准备姿势不再处于相对平衡的状态,从而促使身体顺利地朝着目标方向进行移动。

1.动作方法

围绕不同的现实情况做出最有利的准备姿势,确保个体能够以更快的速度朝特定方向移动。举例来说,在向前移动时,个体在做好合理准备姿势的前提条件下,以较快的速度朝前方抬腿并收紧腹部,将上半身朝前方探出,与此同时,后腿以较大的力气、较快的速度蹬向地面,促使个体身体拥有较快的启动速度。

2.技术分析

从力学的角度来说,启动的原理就在于打破原本的身体平衡。个体朝前方抬起腿部,使得身体不再处于平衡状态,朝前倾斜,而这种不平衡则促使人体实现启动。上半身向前倾斜并且收紧腹部,能够实现重心的向前、向下移动,从而缩小蹬地角,令后蹬的水平分力得以加大,令启动得到理想的速度。启动时的主要动力来源于蹬地肌肉的爆发式收缩,蹬地腿预先拉长肌肉的爆发力越大,启动就越快。

3.技术要点

抬腿蹬地,打破原本身体的平衡状态。

(二)移动步法

在排球运动中,移动步法实际上是十分多元的。对于个体来说,实现身体的成功启动后,应当及时以现场战术、技术等的需求为依据选取最佳移动步法。

1.动作方法

(1)并步与滑步

若是并步朝左边移动,那么就要让右脚用力蹬向地面,左脚朝左侧跨出一定的距离,右脚以较快速度并至左脚,为击球做好准备。而滑步便是连续并步。

(2)跨步与跨跳步

若是跨步朝前方移动,那么后腿用力地蹬向地面,前腿朝着来球方向跨出一定的距离,此时膝盖微微弯曲,上半身向前倾斜,把身体重心置于前方腿上。跨步可以向前跨步,也可向侧跨步。跨步过程中有跳跃腾空即为跨跳步。

(3)交叉步

交叉步指的是身体在朝侧边移动的时候两只脚以交叉的方式进行移动。举例来说,个体在做左交叉步的时候,上半身微微朝左转动,右脚交叉在左脚之前,向左迈一步,之后左脚朝着左边方向跨出较大一步,同时身体以来球方向为依据进行角度调整,确保身体处于良好的准备姿势便于击球。也可以一脚先后撤一步,然后另一只脚进行交叉步移动。

(4)跑步

跑步时往往需要双臂配合做出摆动动作。在球场上,若是球从后方或者是从侧方飞来,那么应当同步进行转身和跑步动作。

(5)综合步

以上各种步法综合运用。

2.技术分析

在并步移动的时候注意后退以较快的速度跟进,这样能够更好地将身体保持在平衡状态,方便后续的击球动作。

跨步移动通常有着较大的幅度,但其将身体重心置于较低的位置,有利于更好地接触低处来球。交叉步需要动用两只脚进行移动,相对于跨步移动来说,其移动的距离会更远一些。

3.技术要点

抬腿弯腰移重心,第一步要快。

(三)制动

快速移动完成后,为减缓惯性所带来的冲力,令身体的击球姿势变得更加平衡和稳定,个体需要对制动技术加以运用。

1.动作方法

(1)一步制动法

在一步制动的时候,最后跨出一大步,并且将重心置于较低的位置。膝盖和脚尖微微朝内转动,整个脚掌从横向角度蹬向地面,让身体重心不再按照原本的轨迹移动,此时腰腹部收紧发力,增强对上半身的控制,让身体重心的投影落在两脚所构成的支撑面内。

（2）两步制动法

两步制动的时候,以倒数第二步做第一次制动,紧接着跨出最后一步做第二次制动,与此同时,身体朝后仰,将重心压低,双腿用力地蹬向地面,调整至恰当姿势,从而让身体方便做出后续的动作。

2.技术分析

从根本上来说,制动就是让身体恢复到原本的平衡状态。在最后的跨步中脚用力蹬向地面的时候,地面会将支撑反作用力赋予人体,其水平分力恰恰相反与身体的移动方向,两种力彼此抵消从而令身体重心以较低的速度移动。最后跨步的时候,将上半身向后仰,令身体重心进一步降低,缩小蹬地脚,扩大稳定脚,从而更好地实现制动。

3.技术要点

跨步要跨出较远的距离,注意将身体重心下移。

三、准备姿势与移动运用

在扣球助跑之前,对方在做进攻的组织准备工作,无须快速反应启动时,通常会用到稍蹲准备姿势,半蹲准备姿势多用于接发球、拦网和各种传球时。低蹲准备姿势主要用于防守和各种保护动作时,其重心低,便于倒地和插入球下防守低远球。

队员以自身的防守位置为依据选取准备姿势中较为适宜的双脚站立方法。为了与来球的方向相对,更好地实现快速移动,在左半场区时左脚置于前侧,身体角度稍微向右旋转;在右半场区时,则更适宜将右脚置于前侧,身体微微朝向左侧。

并步的优势在于能够让身体处于平衡状态,为后续的击球动作做好准备,它更多地用在传球、拦网、垫球等方面;跨步适用于来球较低、离身体1～2米垫击时;当来球距体侧3米左右时,可采用交叉步,交叉步的优势在于步幅较大、速度较快、有明显的制动效果,它更多地用在拦网、二传、防守等方面;若是来球和身体有着较长的距离,那么可以跑步前进。移动时要保持较快的速度,重点在于围绕不同情况选用最合适的步法,以便顺利地应对来球。为了实现预期的击球效果,在移动动作做完之后,个体应确保自己能够正面击球,或者是通过良好的击球面对球进行击打。通常,在短距离移动之后且不具备较大前冲力的时候会采用一步制动法;若是在快速移动之后仍旧有较大的前冲力,则通常会采用两步制动法。个体可以通过不同的方法实现制动,而制动的要点在于保证最后一步有较大的步幅。

四、准备姿势与移动的教学训练

（一）教学顺序

首先学习基本的半蹲准备姿势,然后学习稍蹲和低蹲准备姿势。按照并步、跨步和交叉步的顺序学习移动,同时介绍滑步、跑步和综合步法。准备姿势和移动的教学应同时进行。

(二)教学步骤

1.准备姿势的教学步骤

讲解内容:在排球运动中准备姿势的作用和应用;准备姿势的技法、类别;稍蹲、半蹲、低蹲这三种准备姿势的相同点和不同点。

示范:教师在做出正确示范动作的同时配合必要的讲解。教师既要做正面示范动作,也要做侧面示范动作。

组织练习:先在原地进行练习,之后在移动的状态下进行练习。

纠正错误动作。

2.移动的教学步骤

讲解内容:在排球运动中移动所发挥的重要作用及移动的目的;移动和准备姿势之间具备何种关联;移动步法的类别、动作方法、要点以及应用时间。

示范:教师在做出正确示范动作的同时配合必要的讲解。教师既要做正面示范动作,也要做侧面示范动作。

组织练习:徒手练习、结合球练习、结合其他基本技术练习。

纠正错误动作。

(三)练习方法

1.准备姿势的练习方法

分两横队站立,在教师的讲解下做出正确的准备姿势。

将班级分为若干小组,两人一组,其中一人负责做出准备姿势,另外一人则查看其姿势是否正确,若不正确则加以改正。两人互换角色。

原地做跑步动作,并听教师的指导对准备姿势加以变换。

2.移动的练习方法

(1)徒手练习

做好半蹲准备姿势,根据教师的手势和信号练习不同方向上、不同类型的移动步法。

两两一组,面对面站好,一人朝任意方向移动,另外一人也朝同方向进行移动。

以滑步和交叉步进行3米往返移动,手触及两侧线。

从端线起,以教师规定的步法进6米,退3米,如此连续往返进到场地的另一端。

(2)结合球练习

两两一组,面对面站立,彼此之间的距离约6米,双方各拿一球,双方在同一时间将球朝对方滚去,让球停留在对方侧体约3米的地方,通过移动将球接住之后再将球滚给对方。循环这些动作。

两两一组,一人抛球至2~3米处,另一人通过移动对准来球,并且用双手在额前接住球。

成纵队立于网前,依次接教师抛向场地不同方向及不同弧度的球。

(3)结合其他技术练习

结合准备姿势练习,结合传、垫、扣等技术练习。

第三节　发球技术教学

在排球技术中,发球可以不受他人的制约。发球可以被视作比赛或者进攻的开端。在排球比赛中,首次真正的进攻便是发球。若是发球具有较强的攻击性和准确性,那么就能够为本方赢得分数或者是令对手的战术组成遭到破坏,从而让本方在防守方面不具备过大的心理压力,为后续的反击做好铺垫,另外还能够在比赛开端起到鼓舞人心、激发动力等作用,增强对手的心理压力。相反地,若是发球时没有达到理想的效果,则会令本方丧失得分机会,增加本方防守难度,让本方在正常比赛中都十分被动。而若是发球时出现失误,则会导致失分或者失权。由此可知,在排球比赛中,发球具有极为重要的作用,理应受到人们的重视。

一、发球技术的动作方法

以发出球性能的不同,可以将发球划分成如下两种类型:一是发飘球,二是发旋转球。发飘球主要有正面上手发飘球、勾手发飘球和跳发飘球,发旋转球主要有正面上手发球、跳发、正面下手发球、侧面下手发球、勾手大力发球、侧旋球和高吊球。

(一)正面上手发球

正面上手发球时,为了方便对球场情况进行观察,站立时应当面朝球网。这样能够增加发球时的准确性,并且可以借助转体、蹬地、收腹等动作促使手臂以较快的速度挥动,借助手腕、手指的推压动作,从而令发球的速度和力量都达到理想状态,同时能够让球处于前旋飞行状态,降低出界的概率。

1.动作方法

队员面朝球网站立,双脚自然地前后放置,相隔适当的距离,左脚置于前侧(以右手发球为例,下同),左手持球放置在身体前侧,手掌平托排球,用手臂微微发力将球推向上方,以恰当力度将球抛出,将之抛至右肩前上方的适当位置。左手抛球的时候右臂顺势抬高。屈肘后引,肘与肩平,上半身微微朝右侧旋转。击球的时候,借助转体、蹬地、收腹的力量促使手臂以较快速度挥动,在右肩前上方伸直手臂的最高点,以全手掌击球的中下部。对球进行击打时,五指呈自然张开状态以和球体的形状相吻合,手腕发力并以较快的速度做出推压动作,让排球在被击中后能够以前旋的状态飞行。毫无疑问,用右手或者用双手抛球都是可以的。为了让发球更具攻击性、力量更强,运动员还可以向前移动几步让自己更好地完成正面上手发球动作。

2.技术分析

做准备姿势的时候,将左脚置于身体前侧,便于身体朝后侧旋转以及右臂的后引,同时也方便身体朝左转动挥动胳膊击中来球。抛球时要注意准确、稳定且抛至适当的高度,这样能够让击球动作具有更高的准确性。若是抛出的球过于靠前,则容易让击球变为推球,从而容易让球被网拦住,无法将转体及收腹的力量最大限度地发挥出来;若是抛出的球过高,则不利于对击球时机的把控;若是抛出的球处于过低的位置,那么挥臂用力时间就会不充足。挥臂前肘关节后引,能够令胸腹或者手臂部分肌肉被一定程度地拉长,从而累积弹性势能,并且能够延长挥臂,从而能够令转体和挥臂具有更快的速度,让挥臂的力量也有所提升。击球的时候转动身体并且收腹发力,让腰部、肩膀、上臂、前臂、手腕形成力量传导机制,并最终将力量传至手部,令手部的速度实现最大化。击球的时候双脚用力蹬向地面,让上半身以较快的速度向前运动,并且令手臂挥动的速度加快,便于击球力量的提升。用整个手掌对球的中下部进行击打,可以让击球面积最大化,让手作用于球体的时间得到一定延长,从而更好地实现对球体的控制。手腕的推压动作能够使球呈前旋飞行,降低球出界的概率。

3.技术要点

抛球,弧线挥臂,包击推压。

(二)正面上手发飘球

正面上手发飘球是采用正面上手的形式,使发出的球不旋转、不规则地飘晃飞行的一种发球方法。正面上手发飘球可分为重飘、轻飘、远飘、下沉等。正面上手发飘球时面对球网,以便观察对方接发球情况。

1.动作方法

准备姿势和正面上手发球是相同的,但是其抛出球的位置更低、更靠前。在抛球的时候,手臂弯曲并且后引,上半身微微朝后仰。在击球之前,手臂从后方沿着直线的轨迹向前挥动。击球的时候,将五指合拢,并且手腕向后压,用掌根平面位置对球的中下部进行击打,让作用力能够和球体重心有所重叠。在击球片刻手腕和手指都保持紧张状态,不做推压动作,手臂挥动到触球时突然停止前移。击球时的发力方式应当保持迅速、突然。

2.技术分析

相较于正面上手发球来说,其抛球偏低、偏前,这样一来,手臂在击球的时候能够更加容易地朝前用力。击球之前,手臂是按照直线的轨迹进行移动的,这种运动轨迹方便作用力与球体重心相重叠,让球体在飞行时不发生旋转现象。用掌根或者是手臂上其他较为坚硬的地方击打来球,这样缩小了击球面积,让击球的力更加短促且集中,从而击出的球容易发生飘晃现象。击球时手指、手腕紧张以及击球手臂的突停动作,能够让球体以较快的速度离开击球手,让手对球的作用时间被极大地压缩,从而令球出现较为突出的变形,这样球在飞行时就会更容易出现飘晃的现象。

3.技术要点

抛球,直线挥臂,短促击球,作用力通过球体重心。

(三)勾手发飘球

勾手发飘球又被称作勾手飘球,简称勾飘。勾手,指手臂做侧向大回转挥动。勾手发飘球是侧对球网站立,利用勾手的形式,使发出的球不旋转、不规则地飘晃飞行的一种发球方法。这种发球方法能够较多地借助下肢和腰部力量,所以不仅可用于近距离发球,也非常适合于远距离发球。

1. 动作方法

双脚自然分开站立,让身体侧对着球网,左手拿排球并置于胸前位置,平稳地把球抛出,使之落在左肩前上方大概一手臂高的地方。击球的时候,用右脚发力蹬向地面,上半身朝左转动的同时开始发力,让身体带动手臂顺利做出挥臂动作。挥动的时候保持手臂呈伸直状态,用掌根在右肩的左上方击球的中下部。在击球前,瞬间加快挥臂的速度,让手部始终沿着直线轨迹挥动,击球的时候将五根手指并在一起,手腕朝后弯曲并且呈紧张状态,手臂挥动过程中找准时机做突停动作。

2. 技术分析

借助上半身的转动及脚部的蹬地力量,促使手臂以较快的速度完成挥动动作,减轻肩关节负荷,这样便于发出长距离飘球。用掌根对球的中下部进行击打,触球面积极大减小,力量十分短促,并且集中在球体的小部分位置,容易让球在飞行过程中出现飘晃。也可用半握拳或拇指根部击球。

击球点不在伸直手臂的最高点,便于手臂在击球前保持一段直线挥动,从而使作用力通过球体重心,使球不产生旋转。击球时手指、手腕紧张及击球时手臂挥动突停动作的原因与上手发飘球相同,是为了保证球的飘晃。

3. 技术要点

抛球,转体发力,直线挥臂,短促击球,作用力通过球体重心。

(四)跳发球

跳发球是一种常用的发球方法,指的是通过助跑起跳让身体腾空,直接将空中的球击到对方的场区之内,它能够让进攻的力量变得更加明显。跳发球能够实现跳发飘球,但大部分情况下是做跳发旋球。这种发球方式有着比其他方式更高的击球点,因此个体能够有足够的伸展空间,能够最大限度地用力击球,故而最终发出的球速度、力量兼备,且有着突出的旋转性。

1. 动作方法

面对球网,站在距端线 2~4 米处,利用单手或双手将球抛在前上方,离地面高 4~5 米,甚至 6~7 米,随着抛球离手向前助跑跳起。起跳的过程中,要注重加大双臂的摆动幅度。在对排球进行击打的时候,要借助转体和收腹动作对手臂加以带动。击球点应当位于右肩膀的前上方位置,击球时保证手臂处于伸直状态,用整个手掌对排球的中下部进行极大,并且施以一定的推压,确保最终令球处于前旋飞行状态。做完击球动作之后,微微屈膝缓冲落地,并尽快来到场内。

2. 技术分析

助跑起跳让身体具备水平方向上的初速度,并且令击球力量有所增加,将击球点提至更高的位置,让排球的飞行线路的弧度有所降低,从而有效增强了排球的威胁性。对排球的中部位置进行击打,其原因在于跳发球有着较高的击球点,在确保排球最终能够过网的基础上,将球的飞行弧度降低,从而让击出的排球有着更大的威力。

3.技术要点

抛球,助跑起跳,腰腹发力,包击推压。

(五)正面下手发球

在正面下手发球过程中,身体与球网正向相对,手臂先撤至后下方,之后朝前方挥去,并在腹部前侧击中排球,使之顺利落入对方场区的发球方法。此种发球方法动作方便易学,比较适用于初学者。

身体面朝球网站立,双脚自然分开,呈一前一后放置,左脚置于前侧,双膝微微弯曲;上半身稍微向前倾斜,重心更多地落于后脚上。左手持排球,置于腹部前侧,稍用力抛排球至身体右前侧,让排球与手部之间的距离在 20 厘米左右,做完抛球动作后将右臂变至甚至状态,以肩膀为轴心朝后侧摆动,此时右腿用力地蹬向地面给身体提供力量,身体重心在右手朝前摆动的过程中逐渐转移到前方的左脚上;在腹前以全手掌、掌根或虎口击球中下方。

(六)侧面下手发球

侧面下手发球指的是以身体侧面对着球网站立并进行下手发球的一种方法。此种发球方式简单易学,适宜初学者进行学习与应用。

以左肩膀对着球网,双脚分开自然站立,两脚之间的距离大致等于肩宽,双膝微微弯曲,上半身微微朝前倾斜,将重心放置在双脚之间;左手平稳地将排球抛起来,让球处于身体前侧和身体距离大概一臂远的位置,让球与手的距离保持在 20~30 厘米;在抛球的时候,球员将右臂朝后下方的位置摆动,并将右脚有力蹬向地面,身体用力朝左转动,借此力量带动右臂挥动至前上方的位置,在腹部前侧位置用掌根、虎口或者是整个手掌对来球的中下方位置进行击打。

(七)勾手大力发球

勾手大力发球是采用勾手的形式,充分运用全身的爆发力,发出力量大、速度快、弧线低、旋转强的球的发球方法。

以身体的侧面与球网相对,双脚分开一定距离自然站好,用左手或者双手持球,并将其置于胸部前侧,把球抛出至左肩前上方位置,抛出的高度越与一个手臂等长;抛球的过程中,微微弯曲两腿,上半身倾斜至右侧,并且适度朝右侧扭转身体,右臂此时摆动至右后方,身体重心置于右脚上;对排球进行击打的时候,借助右脚蹬地、身体转动的力量,促使右臂在伸直状态下做出弧形挥动动作,与此同时将原本置于右脚上的重心转移到左脚上;手臂在伸直的最高点,在左肩的前上方以全手掌击球的中下部。击球时手指自然张开吻合球,手指手腕主动做推压动作,使球产生强烈前旋飞行。为了加强勾手大力发球的攻击性,还可采用助跑勾手大力发球。

(八)侧旋球

按照发出的球在飞行时旋转的方向,侧旋球可分为左侧旋球和右侧旋球。

准备姿势、抛球和手臂的挥动动作与正面上手发球相同。击球时,以全手掌击球的右(左)部,从右(左)向左(右)带腕,做旋内(外)的动作,使球向左(右)侧旋飞行。

(九)高吊球

此种发球方式相较于其他方式而言有着较高的位置,并且会出现旋转,可利用球体下落的速度和弧线造成接发球困难。因为此种发球方式有着较大高度,且易受光线和风力的影响,故较适合在室外运用。

以身体的右侧与球网相对,双脚分开一定距离自然站好,将右脚置于前侧,将重心转移到右脚上。双膝微微弯曲,上半身稍向前倾斜。左手负责做出抛球动作,将球抛至脸前,使球在身前一臂远的地方落下。在抛球的瞬间,将右臂摆动至后侧方向,之后通过蹬地展腹的力量带动右臂挥动至上方位置,在击球前弯曲手肘的时候,以更快的速度挥动前臂,在腹部前侧用虎口对排球的下部偏左处进行击打,让排球在发生旋转的同时朝高处飞出。

二、发球的注意事项

(一)抛球稳

抛球是否稳定是影响发球准确性的主要因素,每次抛的高度和距离都应基本稳定,忽高、忽低、忽近、忽远都会影响发球的准确性。

(二)击球准

确保击球时保持正确的手型,并且所击打的排球部位也应当十分精准,唯有如此,才能够让击出的球具有理想的性能。

(三)手法正确

击球手法在很大程度上决定着击出球的性能。若是手法存在一定的偏差,那么最终击出的球可能不具备球员所期待呈现的性能。

(四)用力适当

用力大小与发球站位的远近、击球弧度的高低、发出的球的性能、落点密切相关。

三、发球技术的运用

在发球的过程中,要从比赛实际情况出发,找准发球的目标位置、确定最佳发力方式、控制发球落点,在此基础上对不同的发球技术加以灵活运用,争取让击出球的性能与自身的期待相符合。

四、发球技术的教学训练

(一)教学顺序

发球技术有着多元类别,其动作难度自然也各不相同,在教学过程中要以学生的身心特点、学习特征、实际水平等为依据来决定教学的顺序及内容。与此同时,对发飘球技术的教学与对发旋转球的教学应当彼此交替进行,从而让学生对这两种发球方式有更深刻、更清晰的理解。

(二)教学步骤

1.讲授

讲解清楚在一场排球比赛中,发球的作用及其所占据的地位;讲解发球的具体动作方法;对抛球、击球、手法三要素进行深入、细致的讲解。

2.示范

先整体示范一遍正确动作,之后边示范边讲解,通过对动作加以分解帮助学生理解;讲解完之后再进行完整的动作示范。

3.组织练习

徒手练习,结合球练习,结合球网练习,结合战术练习。

4.纠正

让学生自行完成所学的发球动作,教师发现其中的错误及不足之处,予以针对性地纠正和讲解。

(三)练习方法

1.徒手练习

在不持球的情况下练习抛球的技巧。

在不持球的情况下练习发球动作,例如抛球、击球、挥臂、引臂等,在练习时注意动作的连贯性。

找准特定的目标,并对其进行挥臂击球练习。

2.结合球练习

展开排球的自抛练习,抛球的高度、位置应当与发球动作的要求相符合。

在抛球的前提下注重练习挥臂和引臂动作,注意抛球引臂与挥臂击球动作之间的配合。

与墙面保持适当距离,练习对墙发球,并且把抛球、挥臂、击球、用力这些不同的环节熟练地串联起来。

两两结为一组,彼此之间站立的距离约为9米,互相练习发球动作。

3.结合球网练习

与球网保持较近的距离,在有球网的情况下进行发球练习。

站在端线的地方练习朝对方场区发球。

站在端线左、中、右这三个位置朝对方场区发球。

站在端线的近端、中端、远端位置朝对方场区发球。

4.结合战术练习

把场地分成若干区,向指定区域内发球。

向接发球站立的空当发球。

向场地边、角处发球。

第四节 垫球技术教学

在排球比赛中垫球技术是必不可少的,它更多地用在接发球、接扣球和接拦回球等方面,它在组织进攻及防守方面发挥着极为重要的作用。在比赛中若是能够更好地接发球,那么就能够顺利进行接发球进攻,为本队伍赢得主动权;在比赛中若是能够更好地接扣球,那么就能够让队伍的组织和防守更占优势;在比赛中若是能够更好地接拦回球,那么就能够扭转在比赛中本队伍的被动局势。所以,在排球比赛中,垫球是扭转局面、赢得分数的一项关键技术,是激发队员热情、稳定队员情绪的有效方式。垫球还可在无法运用传球技术进行二传时用来组织进攻或处理球。

一、垫球技术的动作方法

垫球的动作方法主要有正面双手垫球、体侧垫球、背垫、挡球、跨步垫球、跪垫、让垫、滚翻垫球、前扑垫球、单手垫球、侧卧垫球、鱼跃垫球、铲球、判垫球等。按用途可分为接发球、接扣球、接拦回球和接其他球。

（一）正面双手垫球

正面双手垫球是一种基础垫球动作,指的是双手置于腹部之前对于来球进行垫击的方法。它能够用在各种发球、扣球和拦回球之中,在不利局面下也能够用其对进攻加以组织。

1.动作方法

正面双手垫球的基本手型有抱拳式、叠掌式和互靠式,无论采用哪种手型都应注意手腕下压、两臂外翻。正面双手垫球按来球力量大小可分为垫轻球、垫中等力量来球和垫重球。

（1）垫轻球

身体呈半蹲状态,在排球朝本方向飞来的过程中,将双手调整至垫球手型,将手腕向下压,双臂外翻构成平面。当排球与腹部仅仅相聚一臂的距离时,双臂朝前伸直并向内夹紧,置于排球下方,并朝着前上方起身抬臂,借助桡骨内侧平面对来球的中下部进行击打,在击打来球的同时将身体中心向前移动,让击球点的位置处于腹部前侧。

（2）垫中等力量来球

动作方法与垫轻球相同。来球有一定力量,所以击球动作要小,速度要慢,手臂适当放松。

（3）垫重球

要根据来球的高低和角度,采用半蹲或低蹲准备姿势。击球时含胸、收腹,帮助手臂随球屈肘后撤,并适当放松,以缓冲来球力量。在撤臂缓冲的同时,用前臂和手腕微小的动作控制垫球方向和角度。

2.技术分析

队员应当以来球的角度、高度及自身腿部力量为依据来确定自己所做出的准备姿势的高度,在不对快速启动造成负面影响的基础上,队员要适度压低重心,从而让自己更方便地将双手置于来球的下方,并且也让低垫高挡变得更加方便。

触球部位位于腕关节之上大概 10 厘米的桡骨内侧,此处皮肤面积大并且整体较为平整,借助此处肌肉的弹力能够对来球的冲击力量加以缓冲,从而增强起球的稳定性及准确性。

击球点保持在腹前,以便控制用力大小、调整手臂击球角度和控制球的落点及方向。

队员应当以来球的弧度、力量为依据来决定自身的发力力度及发力方法。垫轻球的时候,主要通过手臂向上抬高的方式,让身体对球的反弹力量加大,若是想提升垫球的远度及高度,就要在做出抬臂动作的同时,配合蹬地跟腰及提肩动作;对中等力量来球进行垫击的时候,因为来球本身具备一定力量,所以在对排球进行迎击的时候控制好动作的幅度和速度,重点借助排球自身具有的反弹力量实现回击,以免出现过大弹力;在对重球进行垫击的时候,因为飞来的排球力量猛、速度快,所以在击球时应避免发力,并且手臂还要随着球向后撤相应的距离,以缓冲排球给身体造成的冲击力。通常,垫球所用力气和来球力量是成反比关系的,和垫出球的弧度、距离则是成正比关系的。对于弧度不同的来球,队员应当选用不同的用力方法。若是来球处于较高的位置,那么队员在垫球的时候就可以做蹬腿、伸膝动作,将身体重心调整至更高位置,在必要情况下可做出跳跃动作进行垫球,以确保击球位置的正确性;若是来球处于较低的位置,那么队员可以采用下蹲姿势进行垫球。

手臂的角度应当以来球的旋转情况、运动弧度以及垫球的位置、目标等为依据而进行适当的调整和变化。若是来球有着较高的弧度,那么在垫球的时候手臂要尽量抬高至水平的位置;若是来球有着较平的弧度,那么在垫球的时候要确保手臂能够和地面形成较大的夹角。如此一来,排球就能够以合适的弧度反弹飞出,从而达到较好的击球效果。如果垫球目标处于侧前方的位置,那么手臂也要适当地调整垫击面,使之转向位于侧前方位置的垫球目标。若是来球有着较强的旋转力量,那么也要对手臂形成的平面进行适度调整,尽量减小旋转的球体与手臂之间所形成的摩擦力。

3.技术要点

手型,触球部位,击球点,协调用力。

(二)体侧垫球

体侧垫球简称侧垫,是在身体侧面垫球的一种垫球方法。其特点是控制面宽,但较难把握垫击的方向、弧度和落点。

1.动作方法

以左侧垫球为例。右脚前脚掌内侧用力蹬向地面,左脚朝左侧迈出一步,随即把身体重心转移到左脚上,并且让左膝盖适当弯曲,夹紧双臂并且朝左边伸出,让左臂比右臂稍高,右臂朝下方倾斜,对来球进行击打的时候朝右侧转动身体并收紧腹部,与双臂协调做出动作在身体侧面对来球的中下部进行击打。在垫球的过程中切忌随着来球摆臂。

2.技术分析

左脚朝左跨出的目的在于增加控制面积,让身体与来球更加接近,从而便于用正面垫球的方法对球进行垫击,实现对排球的良好控制。左臂的高度应当比右臂高,且右臂应当朝下方微微倾斜,这样做能够让双臂所构成的平面和水平面形成特定角度,便于对来球进行截击。垫球过程中不随着排球对手臂进行摆动,目的在于增强侧垫动作的稳定性。

3.技术要点

垫击面,转腰收腹。

(三)背垫

背对出球方向的垫球称背垫。背垫大多用于接应同伴垫飞的球或将球处理过网,其特点是垫击点较高。背垫时由于背对垫球方向,不便于观察目标和控制击球的方向、落点。

1.动作讲解

在背垫的时候,首要任务在于对来球的方向、落点及与球网的距离进行判定,随即以较快的速度移动至排球落点处,背对出球方向,伸直双臂并且向内夹紧,插到来球的下方。对球进行垫击的时候,队员应当立即做出抬头、挺胸、展腹、蹬地动作,将手臂伸直朝后上方抬起对球进行击打。在垫球时,也可利用屈肘、翘腕动作,以虎口出球将球向后上方垫起。

2.技术分析

与出球方向相对,能够提升背垫方向的准确性。两臂夹紧伸直插到球下及蹬地、抬头、挺胸、展腹等,更便于向后的力击球。垫低球时的屈肘和翘腕也是便于向后的力击球。

3.技术要点

击球点,抬头、挺胸、展腹,发力。

(四)挡球

若是来球的位置较高,不方便用手臂加以垫击的时候,可以用单手或者双手在胸部上方对来球进行挡击,此种击球动作又被称作挡球。通常若是来球速度快、力量大且高度在胸部上方,则多用双手挡球;若是来球力量小、位置高、处于头部侧上或者上方,则多用单手挡球。借助挡球可以令控制范围得以进一步扩大。为了令前区产生更好的防守效果,可以让善于挡球的队员负责防守。通常挡球分为下列两种,一是双手挡球,二是单手挡球。

1.动作讲解

(1)双手挡球

双手挡球往往用到两种手型,一是抱拳式,二是并掌式。做抱拳式时,应弯曲双肘,一手呈半握拳状态,另一只手从外围将其包住。做并掌式时,手肘也保持弯曲状态,将双手虎口处交叉,双臂外侧朝向前方,合并双手使之呈勺形,在挡球的过程中手肘呈弯曲状态上举手臂,令肘部朝前,手腕朝后方仰去,双手的掌根及手掌外侧能够形成一个平面,用此平面对来球的中下部位置进行挡击。在击球的时候保持手腕部位的紧张感,并合理地控制发力。

(2)单手挡球

挡球时,手臂屈肘上举,肘部向前,手腕后仰,用手掌掌根或拳心平面击球的中下部,击球瞬间手腕要紧张。如球较高,还可跳起挡球。

2.技术分析

在挡球时弯曲手肘和手腕后仰的目的在于方便击球时依照来球的实际情况对其力量进行加大或者缓冲,从而实现对球的良好控制。用掌根和手掌外侧对球进行击打,目的是让手部与球有更大的接触面积,从而令起球具有更强的稳定性、准确性。对排球的中下部进行挡击,目的在于令挡起的球高度不至于太低。

3.技术要点

手型,手腕紧张,击球部位。

(五)跨步垫球

朝前方或者侧边跨步以完成垫球动作的方法被称作跨步垫球。若是来球与身体的距离大概为 1 米,来球有着较快的速度、较低的高度,并且球员没有充足的时间移动让自己正对来球的时候,就可以采用此种方法。

判断来球的落点,及时向前或向侧跨出一大步,屈膝制动,重心落在跨出腿上,上体前倾,两臂插入球下,垫击球的中下部。

(六)跪垫

跪垫适用于来球较低而远时。

首先做好低蹲准备姿势,之后朝着来球方向跨出一步,跨出腿应当朝外侧延展膝关节,后方腿的内侧位置及膝盖轻触地面。在稳定身体重心之后,上半身大幅度地朝前方倾斜,与此同时塌肩、塌腰、屈肘,让双臂和地面之间的距离变得更短,将双臂插入球体下方做翘腕动作,用两手的虎口位置对排球进行垫击。

(七)让垫

让垫在来球弧度平、速度快、前冲追胸时使用。

以较快的速度朝侧边跨出,跨出腿保持微弯状态,上体向跨出腿让出,身体重心移至跨出腿上,让开身体的同时,用体侧垫球的方法,截住来球进行垫击。或者向侧后跨出一步,让开身体,使球飞向体侧,用体侧垫球的方法垫击来球。

(八)滚翻垫球

若是来球位置较低且与身体距离较大,用跨步垫球仍旧无法顺利接近来球时,就要运用滚翻垫球。滚翻垫球能够有效缩短接近来球的时间,并且其有着较大的控制范围,不易损伤身体,在做完该动作后可快速起立做其他动作。

朝来球方向快速跨出较大一步,同时降低身体重心,将上半身朝前倾斜,拉近胸部与大腿的距离,将身体重心全部置于跨出的那条腿上。单臂或者双臂伸向飞来的排球,与此同时双脚发力蹬向地面,朝着来球方向伸展身体,用虎口、手腕或者是前臂部位对来球的下部进行击打。在顺利做完击球动作后,若是此时身体处于失衡状态,那么队员可以就势转体,依次用大腿外侧、臀部外侧、背部、肩部着地,同时低头、含胸、收腹、团身做后滚翻动作,并顺势迅速起立。

(九)前扑垫球

来不及向前跨步、移动去接近球时,可采用前扑垫球。前扑垫球主要用于防前方低而远的球。

做好较低的准备姿势,重心前移,上半身向前倾斜,腿脚用力蹬向地面,借助地面的反作用力令身体朝前扑出,与此同时,单肩或者双肩插入来球下方,让虎口、前臂或者手背将排球垫起。做完击球动作之后,双手以较快的速度撑在地面上,弯曲双肘以降低冲击力,在此过程中要避免膝盖以及胸腹部位接触地面。为了拥有更大的防守范围,对距离远的低处来球进行垫击的时候,可以将单手最大限度地朝前伸展,确保能够击到来球,另一只手臂则负责支撑,并注意弯曲手肘降低冲击力,在胸腹部接触地面之后仍顺势朝前滑动。

(十)单手垫球

若是来球速度快、距离大,不方便或者是没有充足时间运用双手垫球的时候,队员就能够用单手垫球的方法予以代替。单手垫球的方法可谓优劣并存,其优点在于有着较大的垫击范围,且动作迅速,其弊端在于有着较小的触球面积,不便于队员加以控制。

单手垫球可采用各种步法接近球,并可用虎口、半握拳、掌根、手背或前臂内侧击球。

(十一)侧卧垫球

接侧向低而远球时,可用侧卧垫球。

击球过程中先朝侧边跨出较大距离,令腿部变为深弓箭步,在此同时将重心转移到跨步的那条腿上,跨出腿发力蹬向地面,让上半身朝侧面腾起、伸展,朝前方伸直击球手臂,用单手或者双手垫起飞来的排球,让身体侧边着地或者是呈侧卧状朝侧边滑动。

(十二)鱼跃垫球

对于低而远的来球的垫击,也可采用鱼跃垫球技术。该技术相较而言有着较大的难度,但其跳跃距离较远,有着较大的控制范围。

身体做好准备姿势,呈半蹲状态,上半身朝前倾斜,向前移动重心,朝前方做一两次原地蹬地或者是助跑动作,让身体朝来球方向跃出,手臂朝前伸直插入来球的下方,用单手或者双手对球体下部进行击打。做完击球动作之后,双手在身体重心运动轨迹的延长线上落地支撑,双肘弯曲同时做挺胸、抬头、展腹动作,双腿保持自然弯曲状态,让身体朝后呈弓状,让胸部、腹部、大腿按顺序落地。如前冲大时,可在两手着地支撑后,立即向后做推撑动作,使胸、腹着地后,贴着地面顺势向前。

二、垫球技术的运用

因为不同的来球其弧度、速度、运动轨迹各异,且垫球的目的也存在差异,所以在赛场上,球员应当以垫球目的及来球性能为依据选用最为适宜的垫球技术。在一切排球垫球技术之中,正面双手垫球是最为基本的,且应用得较为普遍。但在做正面双手垫球动作的时候,要对垫球的细小变化加以注意。举例来说,若是对位置低、力量大的来球进行垫击,那么就能够运用翘腕。若是球场上条件让球员不方便进行正面双手垫球,那么可以来球的具体情况为依据来选用最合适的垫球技术。举例来说,对于以较快速度降落的拦回球,球员可用侧倒、半跪、前扑的姿势便于击打来球;若是拦回球处于较高的位置,那么球员就能够用单手或者双手对球进行回挡;若是球员没有充足的时间对来球进行垫击或者回挡,那么可以借助肘部外侧、手臂或者是脚部等将来球垫起。

(一)接发球

在排球比赛中,接发球是较为关键的部分,是进行战术进攻的重要环节,其质量在很大程度上决定着心理变化、进攻成效、比赛分数。通常情况下,队员会采用正面双手垫球的方式接发球。但因为不同的发球有着各异的性能,所以在接发球时也要适当转换方法。但无论最终决定使用什么方法接发球,都应当做足充分准备,对来球做出正确判断。要做出准确判断,在此基础上迅速进行移动,将身体方向对准来球,协调发力。用前臂在腹部前侧击打来球,确保手臂和地面保持恰当的角度。

1.接一般飘球

一般飘球的特点是球速慢、轻度飘晃。接发球时,要判断好落点,迅速移动取位,并降低重心,待球开始下落时,将手臂插入球下垫起。

2.接下沉飘球

下沉飘球的特点是球刚过网即突然减速下沉。接发球时,要判断好来球落点,迅速移动取位,采用低姿势垫球的方法将球垫起。

3.接平冲飘球

平冲飘球有着较快的速度、较平的弧度,飘晃并且平冲追胸。接发球的时候,身体应当和来球方向相对,双腿伸直,将身体重心提至更高的高度,在必要时可加轻微跳跃,确保能够在腹部前侧对来球进行击打。若是来球处于较高的位置,无法运用高位垫球,那么可以尝试使用让垫的方法。

4.接大力发球

大力发球往往力量大、速度快且能够令排球具有较大的旋转力量。对此,在接发球的时候,队员在做准备姿势时可以保持半蹲或者低蹲,做好准备姿势后将双臂对准来球并保持动作不变,让球自行落至手臂后弹起。若是飞来的排球处于较低的位置,那么就能够使用翘腕垫球的方法。

5.接跳发球

跳发球的特点是比大力发球的速度更快、力量更大,球的旋转力更强。接发球时,可采用半蹲准备姿势,对准来球,在击球的一瞬间收胸、收腹、后撤手臂,以缓冲来球力量。

6.接侧发球

侧发球会向左或向右旋转飞行,接发球(如接左侧旋转)时对正来球后,身体要靠向右侧,右臂抬高,以免球反弹后向侧偏斜。

7.接高吊球

高吊球具有较快的下降速度及较高的飞行弧度,并且内含一定力量。接来球过程中,双臂朝着前方水平伸出,手臂肌肉处于放松状态,等球飞至近处到胸腹部位时,队员再对球加以垫击。应当注意的是,击球点不可位于较低的位置,在垫击时可以不用抬高手臂,而是让球在接触手臂后自行朝前上方反弹出去。

(二)接扣(吊)球

接扣球是队伍防守的重要时机,若是能够顺利地完成接扣球有利于扭转队伍的被动局面,有利于为队伍赢得分数,并且可以令队员情绪变得更加激昂。接扣球要运用各种垫球姿势,一般采用上挡下垫。在垫击低球时,还可以用屈臂翘腕或铲球等动作进行垫击。在接扣球的时候要提前对来球的情况做出准确预测,并依照预测结果快速实现自身的位置移动,确保有时间以良好的正面准备姿势迎接来球,能够针对不同来球灵活运用最佳的接球方法。

1.接轻扣球和吊球

轻扣球和吊球有着较小的力量和较慢的速度,但是这种来球大多较为突然。所以,若是队员能够提前对这种来球加以预料和判断,就可以以较快的速度跟进来球,确保将球垫至相应高度;若是出现此种来球时队员尚未及时做出判断或者是准备时间不够充足的时候,可以用前扑或鱼跃垫球的方法对来球加以应对。

2.接快球

快球往往具备下列特征:快速、力量大、落点靠前、运行轨迹短。因此在对快球进行防守的时候,要点在于对其进攻路线加以预测。通常来说,球员要稍向前移动位置,压低重心,但身体不可过度朝前倾斜,手臂也要放在适当的位置准备好对球进行垫击或者挡击,并做好灵活变换单、双手的准备。

3.接强攻扣球

在对手强攻的时候,若是本方球员有前排队员拦网,那么防守队员要让自己的位置更趋近于后场,但是不要太早地做深蹲动作,这样会放慢移动的速度。

4.接拦网触手球

拦网触手的球通常会令原本扣球的落点、方向及轨迹等发生变化,所以对网边球进行击打的时候,要注意制动,切忌过中线或者接触球网。对于朝后场方向飞去的触手高球,球员可以用挡球或者跳起单手挡球的方式予以回击。

(三)接拦回球

拦回球指本方队员进攻被拦回的球。因为各球队的拦网水平始终在提升的过程中,所以相较以往来说拦回球的比例有了明显提升。通常来说拦回球有着较短的运行轨迹且运行速度较快,球往往落在扣球队员后侧、两侧,或者是进攻线附近。所以,缺位重点应该在前场,要尽量使用低蹲、半蹲的准备姿势,上半身尽量处于直立状态,双手应当放于胸部前侧并保持一定的高度,尽量扩大手部的控制范围。对于以较快速度下降的拦回球,队员可运用前扑、半跪、侧倒等姿势,并灵活运用适当的击球方法击打来球,尽量做到双手垫球。在身体附近且较高的拦回球,可用双手或单手将球挡起。来不及用手垫的球,可用上臂、肘部外侧或脚将球垫起。在击球动作上,要有明显的屈肘、抬臂或翘腕动作,尽量将球垫向 2 号位和 3 号位之间。

(四)接其他球

1.垫二传

如果一传来球处于较低较远的位置,球员没有充足的时间移动到球体下方进行上手传球,那么就可以运用垫击二传的方法。垫二传通常会用到正面双手垫球技术。对排球进行击打之前应当压低身体重心,并让身体与垫球的方向相对,伸直双臂并插入来球的下方位置。对球进行击打的时候,应当身体和下肢共同发力并且将双臂朝上方抬起,对来球的下部位置进行击打。此种垫球方式又被称作抬垫。

2.垫入网球

在比赛过程中,部分排球会失去控制进入网内,因为来球速度快且有着不相同的入网位置,所以这些排球反弹时的速度、方向、落点也都存在着较大的差异。通常情况下,若是排球从上半部分进入网内,那么大多数会沿着网继续朝下方降落;若是排球从中部进入网内,那么多数会出现反弹,并且反弹的距离较近;若是排球的落点位于球网的下半部分或者是在网绳附近,那么这些球大部分会出现反弹的情况。在垫入网球的时候,要对排球入网的落点、方向等加以预判,之后以较快的速度移动至落点附近。将身体侧边对向球网,将身体重心压至较低位置,手臂插入球体下方位置,自下而上对来球进行垫击。在垫击的过程中,为了实现更高的起球高度,球员应当放大翘腕屈肘的幅度。若是第三次击球,垫球时应有"兜球"动作,使球前旋,以便过网。

三、垫球技术的教学训练

(一)教学顺序

在所有垫球技术中,正面垫球可以说是重要的根基所在。首先学习正面垫球,然后学习边方向垫球和移动垫球,侧垫和背垫可靠后安排。由于接发球和接扣球防守对垫球基本技术依赖性较强,只有在基本垫球方法掌握之后,方可进行接发球和接扣球教学。

(二)教学步骤

1.正面垫球的教学步骤

讲解:在排球比赛中垫球所发挥的作用及具体的应用范围;正面双手垫球的正确操作步骤及动作要点。

示范:教师先给学生示范一遍完整的垫球动作,让学生从总体上把握技术概念,之后对动作进行细化分解讲授,将讲解和动作示范结合起来便于学会僧理解,之后分别再完整地做一遍正面示范和侧面示范。

组织练习:徒手练习,结合球练习,结合其他技术练习。

纠正错误动作。

2.接发球的教学步骤

讲解:在排球比赛中接发球的所发挥的作用及占据的地位;对于性能不同的来球,具体的取位与动作方法、要求等;整个团队在接发球时的具体站位,明确各位置的职责已经轮换的时间、方式等;接发球站位应当遵循的原则。

示范:接发球教学的演示往往借助挂板进行,或者是在实际场地中进行演示;在条件允许时教师也可将两种演示方法结合起来使用。

组织练习:一般性技术练习;专位练习;串联练习。

3.接扣球的教学步骤

讲解:在排球比赛中接扣球的重要作用;接扣球的预测方法、准备姿势、移动及接球方法;对球体力量加以控制的方法。

示范:为学生做整体动作的侧面示范,让学生在观察时将重点放在准备姿势、击球手臂、身体动作等方面。

组织练习:一般性练习、专位练习、串联练习。

(三)练习方法

1.正面垫球练习方法

(1)徒手模仿练习

原地在不拿球的情况下对整体垫球动作进行模仿。

听教师的指令,先练习不同的移动步法,之后在不拿球的情况下进行垫球动作的模仿和练习。

（2）垫击固定球练习

一人持球固定在小腹前高度,另一人从准备姿势开始,做垫击模仿动作。

将球置于垫球者手臂垫击处并轻轻地扶住,垫球者做垫球模仿练习。

（3）垫击抛来的球

两两一组,彼此相对而立,相互之间的距离为4~5米,一人负责抛球,一人负责垫球;或者其中一人将排球抛至对方两侧的1.5米处,让对方借助移动步法来完成垫球动作。

可组成三人小组,其中两人负责抛球,一人负责垫球,抛球者与垫球者的距离在4~5米。负责抛球的两个人站在彼此侧边,距离约为3米,各自皆朝前方抛球,另外一人要迅速地通过左右移动实现对所有来球的垫击。

（4）对垫

两人一组,相距4~5米连续对垫。

两人一组,一人固定,一人移动。固定者把球垫向另一人两侧1.5米左右的地方,另一人移动将球垫回。

2.接发球练习方法

（1）不隔网的接发球练习

两两一组,双方站立点的距离要大于9米,其中一人负责发球,一人负责朝指定的位置垫球。

2~4人一组,一人发球,其余人排队轮流接发球。

（2）隔网的接发球练习

两人一组,一发一垫将球垫到2号位和3号位之间。

以球场纵向的中心线为界限,将排球场划分为均等的两部分。将3人分为一组,练习半场接发球,其中一人负责发球,两人负责垫球,将落球点设置在2号位和3号位之间。

（3）结合场上位置的接发球练习

在场上指定位置或小区域进行接发球。

加强配合,全场接发球。

加强发球攻击性和性能变化,提高接发球难度。

3.接扣球的练习方法

（1）一般性练习

两人结为一个小组,其中一人负责扣球,一人负责防守。扣球队员应当保证扣球的准确性,要让扣出球的落球点在防守队员的身体前侧,防守队员在接扣球的过程中对特定的技术动作加以模仿和领悟。

三人一组做"扣球—防守—调整"传球练习,或做两扣一防练习。

接教师从对区高台上扣来的球。

（2）结合位置练习

三人一组,分别站在1号、5号、6号位置,接对方2号位、4号位的扣球。要求把球垫到

2 号位和 3 号位之间。

三人一组打垫调。一人在 2 号位、3 号位之间,负责平网传球;一人在 4 号位或 2 号位,负责扣球;一人在后场负责防守垫球,要求防守垫向 2 号位和 3 号位之间,以便传球。

四人一组打垫调。一人在 2 号位和 3 号位之间,负责向 2 号位和 4 号位平网传球;两人分别在 4 号位和 2 号位,负责扣球;一人在后场,负责垫球,要求垫向 2 号位和 3 号位之间,以便传球。

五人一组打垫调。一人在 2 号位和 3 号位之间,负责向 2 号位或 4 号位平网传球;两人分别在 4 号位和 2 号位,负责扣球;两人在后场 5 号位和 6 号位或 1 号位和 6 号位或 1 号位和 5 号位,负责垫球,要求垫向 2 号位和 3 号位之间,以便传球。

2～4 人在教师指定的某个位置,轮流防守,垫教师扣来的球。

接扣球单兵防守。一人在后场连续防守教师的扣球或吊球。

第五节　传球技术教学

传球技术运用较多的是二传,该技术主要用来对防守和进攻的动作进行衔接,让队伍有更好的进攻条件。传球也能够把不同的技术串接起来,是各技术彼此连接的纽带。队员也常用传球技术进行接发球,对对方发出的吊球、拦回的高球等进行迎击,由此也可以说传球是重要的防守技术。

一、传球技术的动作方法

(一)正面传球

正面传球指的是面对出球方向时做出传球动作。在诸多传球方法之中,正面传球处于基础地位。

1.动作方法

在做正面传球动作的时候,通常都做微蹲的准备姿势,双眼看向球的方向,抬高双手将其自然地放置在面部前侧。当来球与额头距离较近的时候,双腿立即蹬向地面,并且伸直双臂和膝盖,双手微微张开迎接来球。击球点的位置应当在额头上方大概一排球距离的地方。双手微微张开类似半球形,手腕微微后压,双手拇指相对成"一"字或"八"字形,两手间有一定距离,用拇指、食指全部,中指的二、三指节触球的中下部,无名指和小指在球两侧辅助控制传球方向。双肘分开适度的距离,两个前臂所形成的角度接近直角,在传球过程中,手腕和手指的肌肉应当保持一定程度的紧张感,运用弹力以及蹬地伸臂等身体协调力量将球传出。

2.技术分析

传球的击球点通常处于较高的位置,在做准备姿势时微蹲方便队员在接球的时候能够以较快的速度进行移动。击球点的位置通常在额头的前上方,这样有利于对来球及传球的目标进行观察,从而令自己的传球动作变得更加准确,同时也更方便伸开双臂对来球进行击打。若是击球点太高,那么传球的时候若是双臂已经完全伸直则会给手臂的传球推送造成一定的负面影响;若是击球点太低,那么手臂在传球的时候无法充分地伸展及发力,所以最终做出的传球动作可能无法取得理想的效果。在传球时将双手的拇指相对成"一"字形或"八"字形,这样能够让手型和排球自身形状更加吻合,并且能够增大触球面积,实现对排球的更好控制。与此同时,较大的触球面积对来球的力量也会起到有效的缓冲作用。队员传球时的力量并非是单一的,该力量是队员手臂、腿部、手腕、手指等各种力量的综合体。在传球的时候究竟使用何种力量主要取决于队员所用的动作方法,而具体选用何种方法则需要依照实际的来球情况以及传球目的进行合理选择。

3.技术要点
手型,击球点,协调用力。

(二)背传
在背对传球目标的情况下所做出的传球动作叫作背传。在排球比赛中,通过背传能够对传球的路线、方向加以变化,从而让对方猜不透自己的动作意图,并且通过背传可以形成不同的进攻组合。

1.动作方法
身体背对着传球目标,上半身或呈直立状态或微微后仰,将身体重心放置在两脚中间,抬起双手并将其放置在面部前侧。在迎接来球的时候,挺胸、抬臂、上半身后仰。应尽量让击球点位于额头的上方,位置比正面传球稍微靠后并且高一些。触球时,手腕后仰并适当放松,掌心向上,击球的下部,手型与正面传球相同。背传用力要靠蹬地、展腹、抬臂、伸肘和手指、手腕的弹力,把球向后上方传出。

2.技术分析
传球之前上半身保持在直立或者后仰状态,便于在做抬臂、蹬地等动作的时候朝后侧发力,从而顺利地将排球传至后侧。尽量在额头上方击球的原因也是方便向后用力。

3.技术要点
准备姿势,击球点,用力。

(三)侧传
将身体侧面朝向传球目标,将球朝着侧面传出的传球动作极为侧传。在背向球网的情况下,二传队员通常会用侧传的方法来传球,因为对手无法清晰地看到二传侧传的出球路线,所以无法准确地对二传方向做出判断,故而说侧传的隐秘性较为突出。

1.动作方法
准备姿势、迎球动作、手型与正面传球相同,击球点应偏向传球目标一侧,上体和手臂向传球方向伸展,传球方向异侧手臂的动作幅度、用力距离和动作速度要大于传球方向同侧手臂。

2.技术分析
击球点偏向传球方一侧,有利于向该方向的侧向传球。上体和手臂向传球方向伸展,传球方向异侧手臂的动作幅度、用力距离和动作速度要大于传球方向同侧手臂,有利于向侧向发力,并保持良好的手型向侧向传球。

3.技术要点

击球点,用力方向。

(四)跳传

球员先做出跳跃动作,之后在身体腾空状态下实现单、双手传球的动作叫作跳传。跳传的击球点处于较高的位置,它能够让传球和扣球动作之间的时间得以缩短,从而令快攻的速度进一步加快。另外,跳传通常和二传手的二次进攻共同使用,能够有效增强二传动作的迷惑性。目前,在高水平的排球比赛之中,跳传被运用得已经较为广泛,很多运动员在二传时将跳传当作主要方式。跳传可以分为正传、背传和侧传。

1.动作方法

跳传时首先要做的动作就是起跳,不管以何种方式起跳,都最好垂直起跳,让身体的平衡状态得以保持,当调至最高处的时候,快速伸开手臂,并且借助手腕、手指的弹力实现排球的传送。跳传的正传、背传和侧传,其传球手型、击球点分别与原地的正传、背传、侧传的手型和击球点基本相同。

2.技术分析

跳传在起跳的时候应当保持身体的垂直向上,让身体始终处于平衡状态,令传球动作达到预期效果。在跳至最高点的时候对球进行击打能够留出足够的时间来做迎球、击球及送球等动作,不然在击球时会出现力量不足的问题或者会令动作出现失调现象。跳传的时候要尽量令伸臂动作实现最快速度及最大幅度,其原因在于跳传的时候没有其他物体可以给予身体支撑,身体也无法再对蹬地力量加以借助。

3.技术要点

最高点触球,击球点,加大指、腕力量。

二、传球技术的运用

在一场排球比赛中,传球技术的作用具体体现在组织进攻方面,也就是用作二传。二传负责对防守和进攻进行衔接,二传的质量在很大程度上决定了进攻结果及战术发挥情况。二传若是有着较高质量,就能够对防守及一传的不足之处加以补足,还能够用假动作影响对方的正确判断,从而为本方赢得更好的进攻局面。在部分情况下,二传能够突然吊球,不给对方留反应和准备的机会。若是二传质量稍差,无法将扣球队员的作用有效发挥出来,无法令战术配合达到应有的效果,减弱进攻的有效性,就会令本方队伍陷入被动局面。传球还可以用来接发球、吊球以及第三次传球即处理球。

(一)组织进攻

1.顺网正面二传

在所有二传技术之中,顺网正面二传是最为基本且应用最为普遍的一种技术。在传球动作上大致与正面传球动作相似,但它与正面传球技术的不同之处是身体不和来球正面相对,而是身体微微朝传球方向转动,让自己尽量做到正面传球,让击出的球能够顺着球网飞行。若是来球有着较大的角度,身体可以稍微偏移传球方向,让击球点朝着传球方向发生一定转移,一边转体一边传球一边对球加以控制,将球顺利传至预期位置。若是来球处于较高的位置并且和球网接近,那么就能够跳传。若是条件不允许采用跳传,那么打直膝盖,双臂上举,让传球点处于更高的的位置;若是来球位置较低,那么球员可以下蹲传球,但因为下蹲时身体的协调伸展力量及腿部蹬地力量无法得到良好运用,因此球员可主要借助手指、手臂、手腕的运动来实现对排球的控制和传送。若是正面传一般来球,那么应当对下肢蹬地及全身协调力量加以运用,并且与上肢的传送动作结合起来。若是从正面对集中球进行传送,那么应当控制好下肢的伸展幅度,主要利用手腕、手指的力量以及伸肘动作对来球进行击打。

2.调整二传

在一传不到位且排球距离球网较近的情况下,将排球传送到方便本方球员进攻的高度及位置,被称作调整二传。调整二传应当以球的位置和扣球人的位置为依据对传球的相关方面加以确定,在传球的时候要对蹬地、伸臂以及手腕、手指的力量等加以最大限度地利用。通常而言,传球的轨迹和球网之间形成的角度越小,就越方便进行扣球。与传球目标相隔的距离越远,就应该越增加传球的弧度。调整传球不宜拉太开,以便于扣球队员观察和上步扣球。

3.背向二传

背向二传能够借助整体球网长度获取更多的进攻点及进攻机会,并且其动作突发、不易被对手看清。在传球之前队员应当先移动自身位置到达球体下方,与传球方向相背,通过球网等场上物体对自身所在位置及传球方向加以确定,并借助自身经验及"手感"对传球的速度、角度及落点等加以控制。一般背传拉开高球,要充分利用挺胸、展腹和向上方提肩伸臂动作。若是来球处于较高的位置,那么击球点应当稍微比正传靠后;如果来球较平,击球点可适当前移;如果来球较低,应迅速移至球下,尽力保证准确的击球点。

4.侧向二传

二传队员背对球网向两侧传球称侧向二传。这种传球适用于来球近网或平冲网的球,可以增加进攻的隐蔽性和突然性,也可用于二传吊球。由于是侧向传球,难度较大,不宜控制球。

5.跳二传

跳二传指的是队员通过跳跃在腾空状态下传球给进攻队员。以往此种传球方式更多地用来传球网上沿着高球和抢传即将飞过网的球。现在,一些球队为了让进攻节奏更加紧凑,以更短的时间按成进攻,或运用两次球进攻战术,在传球的时候多次使用跳二传。

跳起双手二传。跳起双手二传应当对起跳的具体时间有所把握,在身体跳到不能再高的时候开始传球,这样能够实现传高球,有可以令传球节奏更加紧凑,从而为两次进攻打好基础。

跳起单手二传。若是一传来球处于较高位置并且冲网,跳跃之后不便于双手进行二传的时候,就可以使用单手二传。当来球与球网上沿距离较近的时候,二传队员身体侧对着球网跳起,跳到不能再高的时候,接近球网的一侧手臂肘部呈弯曲状态并且上举,手心朝上,手腕后仰,五指微微并拢呈半球型,用伸肘动作及手指、手腕力量将球向上传起。

晃传。起初身体跃起假装准备做扣球动作,之后瞬间变换为二传,将排球传统同伴组织进攻,此种二传就被称作晃传。晃传的助跑应当瞅准时机,应当同时为扣球和传球做好准备。做完起跳动作之后,假装要扣球,之后立刻开始传球。晃球包括下列方式:第一,在跳跃状态下做完假动作过后,身体朝向球网运用侧传的方式将排球传给同队的队员,便于其进攻;第二,在跳跃状态下假装扣球,之后立刻转身让肩部与球网相对,通过正面跳传的方法把排球传给同队队员,便于他们进攻。不管采用何种方式的晃传,都应当对传出球的高度加以控制,不然就达不到晃传的掩护效果。

6.倒地二传

若是来球所处的位置较低,那么球员就能够采用倒地二传。倒地二传分为两种类型,一是后倒,二是侧倒。若是来球位置太低不适宜运用倒地二传,那么就不可勉强应用此种方式,为了实现更准确的传球,球员还可以运用垫二传。

后倒传球。用全蹲的姿势钻入来球下方,上半身随即朝后方仰去,将身体重心转移到后脚,在达到身体平衡状态的瞬间把球传起。做完传球动作之后倒于地面,团身后退后滚,并以较快的速度站起身来。

侧倒传球。朝着来球方向跨步,并且压低身体重心将其置于跨出腿上,人钻入来球的下方位置。朝前方传球的时候,尽量让击球点位于面部前侧;朝侧后方传球的时候,尽量让击球点位于额侧前上方,在达到身体平衡状态的瞬间把球传出。做完传球动作之后,身体趁势倒于地面,之后以较快的速度站起身来。

7.传快球

传出节奏快、位置低的二传球被称作传快球。传快球的复杂度、难度都较高。二传队员应根据一传来球的弧度、速度、落点和扣球队员的助跑路线、上步速度、起跳时间、起跳点和手臂挥动的快慢以及弹跳高度等来决定相应的传球速度、高度和出手时间。传快球的要点在于积极配合扣球队员,其方法具体如下:第一,二传队员借助对击球点的调节来对传球时间加以调整,如队员上步起跳时间稍晚,那么可以选择从更低的位置击球,以让传球时间得到一定延长;相反地,如果想获得更快的传球节奏,则可以在较高击球点对排球进行击打,让传球速度和扣球队员的起跳时间相契合。第二,二传队员能够借助手腕、手指等的动作对传球速度、时间等加以控制,如扣球队员在上步起跳时间有所延缓,那么手腕、手指就能够保持放松姿势,让球在手中缓冲时间得到一定延长,从而令传球速度得以减缓;相反地,要是想以更快的速度传球出手,那么手腕、手指就要保持紧张状态并合理发力,争取实现和扣球队员之间的密切配合。

依照不同的特点,传快球可以被分为三类:传低快球、传平快球和传半高球。

传低快球,它涵盖了传近体快球、背快球、调整快球、后排快球等。它主要借助指腕弹力及伸肘动作来对传球的力量加以控制,并且将击球点提高至适当的位置,让进攻有着更快的节奏。因为要将球朝上方传送,所以切忌让击球点落在较靠前的位置。

传平快球。通常情况下它涵盖了传短平快球、平拉开球、背平快球和背飞球等。将各种平快球朝前方传送的时候,应当将击球点落于较低的位置,并且适当调整伸肘及指腕动作,从而令球体的进攻节奏及飞行速度得以加快。若是将球朝后方传送,那么就应当稍微做翻腕的动作。

传半高球。传半高球主要包括各种交叉、梯次、"夹塞"等的半高球,以及传"时间差""位置差""空间差"等。

8.二传假动作

二传队员借助传球技巧和动作制造出假象,干扰对方的判断,让对方做出无效拦网行为,这就被称作二传假动作。这些动作应当迅速、隐蔽地完成,并且要十分逼真,能够迷惑对方。其具体方法阐述如下:

在传球时不按照常规击球点击球。举例来说,身体向前移动看起来像是要正传,但突然手腕后翻进行背传球;身体向后移动看起来像是要背传,但猛然间压腕开始将排球传向前方。

通过手臂假动作传球。二传队员在面部前侧做出朝上方伸臂的动作,假装要将球传向前方,但立刻改换动作,实现排球的背传。

借助头部假动作传球。举例来说,在传球的时候双眼和目光都朝向左侧,看起来是要从左边组织进攻,但是在传球的时候瞬间将球传向右方;或者是在做传球动作之前双眼看向右方,但在做实际动作时立刻朝左侧传球。

利用上体倾、仰假动作传球。在对排球进行传送之前,先抬头挺胸,将上半身朝后仰,让对手误以为自己即将做背传动作,但接着瞬间收缩腹部、身体朝前倾斜,做向前传球的动作;或者将上半身朝前倾斜,双手朝前举起,让对手误以为自己即将做向前传球动作,但接着瞬间展腹挺胸,将上半身朝后仰去,做背传动作。

利用转体假动作传球。如二传原面向2号位,传1号位来球,主动转体180°,成面向4号位,似向4号位传球,但实际却把球仍背传给2号位。

(二)传球技术的其他运用

1.一传

若是来球处于较高的位置,没有充足的时间移动到合适位置时,也能够用正面上手传球的方式应对来球;对于经过本队拦截而出现的高球或者是经过对手处理过飞来的高球,为了确保一传准确到位,也能够用正面上手传球的方法应对来球。一传在传球的过程中应当以来球的力量为依据对自身手腕、手指的紧张度进行调整,确保自身的发力能顺利地将排球传递给二传。有时还可直接组织二次球进攻,或者直接将球传入对方空当。

2.二传吊球

二传吊球是二传队员所采用的一种进攻方式。在对方未注意时二传突然吊球,通常可以获得不错的效果。吊球既能够用单手,也能够用双手。若是用双手吊球,则最好采用侧传吊球,因为此种方式突发且不易被对方识破。若是用单手吊球,则应当并拢五指,微微用力拨球,让球的落点处在对方无人防守之处。因为二传队员的位置通常在2和3号位之间,所以队员若是使用单手吊球则建议用左手。

3.第三传

若是防守不到位,无法给对方进攻进行有效阻止,那么可以运用传球的方式将来球击回至对方场区的空当位置。在传球过程中,要让手腕、手指处于紧张状态,要做好蹬地伸膝、压腕及伸臂等动作,让来球以较快的速度被传至对方场区。

三、传球技术的教学训练

(一)教学顺序

先讲解正面传球教学的内容,具体讲授基本的正面传球技术,再讲授需要移动和对来球方向加以变化的正面双手传球。在此基础上穿插背传、跳传、侧传等内容。在学生学会了远距离传球之后,再讲授调整传球的相关内容。另外,在全部的二传之中,顺网二传处于基础地位,因此应给这一部分留出充足的教学时间,并且尽早对其进行安排,这样便于后续将它和其他技术结合起来。

(二)教学步骤

1.传球教学步骤

讲解内容:在排球比赛中传球所发挥的作用及所占据的地位;正面传球的技巧与关键;其他传球的方式与特征;不同传球方法的技术、要点及运用条件。

示范:教师先在学生面前做一遍完整的示范动作,让学生有大致印象;之后边做分解动作边讲解,讲解时注意将用力和手型分开示范和讲授;全部讲解完毕后教师再示范一遍完整的正确动作。

组织练习:徒手练习;结合球练习。

纠正错误动作。

2.顺网二传教学步骤

讲解内容:在排球比赛中顺网二传所发挥的作用;顺网二传的动作技巧、步法及判断方法,处理不同球的具体方法。

示范:教师用侧面示范的方法为学生演示一遍完整的顺网二传动作,让学生在教师示范的过程中注意观察移动步法、传球动作、排球运动的弧度和方向以及落点等。

组织练习:一般性二传练习,与接发球串联练习,与防守串联练习。

(三)练习方法

1.正面传球的练习方法

(1)徒手模仿练习

全体学生站成两横排,依照教师口令在不持球的情况下练习传球技巧。

自然站立,练习传球时的手型,对传球过程中手腕、手指的动作进行模仿。

两名同学结为一组,其中一人做练习动作,另外一人负责对其动作加以观察并纠正其中的错误与不足。

(2)结合球的练习

每人手持一球,自行将排球抛至头部上方,之后用正确传球手型去接下落的排球,之后检查自己的手型是否完全正确。

不间断地练习自传,传球高度应当控制在半米之内,在传球过程中尽量不做移动动作。

找一面墙,站在距离墙约半米的位置,以正确手型不间断地对墙发球。在此过程中对自身手腕、手指的发力状态进行体会。

两人一组,相距3~4米,传对方抛到额前的球。

两人一组,相距 3～4 米,对传。

三人三角传球。

移动传球。

2.顺网二传的练习方法

(1)一般二传的练习

教师在 6 号位或 5 号位向 3 号位抛球,学生在 3 号位向 4 号位或 2 号位传不同高度和弧度的球。

在 3 号位自抛球,做向 2 号位或 4 号位的一般二传。

教师在 6 号位抛球,学生从 1 号位插上,向 2 号位、3 号位、4 号位传不同弧度和高度的球。

(2)与一传串联练习

6 号位队员将对区抛来的球垫到 3 号位,3 号位队员向前排各个位置传球。

队员从后排插上,将 6 号位垫到 2 号位和 3 号位之间的球传向前排各个位置。

5 人接发球,将球垫到 2 号位和 3 号位之间,二传将球传向前排各个位置。

同上方法,做插上二传,组织各种进攻。

(3)与防守串联练习

3 号位队员向 5 号位扣球,5 号位队员再把球垫回 3 号位,3 号位队员向各个位置传球组织进攻。

2 号位队员拦对区 4 号位扣球,5 号位队员防守;拦网后立即转身做二传,传防起的或教练抛来的球。

3 号位队员将后排抛球传向 4 号位,4 号位扣球,3 号位立即保护。

1 号位队员插上向 4 号位传球后,立即后撤 1 号位进行防守,接本区 4 号位扣来的球。

第六节　扣球技术教学

在排球比赛中,扣球是一项基本的击球方法,它具体指的是队员在跳起的情况下将比球网上沿高的排球有力击入对方场区的一种方法。在排球比赛中,扣球发挥着极为关键的作用,是为本队赢得分数的重要方法,并且它还能够帮助队伍扭转弱势局面,争取比赛中的主动权。

一、扣球技术的动作方法

扣球技术主要有正面扣球、单脚起跳扣球和双脚冲跳扣球等几种。按照扣球的节奏可分为强攻和快攻,按照扣球起跳的区域可分为前排扣球和后排扣球。

(一)正面扣球

在所有扣球技术之中,正面扣球是最基础的,它是衍生其他扣球技术的基础。在正面扣球的时候,球员与球网相对,因此有较好的视野对对方的防守情况及来球情况进行观察,所以此时击球通常具有较高的准确率;挥臂动作较为自由,能够以对方的防守和拦网情况为依据对扣球的力量及方向等及时加以调整,能够对击球的落点位置实现良好控制,所以往往能够取得较好的进攻效果。现在以扣一般高球为例展开介绍。

1.动作方法

扣球助跑之前,做好微蹲的准备动作,双臂放松垂于身体两侧,站立点与球网之间的距离约为 3 米,通过观察判断,做好朝不同方向助跑起跳的准备。助跑的时候(以右手扣球两步助跑为例),左脚朝前方小幅度跨出一步,之后右脚以较快的速度跨出较大一步,左脚迅速并于右脚,落脚在右脚的前侧,双脚的脚尖微微向内,做好起跳的准备。在助跑的末尾一步跨出的时候,双臂绕体侧向后引,在左脚踏地制动的过程中,两臂自后向前积极摆动。在双腿用力蹬向地面的过程中顺势向上跃起,双臂以较快的速度朝上摆动,与跳跃动作相配合。双腿弯曲至最低点的时候突然发力推动身体向上跃起。跳跃腾空之后,挺胸展腹,上半身微微转向右侧,右臂朝后上方抬起,整个身体呈弓状。挥臂时,以迅速转体、收腹动作发力,依次带动肩、肘、腕各部位以鞭打动作向前上方挥动。击球的时候,手指微微张开似勺形,并且适度紧张,让整个手掌与排球相贴合,将掌心作为击球中心,对球的中部进行击打。与此同时,主动用力屈腕向前推压,使扣出的球加速前旋。落地时,前脚掌先着地,同时顺势屈膝、收腹,以缓冲下落力量。

2.技术分析

助跑是为了缩短和来球的距离,并且找到较为恰当的起跳位置,同时也为了让自己跳至更高的高度。起跳在增加身体所处高度的同时,也有利于个体选择更好的击球位置和扣球时机。起跳之后,身体的形状与反弓形接近,这样有利于击球的时候和手臂做相向运动,让挥臂的距离和速度都有所提升,从而赋予球体更充足的力量。击球的时候,腰腹部发力,上肢关节通过做鞭打动作将身体力量传导至手部,让击球力量得以放大。刚开始挥臂的时候注意弯曲手臂,这样能够让以肩为轴的转动半径变得更短,从而令转动的角速度得到一定的提升,之后立刻伸直肘部,让挥臂时击球手的线速度得以增加,从而令扣球力量变得更大。击球点在跳起的最高点和手臂伸直最高点前上方,能够让水平和垂直空间得到最大限度的利用,让进攻范围变得更大,从而令角度变化、扣球路线具有更多的可能性。

3.技术要点

助跑起跳时机,人与球的位置,上肢鞭打,全掌包击,屈腕。

(二)单脚起跳扣球

单脚起跳扣球指的是在助跑的时候一只脚落地之后另一只脚不再做其他动作立即朝上摆动助力起跳的扣球方法。单脚起跳无须下蹲过深,其制动过程也并不十分突出,所以双脚起跳有着较快的速度,并且因制动较差而冲力较大,可以实现空中的移动,从而拥有更大的网上控制面积。在没有充足时间做出双脚起跳扣球动作的时候也能够运用单脚起跳的方式完成扣球动作。

1.动作方法

采用与球网成小夹角或顺网的一步、两步或多步的助跑。做出助跑动作之后,左脚跨出一步,上半身朝后倾斜,当右腿朝前上方位置摆动的时候左腿以较快的速度蹬向地面实现起跳,做摆臂动作促使身体更好地起跳,跳起后扣球动作与正面扣球动作相同。

2.技术分析

助跑路线和球网平行或者是形成较小的角度,避免因为存在较大的前冲力使得身体触碰球网或者是过中线。起跳的时候摆动右腿,便于让左脚以更大的力量蹬向地面,让身体获得更高的弹跳高度。

3.技术要点

助跑路线,摆动腿。

（三）双脚冲跳扣球

冲跳扣球指的是队员在助跑完之后朝前上方起跳,借助助跑和起跳的力量在空中实现短距离的位移,并在空中位移时做完击球动作的一种扣球方法。此种扣球方法通常运用在后排进攻和空间差进攻中。

1.动作方法

要做两步助跑动作。助跑动作的第二步步幅应当比一般正面扣球的第二步步幅稍小。在踏跳的时候,双脚朝后下方用力地蹬向地面,让身体能顺利地朝前上方跃起,身体跃起后立刻做抬头、展腹、挺胸动作,做击球动作的时候以较快的速度收缩腹部、挥动手臂,并且用手腕对排球的中下部进行推压。

2.技术分析

助跑的第二步保持较小的步幅,避免身体后仰,减小制动力,便于双脚向后下方蹬地。双脚向后下方蹬地,是为了使身体获得一个向前上方的速度,以便既能跳起一定高度,又能向前飞行一段位移。

3.技术要点

助跑步幅,蹬地方向,收腹发力,手腕推压。

二、扣球技术的运用

（一）扣近网球

与球网的距离约为半米的扣球动作称作扣近网球。扣近网球的时候,应当尽量沿垂直方向起跳,否则若是冲力超过一定限度就会让身体过中线或者触到球网,从而造成犯规问题。跳起后,主要利用收胸动作发力,以肩为轴,向前上方挥臂,以全手掌击球的中上部。对排球进行击打后,手臂应当立即回撤,并且避免手部与球网发生接触。扣近网球时有着较高的击球点,有着多种路线可供选择,并且威力较大,但其弊端在于很容易被拦网。

（二）扣远网球

与球网的距离大于 2 米的扣球一般被称作扣远网球。起跳之后应当在右肩前上方的最高点对排球进行击打,用整个手掌对排球的中部位置进行击打,击球的时候手腕应当用力推压,从而令击中的球呈前旋状态飞出。此种扣球有着较大的力量且没有较明显的角度,因此不会轻易地被对手拦网。扣远网球目前在高水平的排球比赛中已经得到了普遍应用。

（三）扣调整球

扣由后场调整至网前的球被称作扣调整球。扣调整球有着较大的难度,需要扣球的球员能够把握好各种从后场飞来的球,并能够针对不同情况的来球及时调整自身步法及空中动作,协调好球网、排球及人三者之间的关系,借助适当的手法对扣球的方向、落点、力量、线路等加以控制。在助跑的过程中可以随时观察来球情况。对于小角度的二传来球,要后撤斜向助跑;对于大角度的二传来球,可采用外绕助跑。

(四)扣快球

扣快球指的是在二传队员在传球之前或者是传球的同一时间扣球队员起跳做扣球动作,将排球击入对方场区的方法。此种扣球方法具有短时、快速、突然等特点,且有着突出的牵制性,能够有效增强本方队伍的主动性。扣快球可分为扣近体快、背快、短平快、背短平快、背平快、平拉开、半快、调整快、远网快、后排快和单脚快球。但无论采用何种方式扣快球,都要对下列方面加以注意:第一,在助跑时所采用的步法应当灵活、迅速、轻快且保持节奏,起跳时不可下蹲过深,确保起跳的速度快、时间准;第二,在击球的过程中,上半身和手臂挥动都应保持较小的幅度,重点借助前臂及手腕的迅速甩动对来球进行击打,稍微提前挥臂时间,让球接近适当距离的时候恰好予以扣击;第三,与二传之间保持密切的配合关系。

(五)自我掩护扣球

用佯扣各种快球的假动作来掩护自己实扣的半高球进攻都叫自我掩护扣球,可分为时间差、位置差和空间差三大类。

1.时间差扣球

利用起跳时间的差异迷惑对方拦网的扣球,为时间差。此种扣球可应用在背快、近体快、短平快等扣球中。队员在扣球的时候,做迅速的助跑加摆臂动作假装自己要起跳,迷惑对方,让对方跳起拦网。等到对方跳起后落地时,扣球队员迅速地在原地跳起扣半高球。

2.位置差扣球

利用与对方拦网队员在起跳位置上的差异摆脱拦网的扣球为位置差扣球。扣球队员在做出助跑动作后假装起跳,等到对方队员跳起拦网的时候,扣球队员立刻朝身体侧边跨出一步,避免与拦网人所处的位置重叠,用单脚或者是双脚起跳做出扣球动作。位置差扣球有着较多的变化,例如短平快向3号位错位、近体快向2号位错位扣背传半高球、近体快向3号位错位扣慢速的短平快等等。但无论使用何种方式进行错位扣球都要对下列方面加以注意:首先,做出的假动作要逼真,要真正能够迷惑对方;其次,变向跨步起跳的时候应当始终保持动作顺畅,并且用较小的幅度、较快的速度做出摆臂动作。

3.空间差扣球

利用顺网向前冲跳技术,使身体在空中有段位移过程,将起跳点和击球点错开的扣球为空间差扣球,又称空中移位扣球。这是我国运动员创造的一种自我掩护快攻技术。这种扣球不仅速度快,而且掩护作用强。目前常用的空间扣球有前飞、背飞、拉三、拉四等。

三、扣球技术的变化

扣球队员无论采用正面扣球、单脚起跳扣球还是冲跳扣球,都可以通过身体、手臂、手腕以及手指的动作变化打出不同线路、速度、落点和击球点的球,造成对方拦网和后排防守的困难,这就是扣球技术的变化。

（一）转体扣球

通过对上半身原本方向加以变化从而令扣球路线发生变化的扣球被称作转体扣球。转体扣球与正面扣球在动作方面有着较为突出的相似性。但二者的区别在于：转体扣球往往选择在左侧前上方做出击球动作（此处以左转体扣球举例），在击球的过程中借助腹部的收缩和朝左的转体，促使手臂更有力地朝左侧挥去，并以整个手掌对排球的右上部进行击打，从而令扣球的方向发生改变。

（二）转腕扣球

通过转腕动作改变扣球路线的扣球为转腕扣球。尽管此种扣球并不蕴藏着较大的力量，但是它在路线变化上较大，能够轻易地躲避对方球员的拦网。转腕扣球的方法具体如下：

1. 向外转腕

在3号位向右转腕扣球和4号位做小斜线扣球方面运用得较多。起跳动作和正面扣球是同样的。在来球进行击打的时候，上提右肩并微微朝右侧转动，朝右侧甩动手腕，用整个手掌对排球的左上部进行击打。

2. 向内转腕

主要用于2号位面对直线而打小斜线，以及在3号位向左转腕扣球。在击球的整个过程中，将手腕朝左侧甩动，令整个手掌对排球的右上方部位进行击打，做完击球动作后肘关节能够顺势弯曲。

（三）打手出界

打手出界指的是扣球队员有意识地使球触击拦网队员的手后飞向场外的一种扣球方法。通常此种方法更多地运用在二传近网、落点在标志杆附近时。举例来说，扣拉开至4号位标志杆附近的近网球时，扣球队员在对球击打的瞬间应当迅速地朝内侧转动手腕，对排球的右侧上方部位进行击打，让排球触拦网手后飞至界限之外；2号位扣打手出界球与4号位相反，将手腕以较快的速度朝外侧翻转，对排球的左侧后上部位进行击打；3号位扣打手出界球借助转腕或者转体做出扣球动作，方向与拦网者的外侧手掌相对，朝两侧挥臂对排球进行击打，造成打手出界；远网球的打手出界，如对准拦网者外侧手的外侧部击球，也能收到良好效果；打拦网者的手指尖出界时，要对准对方的手指尖击球，向远处平击，使球打手后向端线界外飞出。

（四）超手扣球

超手扣球指的是具备身高优势及较强弹跳能力的队员能够借助自身优势将位于拦网者上方的排球直接击到对方场区内的扣球方法。此种扣球方式有着较长的路线，但是无须耗费过多力量。在扣球的时候注意做好助跑起跳动作，以让自己活得最佳击球点。在做击球动作的时候，充分向上提肩，让手臂处于安全伸直状态，从而令击球点处于更高的位置。当排球处于右肩前上方的时候，用整个手掌对排球的中上部位置进行击打。

（五）扣轻球

扣轻球指的是队员假装做大力扣球的动作，但在即将击球的时候迅速放慢挥动手臂的速度，轻打排球使之落入对方场区空当的一种方法。这种扣球方式的起跳、助跑、挥臂等动作都和大力扣球是相同的。但是在对球进行击打之前,瞬间放缓手臂挥动速度,让手腕成放松状态,用整个手掌将排球包裹住,稍微发力朝上方推搓,让球沿着弧线轨迹飞出落入对方场区的空当位置。轻扣适宜运用在拦网者下落的时候。

(六)吊球

吊球是对扣球的一种灵活变化,它指的是将排球吊入对方场区空当的进攻手段,在进攻中主要起到辅助作用。队员在起跳完毕后假装扣球,然后瞬间对动作加以改换,用单手把位于拦网者手部上方或侧方的排球吊入对方场区的空当。

四、扣球技术的教学训练

(一)教学顺序

扣球技术动作结构复杂,教学难度大,需要抓住两个关键环节,即挥臂击球动作和助跑起跳的节奏。扣球技术的教学顺序是:4号位扣一般高球,2号位扣一般弧度球,3号位扣快球。教快球时,首先教近体快球、短平快球,然后安排扣其他球技术的教学。

(二)教学步骤

讲解内容:在排球比赛中扣球所发挥的重要作用;正面扣球的要点、方法与技巧。

示范:教师先完整地给学生示范一遍正面扣球技术的正确动作,让学生从总体上有所领会,之后边做分解动作边进行详细讲解。教学过程中应首先展开分解教学,再进行总体教学。分解教学可以让学生更快更好地学会各种动作和技巧的细节,而总体教学则能够让学生知道如何将不同的技术环节衔接起来,确保动作总体上看起来具有节奏感和流畅性。

组织练习:分解的挥臂击球与助跑起跳练习;扣定点球练习;扣抛球练习;扣一般弧度球练习;与其他技术串联练习;扣各种快球练习。

纠正错误动作。

(三)练习方法

1. 挥臂击球和助跑起跳练习

集体在不持球的情况下进行挥臂练习。

学生排成一列横队,在教师的指挥下练习原地起跳、一步助跑起跳、两步助跑起跳;在练习过程中应当对动作的协调性加以注意。

网前助跑起跳练习。学生成横队列于进攻线后,听口令一起做两步助跑起跳。

学生两两一组,其中一人将排球举至高处做固定球,另一人则练习扣固定球的动作。

朝墙自然站立,手持一垒球,练习正面扣球挥臂动作,把排球甩出去。

对着墙面练习排球的自抛自扣;扣球时既能够原地站立扣球,也能够跳起扣球。

身体站立点与墙面间隔3~4米,对墙练习扣反弹球。

学生两人结为一组,彼此相隔7~9米站立,共同练习自抛自扣。

2. 扣定点球练习

将两头系有橡皮筋的球固定在适当高度,学生助跑起跳扣该固定球。

教师站在网前高台上,一手托球于网上沿,学生助跑起跳扣固定球。

3.扣抛球练习

扣球者在 4 号位助跑起跳,把由 3 号位抛来的球在高点轻拍过网。

扣球者在 4 号位助跑起跳,扣顺网抛来的球。

4.扣一般弧度球练习

扣球者在 4 号位(或 2 号位)将球传到 3 号位,3 号位将球顺网传到 4 号位(或 2 号位),扣球者上步扣球。

5.与其他技术串联练习

4 号位(或 2 号位)队员防扣一次后,立即扣一般弧度球。

4 号位(或 2 号位)队员防吊(或拦网)一次后,立即扣一般弧度球一次。

接发球后,立刻移动至 4 号位(3 号位或 2 号位)扣球。

6.扣各种快球练习

学生在各位置传球给二传队员,然后扣其传出的近体快、背快、短平快、背短平快、背平快、平拉开、半快、调整快、后排快和单脚快等球。

第七节　拦网技术教学

在诸多排球技术中,拦网也是较为基本的一项,它具体指的是队员缩短与球网之间的距离,朝球网上空伸高手臂对对方来球进行截击和阻挡的一种动作。拦网的攻击性是无可置疑的,它能够将对手的扣球拦回或者拦死,从而令对方士气衰退,让对方球队处于较为被动的地位。拦网是防守的首道防线,便于为球队反攻创造机会,能够拦截对方球队的扣球,从而令本方不具备较强的防守压力。拦网水平在很大程度上决定着本队的输赢,若是队伍中没有前排拦网,那么就会极大地增加后排防守的难度。

一、拦网技术的动作方法

从参与拦网的人数上分,拦网可分为单人拦网和集体拦网,集体拦网又分为双人拦网和三人拦网。

(一)单人拦网

1.动作方法

面朝球网自然站立,双脚之间的距离大概等同于肩宽,身体与球网的距离应当保持在 30～40 厘米,微微弯曲双膝,将双臂自然地放置在胸前位置,肘部微微弯曲。在原地起跳的时候尽量压低重心,适度弯曲膝盖,发力时身体沿着垂直方向跳起。若是移动,则可以运用跑步、交叉步、并步等方式促使身体朝着预期方向移动。移动拦网制动的时候,要转换双脚脚尖的方向,使之与球网相对,与此同时,手臂也要用力摆动,以便更好地做出起跳动作。在拦网的时候,双手从额头前部开始朝上方伸出,手臂伸出的轨迹应当与球网平行。双臂保持平行状态,最大幅度地朝上方提肩,双臂尽力过网朝对方上空伸去,双手自然张开接近排球,在触球的瞬间要保持双手的紧张感,并且用力屈腕,自发地"盖帽"将排球捂住。

拦网的起跳时间要根据二传球的情况和扣球人的动作特点来决定。一般扣高球时,扣球队员在空中有一个引臂、展腹的过程,而拦网常常原地起跳,腾空时间较短,所以一般应比扣球队员晚起跳。而拦快球时,要比扣球队员稍早或同时起跳。拦网的起跳地点应在对方扣球的主要线路上。伸臂的时机最好是对方击球的瞬间,过早地伸臂容易被对方避开或者被打手出界;过晚则不能阻拦球,会导致拦空。拦网击球时,应注意屈腕用力"盖帽"捂球,使拦回去的球反弹角度小,对方不易保护起球。2号位和4号位拦网队员的外侧手要内转,以防止被打手出界。拦网中的判断应贯穿在从拦网准备姿势到空中拦截动作的整个过程中,每一环节都离不开准确判断。

近年来,拦网技术也有了一定的突破,球员们开始使用拦网手臂空中移动的技术,从而更好地对对方的扣球加以拦截,让拦网更容易成功。举例来说,随球转移拦截时两手臂由直臂改为侧倒斜向拦网,若向左拦截,则左臂伸直斜向,横向放在网口上方,右臂屈肘,前臂在额部上方与网口平行,两手间距离不大于球体直径,增大拦网的宽度,以手掌、手指堵截路线。又如做声东击西的拦截时,拦网者有意对准球站立,准备让出一条扣球路线空当,但当对方向这条空当路线扣球时,两臂突然伸向空中,阻挡对方扣球。再如做两臂夹击拦截时,两臂分开上举,当对方扣球队员扣球时,拦网队员两手突然由外向内会合,使两臂夹击阻拦对方扣球。

2.技术分析

做半蹲动作做好准备,这样便于以较快的速度朝侧边移动以及迅速起跳。将双臂置于胸部前侧位置,肘部弯曲,这样方便球员以较快的速度伸直双臂。拦网时候身体站立的地点与球网的距离应当保持在30~40厘米,这样能够有效避免身体与球网接触,同时也不会因为和球网之间距离过大而出现漏球问题。不同的移动步法有着不同的适用情况:近距离移动更适合运用并步;中、远距离的移动,则适宜采用交叉步,它有着较快的移动速度和较为宽广的控制范围;跑步有着较快的速度,它更适宜运用在远距离移动中。拦网击球的时候,要尽量将双臂打直,缩短前臂和排球之间的距离。双手之间应当始终保持适当的距离,距离过大或过小都不利于阻截和进攻。

3.技术要点

垂直上跳,含胸收腹,提肩伸臂,过网拦击。

(二)集体拦网

动作方法:集体拦网指两人或三人拦网。一般拦4号位时,由本方2号位队员定位,3号位甚至4号位队员移动过来与2号位队员配合,共同组成集体拦网。拦2号位时,由本方4号位队员定位,3号位甚至2号位队员移动过来与4号位队员配合,共同组成集体拦网。拦3号位时,由本方3号位队员定位,两侧队员向其移动配合,共同组成集体拦网。现代排球中,运动员的身高、身体素质不断提高,进攻已越来越强大,因此集体拦网也显得越发重要,有机会组成集体拦网时,一定要努力组成集体拦网。

二、拦网技术的运用

(一)拦强攻球

强攻的特点在于有着较大力量、较高击球点以及多元的扣球线路。所以在拦强攻球的时候要尽量集体拦网并且适当延缓起跳的时间,力争让阻击面变得更大。

(二)拦快球

1.拦近体快球

快球往往有着较低的弧线、较快的速度并且不容易改变线路。扣快球多在 2 号位和 3 号位进行,其击球点和球网的距离较小并且扣球的速度较快,所以在拦网的时候没有充足的时间进行集体拦网,而是更多地运用单人拦网。在拦网的时候,要把握好扣球的特征,无论是在起跳还是伸臂的时候都要保持较快的速度。

2.拦平快球

与尽快球类似,平快球也有着较低的弧度和较快的速度,在拦截这种球时也不方便组成机体拦网。在拦网的时候,球顺网以低平弧度飞行,这增加了队员拦网判断的难度,所以在拦网过程中要同时对人和球做出预判,关键在于要明确扣球队员的起跳时间以及具体的助跑轨迹。拦网起跳的时间应当比扣球队员起跳的时间同步或者稍早片刻,拦网时要以扣球队员的扣球线路、助跑方向为依据来对其主要线路进行拦堵。

3.拦"三差"扣球

此处的"三差"具体指的是时间差、位置差、空间差,拦"三差"扣球时应当对扣球队员的技术习惯、特征等有明确的把握,并据此展开细致观察,做出较为准确的判断,在判断完毕后立刻予以拦击。在进行时间差和位置差进攻的时候,前提是要做好自我掩护工作,但通常而言,掩护后再扣球与寻常的扣球有着较大的差异,例如其身体姿势、运动节奏、手臂配合等都大不相同。因此,若是察觉存在以上异常的时候,要尽快做出移动动作并且准备好起跳,尽量与扣球队员的节奏相同,等对方的扣球队员真正跳起做出扣球动作的时候,本方队员也立即做起跳动作进行拦网。

三、拦网技术的教学训练

(一)教学顺序

拦网的教学应放在扣球之后进行。先教手型和手臂动作,后教准备姿势和原地起跳方法,最后教移动起跳拦网。其中,拦网的时机和拦网取位是两个关键环节。

(二)教学步骤

讲解:拦网在比赛中的地位与作用;单人拦网的动作方法、动作要领,拦网的判断与时机,集体拦网的配合。

示范:采用完整的动作示范拦网起跳、空中击球手法和落地动作,建立正确动作概念;然后边讲解边示范,再做完整示范。

组织练习:徒手练习;结合球练习;集体拦网练习;与其他技术串联练习。

纠正错误动作。

(三)练习方法

1.徒手练习

原地做拦网的徒手动作练习。

网前原地起跳或以不同步法移动,做拦网徒手练习。

由 3 号位向 2 号位或 4 号位移动做拦网徒手练习。

2. 结合球练习

两人一组,一人站在高台上持球,另一人跳起拦固定球。

低网扣拦练习:两人一组,原地一扣一拦。

原地起跳拦高台球。

在 2 号位、4 号位和 3 号位拦对方扣球。

在 2 号位和 3 号位间以及 3 号位和 4 号位间连续移动拦网。

3. 集体拦网练习

对方 4(2)号位扣球,本方 3 号位队员向 2(4)号位移动,与 2(4)号位队员共同组成集体拦网。

对方 3 号位扣球,本方 2 号位和 4 号位队员向 3 号位移动,与 3 号队员共同组成三人集体拦网。

4. 与其他技术串联练习

在 4 号位或 2 号位扣球后,立即起跳拦网。

拦网后,立即把教师抛来的球传或垫至 2 号位。

拦网后,立即救教师抛来模拟被拦回的球。

拦网后,立即后撤,再上步扣球。

拦网后,立即扣教师抛来的"探头球"。

第四章 高校排球运动战术教学与训练

第一节 排球战术理论

一、排球战术概述

排球战术是指在排球比赛中,运动员根据比赛规则、场上的实际情况和临场变化,有目的、有组织、有预见的进行行动。在排球比赛中,战术主要分为个体战术和团体战术,个人战术是指队员根据实际情况有目的的运用合适的技术的过程,如扣球变线、轻扣等。团体战术是指两名或是两名以上队员之间有目的的协调配合。在排球比赛中,个体战术和团体战术是相互存在、相互配合的。球队在选择战术时,应根据球队的实际情况和比赛情况出发,根据球员的身体情况和技能情况,对方的技术能力等,灵活地选取合适的战术,掌握比赛的主动权。

二、排球战术意识

战术意识是队员在比赛活动中,有目的的支配自己的行动,充分发挥自身技术水平的心理活动,在体育比赛中具有十分重要的作用,能够有效体现运动员的技战术水平。在排球比赛中,运动员的战术意识影响着其综合能力的发挥,如判断能力、应变能力等。战术意识是运动员的心理活动,与运动员的意志情绪等内容是紧密联系在一起的,能够衡量运动员的成熟与否。运动员的战术意识可以通过培养获得提升,如观看比赛、对比赛进行分析,多参与比赛,在比赛中培养自身的战术意识等。因此,在培养排球运动员的过程中,应注重其战术的培养。

(一)战术意识的内容

1.目的性

排球比赛对抗激烈,运动员在比赛中的每一个动作都需要带有一定的目的性,战术意识支配着运动员的行动,因此,其战术意识要有一定的目的性,有的放矢,只有这样才能充分发挥运动员的技战术水平。

2.预见性

在激烈的排球比赛中,每位运动员的技术水平均不相同,瞬息万变。为实现有目的性地进行防攻,就需要对场上的情况进行预测,对双方的能力特点进行分析,对场上可能发生的情况进行预测分析,及时采取对应的措施。

3.准确性

正确的行动来源于准确地判断,准确地判断是合理运用技术的前提。运动员在场上必须扩大视野,通观全局,提高判断的准确性,力争主动权。

4.进攻主动性

在排球比赛中,运动员要充分发挥自身的主动性,有目的地进行进攻,为自己创造进攻机会,获得比赛中的优势。

5.防守积极性

进攻的前提是防守,只有有效的防守,才能为进攻提供良好的条件。因此,在排球比赛中,应积极地进行防守,对对方打来的球进行准确地判断,接好来球。在排球比赛中,防守并不是传统意义上只需要接到对方的来球即可,而是要具有一定的目的性,为进攻做好准备,由被动防守转为主动防守。

6.灵活性

无论是采用哪种战术进行进攻和防守,都需要根据场上的情况进行灵活的应变,灵活运用各种技战术,充分发挥自身的优势,使对方防不胜防。

7.隐蔽性

隐蔽性是指在排球比赛中,为了迷惑对方的行为而作出的假动作和隐蔽动作,是排球战术中的一种,其主要目的是使对方不能了解本队所将采用的技战术,实现出其不意攻其不备的目的。在排球比赛中,为了有效地攻击对方,有时需要隐蔽自己的行为,用假动作或是隐蔽动作来扰乱对方的判断。

8.集体性

排球运动是一项集体运动,个人技战术的运用要以发挥集体的水平为中心。在排球比赛中,队员要从大局出发,胸怀全局,通力协作,相互弥补,把个人的技术发挥融于集体的配合之中,尽一切努力促使集体战术的实现。

(二)战术意识的培养

运动员的战术意识能够通过相关的培养来提高,随着运动员参与比赛的增加以及其技战术水平的增加,其战术意识也会不断提升。一般可以采取以下方法来提高:

第一,根据团队以及个体的战术内容,将战术意识的培养列入训练计划。在充分发挥团队整体水平的基础上,对每位队员进行针对性的战术意识的培养和训练,将战术意识的培养工作落到实处。

第二,提高队员的技战术水平,战术意识的使用是为了充分发挥队员的技战术水平,因此,应加强基本功的训练,为提高战术意识奠定基础。

第三,明确技战术训练的目的,选对方法,在技战术训练的过程中将战术意识贯穿其中,在训练中锻炼和提高运动员的战术意识,使其技战术和战术意识有机地结合起来。

第四,要多看、多参与排球比赛,并及时对比赛情况进行分析,从实践中获取经验,增长知识,获得战术意识的提升。

第五,抓好"无球"技术动作的训练,这是培养和提高战术意识不可忽视的内容,要想达到"球到""人到"的战术意识境地,运动员的"无球技术动作"合理与否,将对战术意识的实现起着很重要的作用,必须在训练中反复强化。

第六,加强运动员的理论知识学习,提高运动员对排球运动的整体认知,熟悉比赛的相关规则和规律,充分发挥其技战术水平,提高其战术意识。

第七,在排球比赛之后,及时进行赛后总结,对比我双方的战术行为进行分析,了解技术特点和打法,做到知己知彼,有助于提升其战术意识。

第八,加强运动员的临场判断能力和观察能力的培养,以便在比赛中采取争取的行动,提高其战术意识。

第九,启发运动员要多动脑思考,手脑并用,及时对自己的行为进行思考,加以改进,培养锻炼运动员处理临场情况的能力。

第十,教练要有较强的临场指挥能力,具有敏锐的观察力。在排球运动中,教练在训练中的主导作用和比赛中的指导作用对运动员战术意识的提升具有十分重要的作用,是提高运动员战术意识的关键。

四、战术指导思想

对球队在训练和比赛中的战术行动进行指导的主导思想和所遵循的基本原则就是战术指导思想。战术指导思想在排球运动中发挥着重要的作用,决定着本运动队的技战术行为。正确、先进的战术指导思想,应能顺应排球运动的发展趋势,符合排球运动的比赛规律。每个排球团队战术指导思想的制定,应从实际出发,根据球队成员的实际情况,扬长避短,充分发挥每位队员的优势,将日后比赛的对象和任务考虑在内,形成本队自己的风格。在执行战术指导思想的过程中,要处理好以下几个关系:当前要求与长远目标的关系;国内比赛与国际比赛的关系;独特性与全面性的关系;继承与发展、学习与创新的关系;培养技术风格与苦练基本功的关系。只有处理好以上各种关系,从实际出发,根据实际情况及时对战术指导思想进行调整,才能提高球队的排球运动水平。

我国排球运动经过长期的实践,特别是经过国际排球大赛的锻炼,在总结正反两方面经验和教训的基础上,提出的战术指导思想是"在技术全面的基础上,向全攻全守的方向发展。发展高度,坚持快速,准确熟练,配合多变,实现全、快、高、准、变"。当然,各队的主客观条件不同,制定战术指导思想也不应强求一致,各队在统一认识的前提下制定战术的具体设想,都应结合本队的具体特点,包括对每个队员、每个轮次,以及攻防两方面的设想。一旦制定,就要把它落实到思想教育、作风培养、技术和战术、体能和心理训练的整个过程中去。

第二节　阵容配置与自由人运用

一、阵容配置

阵容配置是指在排球比赛中,根据球员的技术水平和场上的实际情况,对团队内的成员和比赛中的组合方式进行分配的组织形式。

（一）阵容配置的主要形式

1."四二"配置

"四二"配置是指场上有 4 名进攻队员和 2 名二传队员（如图 4-2-1 所示）。4 名进攻队员又分为 2 名主攻,2 名副攻,他们都站在对角位置上。其优点是无论怎样轮换,前后排都保持 1 名二传队员和 2 名进攻队员,便于组织和发挥攻击力量,给对方的拦网以及防守造成困难。但对 2 名二传队员的进攻和拦网能力要求较高,否则就会影响"四二"配置的进攻效果。

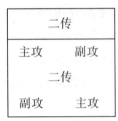

图 4-2-1 "四二"配置

2."五一"配置

"五一"配置是指场上有 5 名进攻队员和 1 名二传队员（如图 4-2-2 所示）。这种阵容配置的优点是拦网和进攻力量得到加强,全队只要适应 1 名二传队员的打法,互相之间就容易建立默契,有利于二传队员统一贯彻战术意图。但二传队员在前排时,只有两点攻。要充分利用两次球、吊球及后排扣球等战术变化突袭对方,以弥补"五一"配置之不足。

图 4-2-2 "五一"配置

3."三三"配置

"三三"配置是指场上有 3 名进攻队员和 3 名二传队员。进攻队员与二传队员间隔站位。每一轮次的前排都能保持 1~2 名进攻队员和二传队员,适合初学者队伍采用,但进攻能力显得不足。

（二）不同队员的职责和特点

1.主攻队员

主攻队员在比赛中主要担任攻坚任务,要在困难的情况下突破对方的集体拦网。主攻队员主要进行中、远网和后排及调整扣球进攻。因此,对主攻队员击球的高度、力量、技巧、线路变化及准确性等方面都有较高的要求。

2.副攻队员

副攻队员主要以快、变、活等进攻手段突破对方的拦网,并积极跑动掩护,给其他进攻队员创造有利条件,同时还要担负中间和两侧的拦网任务。这样,对副攻队员在体能和技术上都提出了很高的要求。

3.二传队员

二传队员是球队在比赛中的进攻核心,需要具有较强的应变能力和判断能力,根据场上的实际情况及时地进行调整,合理组织各种战术进攻。二传队员在排球运动中具有十分重要的作用,优秀的二传队员能够团结全队队员、鼓舞士气,从而取得良好的成绩。

从排球运动发展趋势来看,主、副攻队员和前后排的界限逐渐被打破,队员都应兼备强攻、快攻的技术和战术能力。这样,才能适应进攻战术进一步发展的需要。但主、副攻队员的职责和特点应有所侧重。

(三)阵容配置的注意事项

阵容配置要从全局出发,将队员的技术、技能、思想、特长、配合能力等因素考虑在内。在选择队员时,要选择技术能力较强,能攻善守的球员,充分发挥每位球员的优势将其安排在合适的位置上,形成球队的专有风格。此外,还要考虑球员之间的默契配合,合理分配进攻队员和二传队员,把平时配合默契的进攻、二传队员安排在相邻或适当的位置上,以便更好地组成战术进攻。为了避免拦网、一传及防守上的漏洞,应根据队员的身高及技术情况,进行前后排及左右位置的合理搭配。应考虑前排强弱轮次与发球攻击性的优化组合。前排强轮次,要安排发球稳定性和准确性高的队员发球,以增加得分的机会。攻击力弱的轮次,要安排发球攻击性强的队员,力争破攻,以减轻本方网上的压力。

二、位置交换

在排球比赛中,要充分发挥每一位球员的优势,调动一切积极因素,弥补体育比赛中球员身体、技术等方面的不足。在排球比赛中,在规则允许的情况下,可以采用位置互换的方法。

(一)位置交换的方法

1.前排队员的位置互换

为了加强进攻力量,发挥队员的进攻特点,可把进攻能力强的队员换到最便于扣球的位置上,如把右手扣球队员换到4号位、左手扣球队员换到2号位、善于扣快球的队员换到3号位、擅长扣背快球的队员换到2号位、二传队员换到2号位或3号位等。为了加强拦网力量,可把身材高、弹跳好、拦网技术好的队员换到拦网任务较重的3号位,或与对方主攻队员相对应的区域。进行交叉、夹塞、围绕等进攻战术时,可自然换位,以便组织下一个回合的进攻。

2.后排队员的位置互换

为了加强后排防守,发挥个人防守专长,可把队员换到各自擅长防守的区域,采用专位防守。如向两侧防守能力较强的队员,在采用"边跟进"防守时,可放在6号位防守;采用"心跟进"防守时,可放在1号位或5号位防守。还可根据临场情况,把防守能力强的队员换到防守任务较重的区域。为了在比赛中连续运用行进间"插上",可把二传队员换到1号位

("边跟进"防守时)或 6 号位("心跟进"防守时),以缩短"插上"时跑动的距离,便于组织进攻。为了加强后排进攻,提高"立体进攻"的效果,可把后排进攻能力强的队员换到 1 号位、6 号位,以缩短与二传队员之间的距离,便于组织"立体进攻"战术。

(二)位置交换的注意事项

发球击球前,应按规则的要求站位,防止"位置错误"犯规。在换位过程中,要始终注意对方及本方场上队员的动态。发球队员击球后,即可换位,换位应力求迅速换到预定位置,以便准备下一个动作。接发球时,应首先准备接起对方的发球,然后再进行换位,以免造成接发球失误。当球判为死球时,应立即返回各自的原位,尤其在对方掌握发球权时更应迅速返回原位,尽早做好接发球的准备。

三、信号联系

排球是一个集体项目,在排球比赛中,队员之间的统一行动需要通过信号联系才能实现。如果球队内没有完善的信号联系,在比赛时就可能会出现行动错误,难以实现战术的变化,信号联系在排球运动中具有十分重要的作用。球队内要有统一的联系信号,应有教练和运动员根据团队的实际情况,共同协商确定。联系信号的确定应简洁明了、便于表达的同时也能便于理解。联系信号主要分为四种,分别为语言信号、手势信号、落点信号、综合信号,具体内容如下:

第一,语言信号,是指直接使用简洁的语言来进行联系,如"快""拉""高""溜""交叉"等;也可将战术编成代号,如"1""2""3"等,以代号进行联系。但是语言信号容易泄露动作意图,有时可以采用真真假假来迷惑对手,如讲快打慢、讲拉打近等。

第二,手势信号,是在比赛前,队员之间约定的手势,从而进行战术配合。可由二传队员、发动快攻的队员、打活点进攻的队员以及进攻队员和二传队员相结合出示。二传队员是进攻的组织者,由其做手势,便于统一指挥;发动快攻的队员选择打什么样的快球,这样有利于发挥快攻队员的主动性;在定位近体快球的掩护战术中,可由打活点进攻的队员预先做出信号,表示要打什么球;进攻队员和二传队员相结合是指快攻队员做出第一手势,然后二传队员或其他队员做出第二手势,如:快攻队员做"短平快"手势,二传队员即根据这个手势做出"夹塞""平拉开"手势,通知其他队员。

第三,落点信号。落点信号是进行战术进攻中的一种信号,具有较强的随机性和灵活性,信号的使用依据是起球后的落点。在排球训练中,可根据场上的实际情况迅速形成战术进攻,对于场上可能出现的状况提前制定对应的对策。

第四,综合信号。在实际的排球比赛中,运动员并不是只使用某种信号,而是根据实际情况,灵活的将多种信号组合起来进行使用,通常情况下,以手势信号为主。

四、自由人运用

在排球比赛中,自由人专门接发球和后排防守,合理运用自由人是战术中的一个方面。其上下场之间只需经过一次发球比赛过程,换人不计为正规换人次数,且次数不限。因此,自由人要选择接发球技术和后排防守技术较为高超的成员,从而提高全队人员的防守水平。自由人又可在前排进攻、拦网队员体力下降需要休息并轮到后排时替换上场,所以,合理地运用自由人能大大提高全队的防守水平,大大促进全队的进攻能力。

第三节　个人战术

个人战术是指在排球比赛中,在发挥团队战术的前提下,运动员有目的的将自己的技术组织起来,充分发挥运动员自身的技战术水平,在排球比赛中,运动员使用个人战术能够弥补团体战术中的不足,有助于提高运动员的技术水平。在排球比赛中,个人战术主要包括发球、二传、扣球、一传、拦网、防守战术等,具体内容如下。

一、发球战术

发球是排球运动的首要环节,是在排球比赛中唯一不受他人制约的行为,具有较强的独立性和自主性。个人发球战术的使用目的是破坏对方的一传行为从而获得得分,为反击创造条件。在实际比赛中,发球战术分为多种,应根据对方的接发球能力来选择合适的战术。通常来讲,发球战术的分类主要为:根据性能分为攻击性发球、飘球;根据落点位置分为薄弱区域发球、找人发球;根据节奏变化分为快节奏发球、慢节奏发球;根据线路变化分为长短线结合发球、直斜线结合发球;根据性能变化发出不同性能的球;根据临场比赛的变化采取不同的发球等具体内容如下。

(一)性能不同

在排球的发球战术中,根据性能的不同主要分为攻击性发球和飘球。攻击性发球是指在保证准确的基础上,尽可能地发出速度快、力量大、旋转强、弧度平的攻击性发球,如跳发球等。飘球是指利用发球位置的不同,有意识、有目的地发出或轻或重、或平冲或下沉等各种性能不同的飘球。

(二)落点位置

在排球的发球战术中,根据球在场内不同的落点位置,可以将其分为薄弱区域发球和找特定的人发球。薄弱区域发球是指将球发到对方前区、后区、两个队员之间的连接区、三角地带等场区空当,给对方接发球造成困难。找特定的人发球是指发给一传差、连续失误、情绪急躁或刚换上场的队员;也可以发给快攻队员或二传队员,给对方的战术进攻带来不便。

(三)节奏变化

在排球的发球战术中,节奏变化主要包括快节奏发球和慢节奏发球。快节奏发球是指比赛中,打破常规,突然加快发球的节奏,使对方猝不及防,造成失误。慢节奏发球是指比赛中,有意识地放慢发球的节奏,如发高吊球,利用球体下落时速度的变化,使对方接发球不适应。

(四)线路变化

在排球的发球战术中,线路变化主要包括长短线路结合发球、直斜线结合发球。长短线结合发球是指根据对方的站位情况,时而发长线球,时而发短线球,让对方无法准确预料到接球的位置,从而获得主动权。直斜线结合发球是指充分利用 9 米宽的发球区,采取"站直发斜"或"站斜发直"的发球方法,突袭对方。

(五)性能变化

在排球的发球战术中,性能变化是指同样或相似的动作发出不同性能的球,让对方无法预料到接球位置。

(六)根据临场比赛的变化采取不同的发球

在排球比赛中,如若双方实力相差较多,对方比本方领先较多,为拉近差距,可以采用先发制人的攻击性发球在本方发球连续失误或比赛关键时刻,或在对方暂停、换人后以及对方正处于进攻弱轮次,本方拦网连连得分时,应注意发球的准确性,减少失误,抓住得分的时机。

二、二传战术

在排球比赛中,二传战术的主要内容是利用空间、时间和动作上的变化,积极的组织有效的进攻战术,为队员的进攻创造有利的条件,使对方难以防御。在排球运动中,二传战术按照不同的分类主要为:隐蔽传球、晃传和两次球、"时间差"跳传、高点二传、选择突破点、控制比赛节奏等。具体内容如下:

第一,隐蔽传球,二传队员尽可能地以相似动作传出不同方向的球,使对方难以判断传球的方向。

第二,晃传和两次球,二传队员先以扣两次球吸引对方拦网队员,然后突然改扣为传。也可先以传球动作麻痹对方,突然改传为扣。

第三,"时间差"跳传,二传队员在跳传时,改变常规传球的时间,采用延缓传球的方法,在人和球下落过程中将球传给快攻队员,以造成对方拦网队员的时间误判。

第四,高点二传,二传队员尽可能在跳起的最高点直臂传球,以提高击球点、加快进攻速度。

第五,选择突破点,根据对方的站位,二传在传球时应尽量避开其或者那个拦网较强的区域,选择其中较为薄弱的地方作为突破口,在局部形成以多打少、以强攻弱的优势。

第六控制比赛节奏,在对方失误较多或场上出现混乱时,可加快比赛节奏,以快攻为主。当本方失误较多或场上队员发挥失常时,可适当放慢比赛节奏,以达到稳定情绪、调整战略战术的目的。

三、扣球战术

扣球战术是指在排球比赛中根据对方的拦网和防守情况,选择合理、有效的扣球方法和线路,突破对方的防守行为,获得得分。在排球中,扣球战术主要分为:路线变化、轻重变化、超手和打手、打吊结合、左右手扣球。具体内容如下:

第一,路线变化,是指扣球时运用转体、转腕灵活地扣出直线、斜线、小斜线等,避开对方的拦网。

第二，轻重变化，是指扣球时，重扣强行突破与轻扣打点有机结合。

第三，超手和打手，是指充分利用弹跳力，采取超手扣球技术，从拦网队员手的上面突破；还可以利用平扣、侧旋扣、推打等手法，造成拦网队员被打手出界。

第四，打吊结合，是指在对方严密的拦网下，先伴装做大力扣杀，突然由扣变吊，将球吊入对方空当。

第五，左、右手扣球，是指利用异侧手辅助进攻，形成左右开弓式的扣球，以增加击球面和隐蔽性，提高应变能力。

四、一传战术

一传战术是实现本队进攻技术的基础，不同的进攻技术对一传的要求也不同，一传的方向、弧度、速度等内容都要以按组球队内进攻技术为前提。在排球比赛中，一传的战术主要分为：组织快攻战术、组织两次球战术、组织交叉战术、组织短平快球等，具体内容如下：

第一，组织快攻战术，要求一传的弧度要平，速度稍快，以加快进攻的节奏。

第二，组织两次球战术。一传的弧度要高，接近垂直下落，以便扣两次球或转移。

第三，组织交叉战术。一传弧度要适中。3号位、4号位交叉，一传落点要靠近球网中间；2号位、3号位交叉，一传落点要在2号位和3号位之间。

第四，组织短平快球。要根据是3号位队员还是4号位队员扣球来决定一传的落点。3号位队员扣球时，一传落点偏向2号位；4号位队员扣球时，一传的落点在球网中间区域为好。当对方第3次传垫球过网时，一传可采用上手传球，以便更准确、迅速地组织快速反击或直接传给进攻队员扣两次球。

在排球比赛中，如果一传发现对方场内有较大的空间或是对方队员未准备好时，一传可以直接将球打到目标区域，使对方措手不及，获得得分。

五、拦网战术

拦网战术是通过准确的起跳时机、空中的拦网高度和拦击面、手型动作的变化等因素来实现的攻击行动。主要分为：假动作、变换手型、撤手、"踮跳"拦网、前伸拦网和支臂拦网、单脚起跳拦网等，具体内容如下：

第一，假动作。拦网队员可灵活地运用站直拦斜、站斜拦直、正拦侧堵及伴装拦强攻实为拦快攻等假动作迷惑对方，提高拦网效果。

第二，变换手型。拦网队员起跳后，根据进攻队员的动作改变，拦网手型随机应变，以达到拦击对方的目的。

第三，撤手。在发现对方要打手出界或平扣球时，则可在空中及时将手撤回，造成对方扣球出界。

第四，"踮跳"拦网。身高和弹跳较好的队员为了更好地拦击对方快速多变的扣球，采用踮跳拦第一点的快攻球，再迅速起跳拦第二点的进攻。

第五,前伸拦网与直臂拦网。在拦击对方中、近网扣球时,手臂尽可能前伸接近球,封堵进攻线路。在对方远网扣球时,尽可能直臂拦击,以增加拦网面。

第六,单脚起跳拦网。利用单脚起跳快、空中飞行距离长的优势,以弥补双脚起跳来不及的拦网。但要控制好空中飞拦的距离,避免冲撞本方队员。

六、防守战术

防守与进攻相比其不确定性更强,难度也相对较大。在排球比赛中,防守队员要根据场上的实际情况,选择有利的位置,采用适当的接球方法,有效地接到球,进而开展各种进攻方式。在排球比赛中,防守战术的确定十分重要,只有有效的防守才能进行接下来的进攻。优秀的防守队员不仅要勇猛、敢于摔跤,同时还要善于思考,准确判断落球位置。排球中的防守战术主要分为:合理取位、放宽有利面、针对性防守、拦防配合、上下肢并用等,具体内容如下:

第一,判断进攻点,合理取位。在排球比赛中,要根据二传球的方向和落点,及时地做出判断,并迅速取位。如果球离网较近,本方队员来不及拦网,则防守取位可靠前,以封堵角度;如果球离网较远,则防守取位可靠后些。

第二,放宽有利面。取位时把自己最擅长防守的一面适当放宽,如自己的右侧面防守较好,可把这个区域适当放宽,以扩大防守面。

第三,针对性防守。根据对方进攻队员的特点,采取相应的防守行动。对方只打不吊,取位要靠后;如果对方打打吊吊,则取位要灵活;只有斜线,则放直防斜。

第四,拦防配合。根据前排拦网队员的情况主动配合、弥补,如采用拦斜防直或反之。

第五,上下肢并用。充分利用规则,采用上、下肢的协调配合防守,如采用高姿势防守,上肢负责腰部以上的来球,下肢负责腰部以下的来球。

第四节　集体进攻战术

集体战术是指两名或两名以上队员之间有组织、有目的的集体协同配合,排球运动是一项集体运动,因此,集体战术的设计具有十分重要的作用。随着世界排球运动的发展,排球运动员的进攻战术也更为多元,单凭个人的技战术能力,难以获得比赛的胜利,因此,提升集体的进攻战术水平就显得尤为重要。在排球运动中,集体进攻战术的变化都是建立在进攻阵型和进攻打法这两个基础上开展的。

一、进攻阵型的分类

进攻阵型是指在排球比赛中,进攻时采用的基本队形,是各种进攻战术变化的基础,主要分为三种,即"中一二""边一二"和"插上",具体内容如下。(一)"中一二"进攻阵型"中一二"进攻阵型是指由前排一名队员在 3 号位担任二传,其他两名队员在 2 号位和 4 号位进攻的阵型。"中一二"是最基本的阵型,其特点是二传队员在中间,一传容易到位,战术可简可繁,适合不同技术水平的队。技术水平较低的队可组织前排 2 号位、4 号位扣一般高球,技术水平较高的队可组织各种战术进攻乃至立体进攻,其分为多种站位方法,主要有"大三角"站位、"小二三角"站位、"中一二"站位、"假插上"换"中一二"等。

1."大三角"站位

这是最基本的站位方法,其变化主要以 2 号位、4 号位进攻为主,辅助后排进行进攻(如图 4—4—1 所示)。

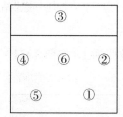

图 4—4—1　"大三角"站位

2."小二三角"站位

4 号位队员位置不变,2 号位队员站在中场接发球,3 号位二传队员站在 2 号位和 4 号位队员之间的网前(如图 4—4—2 所示)。这种站位实际上也是一种隐蔽站位的方法,1 号位队员可在 2 号位做佯攻,2 号位队员从中路进攻,后排队员从后排进攻。这种阵型有利于各种交叉换位进攻。

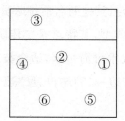

图 4—4—2　"小二三角"站位

若 2 号位队员左手扣球得力,则可以在场区右侧站成"小三角"(如图 4—4—3 所示),即 2 号位队员位置不变,4 号位队员中场接发球,3 号位二传队员站在 2 号位队员与 4 号位队员之间的网前做二传,5 号位队员在 4 号位做佯攻,后排队员从后排进攻。

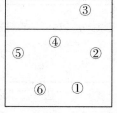

图 4—4—3　"小三角"

3."中一二"站位

二传队员在 4 号位(或 2 号位)时,可以换位成"中一二"阵型(如图 4—4—4 所示)。

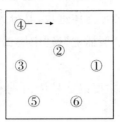

图 4—4—4 "中一二"站位

4."假插上"换"中一二"

3 号位队员在 4 号位的右后方做假插上(如图 4—4—5 所示)。

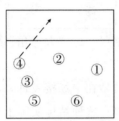

图 4—4—5 "假插上"换"中一二"

(二)"边一二"进攻阵型

由一名队员在前排 2 号位做二传,其他两名前排队员参与进攻的阵型,称作"边一二"进攻阵型。"边一二"也是基本的进攻阵型,其特点是二传队员在边上,对一传的要求稍高,但战术变化多于"中一二"进攻阵型,战术可简可繁,适合技术水平具有一定差距的团队,其站位变化主要分为:"边一二"站位、反"边一二"站位、反"边一二"换"边一二"、"假插上"换"边一二"等几种。

1."边一二"站位

2 号位队员站在网前任二传,3 号位和 4 号位队员前排进攻,其他队员参与后排进攻(如图 4—4—6 所示)。

图 4—4—6 "边一二"站位

2.反"边一二"站位

前排一名队员在网前 4 号位站位做二传,其他队员参与进攻。如果 2 号位和 3 号位队员是左手扣球,采用这种阵型比较有利(如图 4—4—7 所示)。

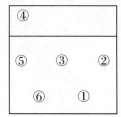

图 4-4-7　反"边一二"站位

3.反"边一二"换"边一二"

在排球比赛中,通常采用反"边一二"换位成"边一二"站位(如图 4-4-8 所示)。

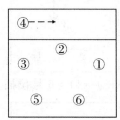

图 4-4-8　反"边一二"换"边一二"

4."假插上"换"边一二"

3 号位队员在 4 号位队员的右后侧做假"插上",形成"边一二"阵型,1 号位队员做佯攻掩护,其他队员参与进攻(如图 4-4-9 所示)。

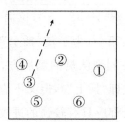

图 4-4-9　"假插上"换"边一二"

运用"中一二"和"边一二"进攻阵型时应注意:第一,采用"中一二"进攻阵型时,二传队员的站位应稍靠近 2 号位,避免与 6 号位队员重叠,以免阻挡视线影响其接发球。第二,采用"边一二"进攻阵型时,二传队员的站位不宜太靠近边线,以免在运用"拉开""围绕"等战术时,因传球距离远而影响战术质量。第三,采用换位成反"边一二"阵型时,4 号位二传队员既要贴网站,又要贴边线站,以免造成与 3 号位队员位置错误或影响 3 号位和 4 号位队员的接发球。

(三)"插上"进攻阵型

后排任一队员插到前排做二传,前排三名队员进行扣球的进攻阵型,称作"插上"进攻阵型。由于后排的"插上",前排可保持三点进攻,这也是如今国内外的排球比赛中较为常用的一种阵型。"插上"进攻阵型有三种基本站位,即 1 号位插上(如图 4-4-10 所示),6 号位插上(如图 4-4-11 所示)和 5 号位插上(如图 4-4-12 所示)。

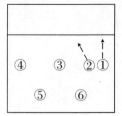

图 4—4—10   1 号位插上

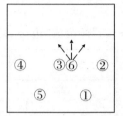

图 4—4—11   6 号位插上

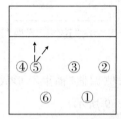

图 4—4—12   5 号位插上

运用"插上"进攻阵型时应注意：第一，为了使"插上"队员能尽快插到网前，且不影响其他队员接发球，"插上"队员一般站在同列队员的侧后方，以便缩短"插上"跑动路线。第二，"插上"要及时（对方发球击球后应立即"插上"），但又不应启动过早造成位置错误。第三，采用"插上"进攻阵型时，前排三名队员都应具有较强的进攻能力并能打各种跑动进攻。第四，"插上"的二传队员要有较熟练的传球技术和较高的战术素养。第五，本队要有较好的接发球一传做保证。第六，"插上"队员在"插上"过程中，应有接一传的思想准备，因为对方发球很可能破坏"插上"。第七，反攻中应加强情况判断，有可能时，应迅速做行进间"插上"，以保证前排的多点进攻。

二、进攻打法的设计

在排球运动中，有多种进攻打法，不同打法之间可以互相组合，形成新的打法。例如，快球掩护的进攻战术就是快球与其他打法进攻方式的组合，立体进攻就是众多进攻方法的组合和变化。

进攻打法的核心内容是避开对方的拦网，把球扣过去。因此，各种打法都考虑了进攻的时间和空间。各种快球进攻力争一个"快"字，力争对方来不及跳起拦网，争取一个时间。"时间差"和梯次进攻也使对方拦网的时间判断有了误差，从而扣球得手。空间是指进攻点的位置。球网有 9 米长，充分利用球网的长度，因此就有了"拉开"或者"集中"进攻。扣球时，击球点离网越远，对方拦网的有效阻截面就越小，因此就有了中、远网进攻和后排进攻。

进攻点的变化力争使对方拦网队员的移动发生障碍,因此就有了各种交叉、"加塞"和双快一跑动等;进攻点的变化努力使对方对拦网点误判,因此就有了"位置差"和"空间差"等。综合时间和空间因素,更可以设计或创造出更多的进攻打法。立体进攻就是综合了时间和空间因素的一种设计,当然它同时也有更多的包括前、后排队员的进攻参与。

如前所述,立体进攻是集时间、空间和各种进攻打法等因素于一体的多方位的组合进攻的统称,因此它必然比其他较单一的进攻打法更为丰富,一定意义上也更先进。比赛中,进攻打法的设计应更多考虑本方和对方的实际情况与比赛过程中的瞬间状况。以己之长攻彼之短为最佳,以己之短攻彼之长为最差。有时候,"以长攻长"和"以短攻短"也不失为好方案。其实进攻打法本无先进和落后之分,能克敌制胜的就是好打法,最简单地高举高打若能奏效,同样是有效的进攻打法。

第五节　集体防守战术

一、接发球阵型

在排球运动中,接发球是进攻的起点,同时也是防守的主要内容。接发球的主要任务是防止球在本方落地,将球接起来,为进攻创造有利的条件。在集体防守战术中,接发球阵型的设计要考虑众多因素,不仅要考虑对方的发球特点,便于接球,同时也要考虑本队的进攻战术,为进攻提供条件。在排球运动中,接发球阵型主要分为:四人接发球阵型、三人接发球阵型,具体内容如下。

(一)四人接发球阵型

四人接发球一般在插上进攻中运用,插上队员可与同列前排队员都站在网前不接发球,以缩短插上时间。四人接发球阵型优点是便于二传插上,不接发球的前排队员可以充分做好进攻的准备。但是接发球时每人负责一条线,对接发球队员的前后移动和判断能力要求较高。由于接发球只有4名队员,因此大都采用"盆"形站位,主要形式如下所示。

1."浅盆"形站位

"浅盆"形站位,主要是接对方落点靠后或速度平快的发球(如图4—5—1所示)。

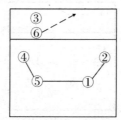

图4—5—1　"浅盆"形站位

2."一"字形站位

"一"字形站位,主要是接对方的跳发球、大力球及平冲球(如图4—5—2所示)。

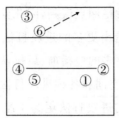

图 4-5-2 "一"字形站位

3."深盆"形站位

"深盆"形站位是指接发球队员均匀的分布在场内各位置,主要接的是对方下沉球或是长距离的飘球(如图 4-5-3 所示)。

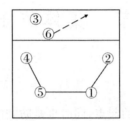

图 4-5-3 "深盆"形站位

(二)三人接发球阵型

三人接发球一般是前排两名队员和一名插上队员不接发球,或前排三名队员都不接发球而由后排队员负担全场一传任务。其优点在于:快攻队员不接一传,有利于组织快变战术;前排队员交换位置更加方便,有利于组成快速多变的战术;可让一传差的队员避开接发球,减少一传的失误。但三人接发球阵型每人负责的区域相对较大,对判断、移动及控制球的能力要求较高。三人接发球的站位形式主要分为"前一后二"站位和"后三"站位两种,具体内容如下。

1."前一后二"站位

由前排一名队员和后排两名队员负责全场的接发球任务(如图 4-5-4 所示)。

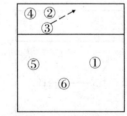

图 4-5-4 "前一后二"站位

2."后三"站位

由场内本方的 3 名队员符合全场的接发球任务(如图 4-5-5 所示)。

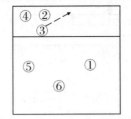

图 4—5—5 "后三"站位

二、接扣球防守阵型

防守阵型的设计的将拦网和后排防守这两方面结合起来,实现理想的防守效果。在组织和设计接扣球防守阵型时,应根据对方的进攻特点,以及本队人员的特点进行合理设计,充分发挥本队成员的特点。接扣球防守阵型根据前排拦网人员的数量,可以分为单人拦网、双人拦网、三人拦网和无人拦网四种阵型。在排球比赛中,应根据实际需要,灵活选择合适的防守阵型,满足比赛的需要。

(一)单人拦网阵型

在排球比赛中,如果对方的技术水平和进攻能力较弱,或是对方的战术较为多变,无法只集体拦网时,可以采用单人拦网的阵型。单人拦网的优点是,防守人员的数量增加了,更便于开展进攻。在有些水平较高的排球比赛中,由于对方的战术较为多变,因此不得不采用单人拦网的阵型,其他人员参与防守。单人拦网阵型的站位有多种,主要分为与对方扣球位置相对应的站位和固定 3 号队员拦网站位两种,具体内容如下。

1.与对方扣球位置相对应的站位

以对方 4 号位进攻为例,由本方 2 号位队员单人拦网,3 号位队员后撤防吊球,4 号位队员后撤防小斜线或吊球,后排 3 名队员组成半弧形防守圈,每人防守一个区域(如图 4—5—6 所示)。

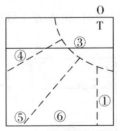

图 4—5—6 与对方扣球位置相对应的站位

2.固定 3 号队员拦网站位

对方进攻队员从任何位置进攻,均由 3 号位队员拦网。如 3 号位队员拦网,2 号位和 4 号位队员后撤与后排 3 人共同组成防守阵型(如图 4—5—7 所示);又如对方 3 号位队员进攻,本方 3 号位队员拦网时,6 号位队员迅速向前移动防吊,其他队员负责各自的防守区域(如图 4—5—8 所示)。

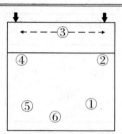

图 4-5-7　固定 3 号队员拦网站位(一)

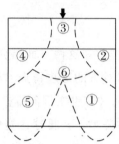

图 4-5-8　固定 3 号队员拦网站位(二)

(二)双人拦网阵型

在排球运动中,双人拦网阵型根据其位置分布主要分为两种,即"边跟进"防守阵型和"心跟进"防守阵型两种。在排球比赛中,这两种阵型各有利弊,在实际的排球比赛中不应只单纯采用某一种阵型,而是应该根据实际情况,灵活运用这两种阵型。

1."边跟进"阵型

双人拦网的"边跟进"防守阵型也称"马蹄形"或"1、5号位跟进"防守阵型。"边跟进"的优点是对防守对方大力扣杀有利。其弱点是球场中间空隙较大,容易形成"心空",而且防对方直线进攻的能力减弱。以对方4号位进攻为例:本方2号位和3号位队员拦网,1号位队员"边跟进"防吊球,兼顾防直线及打手出界的球;6号位队员防后场球,并注意弥补1号位和5号位的空隙;5号位队员重点防斜线球和中场空心地区。4号位队员后撤防小斜线及吊球(如图4-5-9所示)。对方2号位进攻时,由本方4号位和3号位队员拦网,其他队员的防守做相应变化。

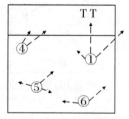

图 4-5-9　"边跟进"阵型

"边跟进"防守多在对方进攻能力比较强、战术变化多、吊球少时采用。其主要有"活跟""死跟""内撤""双卡"等多种阵型变化,具体内容如下:

第一,"活跟"。对方在4号(或2号)位扣球路线变化多,而且打吊结合的情况下,应采用活跟,由1(或5)号位队员灵活掌握,如1号队员跟进,6号位队员就要向跟进队员的防守区域一侧移动补位(如图4-5-10所示)。

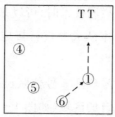

图 4—5—10　活跟

第二"死跟"。在对方扣直线球少、吊球多或本方拦网能完全拦住直线时,如对方在 4 号(或 2 号)位扣球,本方 1 号(或 5 号)位队员就可以坚决跟进,以防吊球为主,兼顾防打手出界的球。6 号位队员就要迅速向跟进队员的防守区域一侧移动补位(如图 4—5—11 所示)。

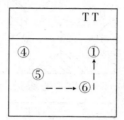

图 4—5—11　死跟

第三,"内撤"。对方在 4 号(或 2 号)位扣球直线多,并经常吊"心"时,本方 4 号位(或 2 号位)队员可内撤到中场空心区域,重点防吊球。5 号位(或 1 号位)队员主要补防小斜线附近的球(如图 4—5—12 所示)。

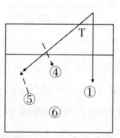

图 4—5—12　内撤

第四,"双卡"。当对方在 4 号位(或 2 号位)以吊球和轻打为主,打吊结合,而本方拦网较强时,就可以采用 4 号位(或 2 号位)队员内撤,1 号位(或 5 号位)队员跟进的"双卡"防守阵型,2 人协同防守前排的吊球。跟进要适时,过早易被对方识破,对后防不利(如图 4—5—13 所示)。

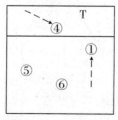

图 4—5—13　双卡

2."心跟进"防守阵型

"心跟进"防守阵型也称为"6 号位跟进"防守阵型。在排球比赛中,如果对方经常使用打吊结合的形式,且对方具有较强的拦网技术时,可以采用"心跟进"的防守阵型。"心跟进"的防守阵型能够有效应对吊球,便于本队成员进行接应和组织反攻。其缺点是本队的场后部以及两侧的空隙较大,容易形成空当。

以对方4号位进攻为例:本方2号位和3号位队员拦网,6号位队员"心跟进"防吊球及接应落入中场的球,其他队员负责各自的区域(如图4-5-14所示)。此时,6号位队员主要防吊球、拦起球,接应后排防起的球。1号位、5号位队员负责后场区所有的球。4号位队员防小斜线及吊球(如图4-5-15所示)。

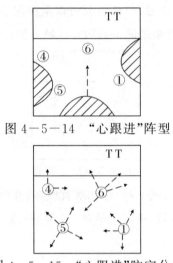

图4-5-14 "心跟进"阵型

图4-5-15 "心跟进"防守分工

(三)三人拦网阵型

在排球比赛中,如果对方队员的扣球技术较强,且吊球较少,路线变化较多,可以采用三人拦网阵型。三人拦网阵型虽然增加了第一道防线的力量,但是其场后的空间较大,增加了拦网后的进攻难度。因此,如果在比赛中使用这种阵型,队员要坚决果断,及时后退,进行反攻。三人拦网的阵型主要分为6号位压底和6号位跟进两种,具体内容如下。

1.6号位压底

如对方3号位扣球,本方前排3名队员集体拦网,1号位和5号位队员扼守两腰,6号位队员压底负责后场球。此阵型有利于场内两侧来球的防守,但是场后两角的空隙较大,不便于该位置的来球防守。(如图4-5-16所示)。

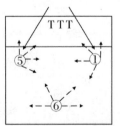

图4-5-16 6号位压底

2.6号位跟进

如对方4号位扣球,则本方6号位队员迅速跟进到场心区域,防守中场及前场区的吊球,1号位和5号位队员防守直线、斜线重扣及两腰和后场的球。此阵型对防守吊心球有利,弱点是后场中路及两腰部空当较大(如图4—5—17所示)。

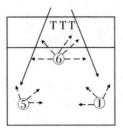

图4—5—17 6号位跟进

(四)无人拦网阵型

在排球比赛中,无人拦网阵型的使用一般分为两种情况,一种情况是本方的拦网受挫,难以招致,导致无人拦网,此时应根据场上的实际情况,灵活取位;另外一种情况是对方的扣球能力较弱且球离网较远时,可以主动选择不拦网,采用"中一二""边一二"或行进中"插上"进攻阵型布防。在排球运动中,团队内的初学者可以不拦网,以传球和垫球为主,增加防守的力量。

三、接拦回球阵型

在排球比赛中,根据对方的拦网情况以及本方的战术需要,球队队员可以采用灵活的接拦回球阵型,根据其人数的划分,可以分为:五人接拦回球、四人接拦回球、三人接拦回球、两人或一人接拦回球等几种,具体内容如下。

(一)五人接拦回球

在排球比赛中,如果本方的战术安排以强攻为主,具有明确的进攻点,除进攻队员外,其他5名队员均可参与接拦回球,可以采用"三二"阵型、"三二一"阵型、"二三"阵型三种,具体内容如下。

1."三二"阵型

这种阵型的使用较为普遍,在对方拦网强、拦回球落点大多集中网前时采用。以4号位进攻为例,3号位、5号位、6号位三名队员组成第一道防线。1号位和2号位两名队员组成第二道防线(如图4—5—18所示)。

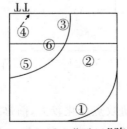

图4—5—18 "三二"阵型

2."二二一"阵型

这种阵型在对方拦回球落点比较分散时采用。以4号位进攻为例,3号位和5号位队员负责前场区,2 号位和 6 号位队员负责中场区,1 号位队员负责后场区(如图 4-5-19 所示)。

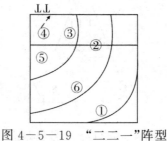

图 4-5-19 "二二一"阵型

3."二三"阵型

这种阵型在对方拦网能力一般、拦回球落点比较分散时采用。以 4 号位进攻为例,3 号位和 5 号位队员负责前场区,1 号位、2 号位、6 号位队员负责中场区和后场区(如图 4-5-20 所示)。

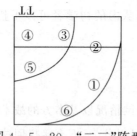

图 4-5-20 "二三"阵型

(二)四人接拦回球

在排球比赛中,如果本方的战术安排以快球进攻为主,而且没有固定的进攻地点,较为多变时,除主攻和二传队员外,另外 4 名队员可以参加接拦回球。在四人接拦回球中,多使用"二一"阵型。

"二一"阵型是以 2 号位进攻为例,1 号位队员插上,跳传给 2 号位进攻,3 号位和 5 号位队员负责前场区,4 号位和 6 号位队员负责中场区及后场区(如图 4-5-21 所示)。

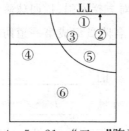

图 4-5-21 "二一"阵型

(三)三人接拦回球

本方以前排快攻配合为主时,进攻点变化较大,前排 3 名队员在掩护、跑动,二传队员组织进攻后要立即参与接拦回球,形成三人接拦回球阵型。如前排 3 名队员掩护、跑动,最终的进攻点在 2 号位,则 1 号位队员传球后立即下撤,5 号位和 6 号位队员迅速向 2 号位移动接拦回球(如图 4-5-22 所示)。

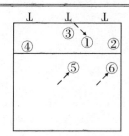

图4—5—22 三人接拦回球阵型

(四)二人或一人接拦回球

在排球比赛中,如果本方的进攻战术为"立体进攻"时,进攻地点较为分散且变化较大,因此需要场上4或5名队员来打掩护,跑动进攻。此时,场内接拦回球的人数较少,二传在组织进攻后应立即参与接拦回球,形成一人或两人接拦回球的阵型。

如:前排3名队员掩护、跑动,后排6号位队员进行后排进攻,1号位队员传球后立即下撤,5号位队员迅速向进攻点移动接拦回球(如图4—5—23所示)。

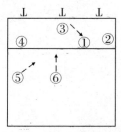

图4—5—23 二人接拦回球阵型

又如:前排3名队员掩护、跑动,后排1号位和6号位队员进行后排进攻,5号位队员传球后立即下撤,迅速向进攻点移动接拦回球。其他没有扣球的队员都应尽可能地参与接拦回球,以加强接起拦回球的概率(如图4—5—24所示)。

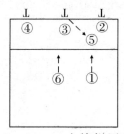

图4—5—24 一人接拦回球阵型

第五章　排球运动营养补充与卫生保健

第一节　排球运动营养消耗与补充

一、营养概述

（一）营养的概念

人体不断从外界摄取食物,经过机体内各个组织与系统的消化、吸收、代谢和利用食物中身体需要的物质(养分或养料)来维持生命活动的全过程,就是所谓的营养。人类有机体的生长发育,生命活动及各种体力劳动脑力劳动的进行,都有赖于体内的物质代谢过程,人类要想维持生命的存在就必须不断地从外界摄取一定数量的新物质,这些新物质主要从食物中摄取。

（二）营养的意义

人体所必需的营养素主要有蛋白质、脂肪、糖、维生素、水、矿物质和膳食纤维 7 大类,它们能够使人体的健康得到保障。人体以进食等方式来摄取这些营养物质,实际上任何一种食物都不可能包含人体所需要的一切营养素,因此,人体需要从多种食物中获得各种营养素,而通过膳食摄入搭配合理的各种营养素来保障摄入营养素的均衡,即"平衡膳食"。究其原因,主要是由于营养素摄入过多或者不足都会给身体正常新陈代谢带来损害。

合理的营养能增进人体健康、促进生长发育、预防疾病、增强免疫功能、提高工作效率和运动能力。如果出现营养不良或营养不当的情况,就会对人体的生长发育产生影响,使机体免疫力下降,易患各种疾病,导致运动能力下降。因此,要充分发挥营养作用就必须做到膳食平衡,使膳食的质和量都能适应人们生理和日常生活的需要。

二、排球运动的营养消耗

（一）糖消耗

在排球运动健身过程中,机体的热能主要来源之一就是糖类。糖在排球运动健身中的利用程度对运动者是否能具备良好的耐久力,从而顺利完成规定的运动强度,达到很好运动效果起到重要的决定性作用。在排球运动健身过程中,能量需要量增加,但常常伴有供氧量不足。与脂肪、蛋白质相比,糖在体内最容易氧化,而且耗氧量少。虽然糖产生的能量不如脂肪高,但糖的氧热价却高于脂肪,即在消耗等量氧的条件下,糖的产能效率要比脂肪高4.5%,这一优点在运动氧供应不足的情况下更为突出;糖氧化代谢的终产物为二氧化碳和水,可分别通过呼吸和排汗不断排出体外,对体内环境影响较小,不会增加体液的酸度;运动时糖的供能速率快,糖在氧供应充足和不足时都可以分解供能。由此可以看出,糖是高强度剧烈运动时主要的能量来源。在高强度运动时,氧化磷酸化释放能量的速率不能满足运动需要,此时,糖的无氧酵解供给是关键。骨骼肌糖原或由血液运输至肌肉的葡萄糖可在无氧条件下酵解,生成乳酸并释放出能量供肌肉运动需要。

从上述文字中可以看出,糖是运动过程中消耗最多同时也是最理想的能源物质,被称为运动中的"最优燃料"。要想保持足够的运动能量,就必须进行及时补充。如果不及时补充,就会形成供需脱节,如果继续运动,会耗损体内储备的糖原,从而造成枯竭,给运动者带来生命危险。

除此之外,短时间大强度运动时的能量绝大部分由糖供给,长时间中低强度运动时,也首先利用糖氧化供给能量。运动中肌肉摄取的糖量可为安静时的 20 倍或更多。大脑的活动基本上也只能依靠糖氧化来供应能量。长时间运动时,血糖下降,大脑糖供应不足,会对大脑正常活动产生一定的影响,这也是导致运动性疲劳发生的一个重要因素。

(二)蛋白质消耗

蛋白质在排球运动健身的营养中具有特殊重要性。具体表现为:在运动过程中,运动者体内蛋白质的分解和合成代谢增加,蛋白质消耗自然大增。究其原因,主要是运动使器官肥大、酶活性提高、激素调节活跃造成的。由于蛋白质食物的特别动力作用强,蛋白过多能够增强机体代谢率,并使水分的需要量有所增加,所以运动前蛋白质摄入不宜过多。氨基酸可为运动时的能量消耗提供 5%～15%的热能。蛋白质是人体组织蛋白更新以及健身者组织损伤修补所必需的营养素。

从上述文字中可以看出,蛋白质在运动中的消耗量较高,因此,健身者的蛋白质补充量要比一般人高。通常情况下,成年健身者为 1.8～2 克/千克体重,少年健身者为 2～3 克/千克体重,儿童健身者为 3.0～3.4 克/千克体重。按照百分比计算,健身者的蛋白质供给量为一日总热量的 15%～20%。健身者蛋白质营养不仅应满足数量的要求,在质量上应有 1/3 以上的优质蛋白质。

(三)脂肪消耗

脂肪是除糖和蛋白质外的另一种保证健身者能量摄入均衡的物质,是运动中热能的主要来源之一。健身者日能量摄入的 20%～30%应该是脂肪。对于一些有高能量需求的参与排球运动的学生来说,如果其膳食中能量的 30%～35%来自脂肪时,他仍然能够维持糖和蛋白质平衡。排球运动者要经常食用坚果、坚果油、鳄梨、种子、橄榄、橄榄油、芝麻等富含单链和多链不饱和脂肪酸的食物,而肥肉、猪油、黄油、全脂奶制品和方便食品等饱和脂肪酸高的食物则要尽可能地不要食用或者少食用。

另外,在运动状态下,机体对脂肪的利用显著增加,尤其是在环境温度较低时。参与排球运动的学生应当认识到他们的膳食中脂肪含量也不应过低。通过大量的近期研究可以看出,如果长期使用脂肪太低的膳食(低于日能量需求的 15%),会对身体发展的影响产生很多的不利影响,具体来说,主要体现在以下方面:能够引起血清中的甘油三酯偏低,破坏免疫能力,造成女性运动者运动性闭经,并且可能因肌肉内部脂肪沉积减少而导致运动能力下降,因为在耐力性运动中肌肉的脂肪沉积是向骨骼肌提供自由脂肪酸的前提条件。

(四)水消耗

水在运动时的作用不仅表现为满足机体的基本运作,最重要的作用表现为调节体热平衡,尤其是排球运动者在高温环境和产热大幅度增加的情况下,通过出汗排除体内多余的热量,以维持机体正常的新陈代谢。运动时出汗的多少与运动项目以及气温、热辐射强度、气压、温度、单位时间运动量及饮食中的含盐量有关。水的消耗是通过大量出汗实现的,大量出汗对人体最直接的影响是脱水,使其机体降温能力下降,体温升高,循环衰竭;大量脱水还可造成水电解质平衡紊乱、中暑,甚至死亡。

1.脱水

脱水造成机体生理障碍的主要机制是由于脱水使体内血容量减少,循环血量下降,肌肉供血不足,体温调节能力下降;为了维持心输出量,心脏只有靠增加心率来代偿,这样就加重了心脏负担。

在人体脱水时,往往会出现口渴、心率加快、体温升高、疲劳及血压下降等症状。随着脱水程度的加重,往往会有呼吸频率增加、恶心、厌食、容易激怒、肌肉抽搐、精神活动减弱和昏迷等症状出现,严重威胁到健康。脱水还可导致肾脏缺血、损害,引起少尿、无尿、血尿等。排球运动者脱水时,最大吸氧量减少和维持最大吸氧量的时间明显缩短,训练水平高的运动者对脱水有较强的适应能力。

2.中暑

当人体中暑时,会出现体温升高、面红、头痛、脉快、虚弱以及晕厥等症状。中暑能够导致死亡。因此,在观察到一些早期表现时,应立即送医院,同时可采取喝冷水、去除外衣、冰按摩等降温措施。

(五)维生素消耗

排球运动时体内物质代谢过程加强,对维生素的需要量也会增加。维生素的需要量与运动量、机能状态和营养水平有一定联系。剧烈的运动可使维生素缺乏症提前发生或症状加重,并且由于运动者对维生素缺乏的耐受力比正常人差,所以,在排球运动过程中应该注意维生素的合理补充。

(六)矿物质消耗

排球运动中,体内矿物质和微量元素的代谢均可能发生变化。运动量大时,尿中钾、磷和氯化钠排出量减少,而钙的排出量增加。如果运动者对负荷的运动量适应,体内矿物质的变动幅度将降低。各种矿物质的消耗情况是有所差别的,下面就具体介绍一下。

1.铁消耗情况

排球运动会加快铁代谢,长期参加排球运动能够使组织内储存铁的含量明显下降。在运动中大量出汗,汗液中也会携带出一部分的铁,这也使得铁丢失量增加。

2.锌消耗情况

短时间、大强度的无氧或者是缺氧运动,能够有效提高血清锌,而长时间的有氧运动后血清锌就会下降。前者血清锌升高的原因可能是剧烈运动导致肌肉出现损伤,锌从肌肉细胞中溢出入血,或者是机体锌需求量增加,将锌通过血液向需要锌的组织器官转移,使锌出现重新分布。

3.钙消耗情况

在排球运动中,机体会从汗液中丢失大量的钙(汗液中钙离子的含量约为 2.55 毫摩尔/升)。因此对于进行排球运动的人群来讲,及时补充钙离子对于运动能力保持和加快钙离子恢复速度是较为有利的。

4.其他矿物质消耗情况

机体在运功过程中还有很多矿物质消耗,比如硒、铜、铬、氟、碘等。这些矿物质在机体中有着很重要的作用,是机体运作必不可少的物质。

三、排球运动的营养补充

有资料显示,参与排球运动者的膳食应以高碳水化合物为中心。合理地进行营养补充,不仅能够节约肌糖原,延缓疲劳发生,而且,合理补液还能够减轻自觉疲劳感觉,改进运动耐力。因此在进行排球运动时,及时合理补充营养素是非常必需的。下面将讲述运动前、运动中、运动后和不同环境下营养素的补充。

(一)运动前的营养补充

在进行排球运动竞赛前,进行合理营养素补充能够提高运动效果和健身的成绩。如果补充不合理,则会引起肠胃不适,无法发挥出应有的运动能力,无法取得较好的运动成绩。竞赛前进行适当饮食,能为机体的肝糖原作最后的补充,保证整个运动的过程有足够的能量。另外,竞赛前的饮食补充能提供充足的水分,使机体处于水合状态。运动前饮食要以个人喜好、习惯、适应程度和参与运动为主要依据而有所差别。

1.运动前的饮食营养

在参加排球运动前应以高糖低脂低蛋白食物为主,如面食、米饭和水果等,这些食物容易消化,又能提供糖类。作为运动时的能量来源,如果运动的时间超过 60～90 分钟,可以选择升糖指数较低的食物,如面食、运动饮料等较易消化的食物,能够迅速提供糖类。含高纤维素的食物比较容易造成腹部不适,在运动前应避免食用。

2.选择合适的时机补充

饮食营养补充的时机对于科学的营养补充是非常重要的。具体来说,其要随着运动时间和食物种类而不同,但是需要注意的是,要以补充营养和能量适量为基本原则,以免在运动过程中造成肠胃不适。

一般情况下,正常一餐的食物需要消化 3～4 小时,分量较少的一餐需 2～3 小时,少量的点心只需 1 小时,这些情形依照个人在运动时对胃中食物的感觉不同而有差异,如果在进餐后立马进行运动就会产生肠胃不适,因此,要选择合适的时机进行运动。另外,运动前进食以 7 成饱为宜。如果运动时对胃中食物很敏感,则需要让食物有更长的时间消化,或进食更少的食物。

如果运动过程中,身体起伏震动比较大,对胃内食物会更加敏感,有少量食物可能就会感到不适,鉴于这种情况,就需要在运动更早前进食,或是减少食物摄取,从而使这些不适的症状有所减轻。身体震动相对小的运动,受到胃中食物影响不太明显,对于进食时间和食物选择有一定的弹性。

少数人若是在运动前 15～20 分钟吃甜食或是高升糖指数的食物,例如运动饮料、面包、蜂蜜等,在运动中会发生低血糖,感到头晕和乏力。因为这些食物可刺激胰岛素的分泌增加,而运动时肌肉耗能也增加,两者都可引起血糖下降,从而影响运动能力。为避免出现这种情况,最好的方法是短时间运动(持续时间在 40 分钟以下)可在运动前 5～10 分钟进食甜食,胰岛素的分泌无法在短时间内反应;而在运动开始后,胰岛素的分泌会被抑制,不会对升高的血糖产生反应,也就不会有上述血糖过低的症状发生。如果运动时间比较长,那么就需要在运动前 2 小时吃一些甜食或是高糖指数的食物,此时胰岛素增高的因素已不明显。

由于每个人的实际情况不同,对营养的需求也有一定的差异性,因此,这就要求在补充营养时,要注意找到适合自己、最有效的食物和进食时间。

(二)运动中的营养补充

在排球运动过程中进行营养补充,需要做到以下几个方面的要求,从而较好地满足机体的需要,保证运动的顺利进行。

(1)排球运动是比较激烈的,因而运动者在运动中会大量出汗,使体液处于相对高渗状态,运动中应选用含糖和含盐量低的饮料。

(2)饮料中应含少量的钠盐,一般为 18～25 毫摩尔每升。

(3)除运动前少量补水外,运动过程中每隔 15～30 分钟补液 100～300 毫升。每小时补液量不大于 800 毫升为宜。

(4)运动中的补液量一般为出汗量的 1/2～1/3,通过称体重可了解失汗量,然后试验每失汗 500 毫升,补液 2 杯左右,找出自己能耐受的补液量。

(5)能量消耗较大的项目,可在中途摄取一些容易消化和吸收的液体型或质地柔软的半流质食物,并且食物体积要小,以免影响正常呼吸,运动者可根据饥饿感觉选用。

(6)在运动过程中,饮料应以补水为主,15% 的低聚糖饮料在健身中收到了良好效果。饮料温度对胃排空影响不大,但温度较低的饮料(5～13℃)口感稍好。

(三)运动后的营养补充

排球运动消耗了运动者大量的能量,因此在运动后要进行适当营养补充,这对体能的恢复有很大帮助。运动后的营养补充主要有以下几方面。

1. 水分补充

在排球运动后,通常会导致运动者机体大量水分的丢失。而运动中补水,通常都少于丢失量。因此,在运动后机体还是处于不同程度的缺水状态,需要积极加以补充。

如何确定水分补充量的多少?比较直接的方法是:计算运动前和运动后的体重变化,每减少 1 千克体重,就表示至少需要补充 1 升水,甚至更多,因为在运动后仍然会持续地流汗和排尿。不方便测量体重,可以根据口渴的感觉喝水。但是大多数情况下,人口渴感觉并不灵敏,即使身体已经处于缺水状态,仍然不会感觉口渴,即有意识脱水;或是虽然喝进去的水并不足以完全补充丢失的水分,但是已经足以缓解口渴。因此即使已经不觉得口渴,也至少还需要再喝 2～3 杯的水,才能补充足够的水分。另外,如果在运动后的 1～2 小时中,排尿量很少或是完全没有,而尿液颜色很深,这说明身体仍然处于缺水状态,需要及时补水,直到排尿量恢复正常,而且尿液颜色变成很淡或是无色,那么这就说明身体内的水分已经足够。

2.电解质补充

汗液中主要的电解质是钠和氯离子,还有少量钾和钙。进行了长时间的排球运动,可在运动后以淡盐水或运动饮料补充水分和电解质。通常情况下,运动后电解质的丢失在正常饮食中可得以补充,不用再进行额外的补充。

3.糖补充

糖类是从事排球运动最主要的能量来源,在肌肉和肝脏中普遍存在。肌肉中的糖只能供给肌细胞所用,而肝脏中的糖可以以葡萄糖的形式释放到血液中,供给肌肉以及身体其他器官所需。体内糖存量不足以应付运动所需是造成疲劳和运动能力降低的重要原因之一,因而在运动前和运动中要注意补充糖。但是,运动后也一样要注重补充相应的糖。

通过相关研究发现,在运动后 2 小时,身体合成肝糖原的效率最高,2 小时后则恢复到平常水平。因此,在运动后要迅速补充糖类,充分利用这段高效率时段,迅速补充体内消耗的肝糖原。如果下次运动是在 10～12 小时之内,这段高效率期间特别重要,因为如果错过这个时段,即使在后续时间补充足够的糖类,身体可能也没有充足的时间完全补充消耗的肝糖原,使得体内的肝糖原存量一次比一次降低,易引起疲劳。若下一次运动在 24～48 小时后,即使错过这段时间,接下来只要着重于高糖类的食物摄入,仍然有足够的时间补充所有消耗的肝糖原。

通常情况下,关于糖的补充,建议为在运动后 15～30 分钟之内吃进 50～100 克的糖类(大约是每千克体重 1 克),每两小时再吃 50～100 克糖类,直到进餐为止。正餐以及其他健身期间饮食也应该以富含糖类食物为主。

4.肌肉和组织修复

即使是身体对抗不强烈或者几乎没有任何身体接触的排球运动项目,也会造成肌纤维和结缔组织的损害,运动后所产生的酸痛感,就是来自于受损肌肉组织。运动后迅速补充蛋白质有助于修复受损的肌肉和组织,受损肌肉合成和储存肝糖原的效率也会降低。所以参与身体接触性运动或是运动后受伤的运动者,都需要补充更多的糖类,也需要把握运动后 2 小时高效率期间,有效地补充体内消耗掉的糖原。

在运动后进行营养补充,一定要注意选择适当的食物。每个人根据自身习惯、爱好等情况有一定差异性,因此,这就要求以此为主要依据,选择合适的食物和需求量。通常情况下,运动后比较容易接受各式饮料或是流质食物以补充糖类和蛋白质,同时不要忘记补充足够水分,如 800～1000 毫升运动饮料;500 毫升纯果汁;3 个水果;6～10 片饼干;2 个水果加 1 杯牛奶;2 片面包加少许果酱和 1 杯牛奶。在大负荷量运动后,应避免喝酒。因为酒精会降低体内的水分,减少肝糖原合成,还会对受损组织复原产生不利的影响。

（四）高温环境下运动健身的营养补充

高温环境与正常环境相比较,人体各个方面需求或消耗也存在一定的不同,如高温环境下,机体对蛋白质需要量增高,受汗液增多影响而易发生水或矿物质缺乏、维生素 C 缺乏等。如果在高温环境下进行排球运动,那么在补充营养时,应该做到以下几个方面要求,以达到合理补充营养,保证机体机能的目的。

1.合理进行水分补充,使机体酸碱平衡得到有效维持

在高温环境下进行排球运动对运动者水和矿物质的影响非常明显。高温条件下的运动训练,运动者机体排出大量汗液,每小时可高达 4 升。汗液中水分占 99% 以上,还含有钠、钾、钙、镁、锌、铜、铁等无机盐,占汗液的 0.3%,以及其他物质。大量出汗,可造成机体水分和无机盐不同程度的丢失,丢失的无机盐中氯化钠为主要成分。出汗多时,每天随汗丢失的氯化钠可达 25 克。如果不及时补液,体内水分丢失大于电解质丢失,当失水达到一定程度后,就会出现失水性水盐代谢紊乱。

除此之外,在高温环境下进行排球运动,还应该充分补充钾盐。钾不但可从汗液中大量丢失,还因肾脏对保钾功能不如保钠功能那样完善,不管机体钾状况如何,总有一定量的钾从肾脏丢失。汗液钾和尿钾两部分相加,可使钾的丢失总量超过摄入量而引起钾负平衡。钾不足可导致水在细胞内外液的分布发生紊乱,也可引起酸碱平衡紊乱。低血钾还可引起心脏收缩和心律紊乱。高温环境中进行排球运动,要适当增加钾的供给量。在高温环境下排球运动的运动健身者每日钾的推荐供给量可为运动健身者钾推荐供给量 3~4 克的上限,即 4 克/天。

高温环境条件下排球运动,汗液中也有钙、镁、锌、铜、铁、锰、硒等元素不同程度丢失。补液中可适量含有这些元素,或者补充这些矿物质的混合制剂。

2.适当增加优质蛋白质的摄入量

在高温环境条件下进行排球运动,运动者对蛋白质的需要量增高。此外由于高温环境下消化吸收功能的减弱,通过粪便排出的氮含量增高。机体中氮排出增多,表明机体对氮即蛋白质的需要量增多,因此需要提高蛋白质摄入量。但由于蛋白质的食物特殊动力作用较强,可达膳食总热量的 30%(而碳水化合物为 6%,脂肪为 4%,一般混合膳食为 10%),如果摄入较多含蛋白质的食物,就会使机体因食物特殊动力作用产生很多的热量,使机体对水分需求增多,加重机体在高温环境下的散热负担。同时,因蛋白质的代谢产物氮主要从尿液排出,在高温环境中多摄入蛋白质,将加重肾脏负担。因此,重要的是改善摄入蛋白质的质量,增加优质蛋白质的摄入比例,以期提高吸收利用率。争取使一半蛋白质来自鱼、肉、蛋、奶和大豆食品。蛋白质摄入量占总能量比例达 12% 即可。

在高温环境下进行排球运动,随汗液流失的氮含量很大,因此,在高温环境下进行运动时,增加蛋白质摄入量是必需的。但随着热适应的形成和巩固,可逐步减少蛋白质的摄入量,以减轻机体代谢的负担。

3.降低高脂肪比例,适当增加碳水化合物摄入量

在高温条件下运动后,运动者的食欲会降低,尽量避免高脂肪食物,因为这类食物不易

消化,大量摄入容易产生厌食。因此脂肪热量占总摄入热能的比例最好保持在 25%～30%。相应地,应注意提高含碳水化合物食物摄入比例。另外,在高温环境下运动,供能物质中碳水化合物的氧化代谢明显增加,碳水化合物的需要量也相应增加。因此也应该增加碳水化合物的摄入量。据研究证实,在高温环境中运动导致 4% 的体重丢失后,按每千克体重补充 1 克糖,可以较长时间维持高水平血糖。在高温环境下运动肌糖原的消耗也增多,运动后高糖食物有利于肌糖原的合成和恢复。

4.适量增加维生素摄入量

在排球运动中,大量出汗会使水溶性维生素损失增多,汗液中含有大量的水溶性维生素。有研究表明,高温环境条件下进行运动训练,从汗液中丢失的维生素 C 较多,含量可达 10 毫克/升;维生素 B1 含量可达 0.14 毫克/升。若以每天排汗 5 升计算,汗中维生素 C 和维生素 B1 的损失量可达 50 毫克和 0.7 毫克。另外,高温让身体内的能量代谢增加,使与能量代谢有关的维生素,如维生素 B1、维生素 B2 和烟酸消耗增加。因此,运动健身者在高温环境中运动训练,需要增大维生素 B1、B2、尼克酸和维生素 C 的摄入量,建议日供给量:维生素 B1 和 B2 3～5 毫克,烟酸 30～50 毫克,维生素 C 80～100 毫克。

四、排球运动的科学饮食标准

随着人体的发育,在生理和心理上会发生一系列的变化。尤其是青春期时,各系统的器官发育趋向成熟,思维能力敏捷,记忆力强;而且活动量增强,生长发育旺盛,新陈代谢率高,氮热为正平衡状态,对食物的需求量也是一生最大时期。青春期阶段中如果不注意科学的营养膳食,营养不足将会严重影响人体的正常发育。有的人为了保持完美体形进行节食减肥,这是非常不可取的,必须保证其营养供给,否则,将会自动消耗体内氮热来补充这些营养消耗,造成负氮热平衡,对身体的生长和发育产生不利影响。进行排球运动应该遵循中国营养学会推荐的常人每日膳食中部分营养供给标准。

第二节　排球运动疲劳产生与恢复

一、疲劳的概念与症状

人体活动到一定时候,组织器官乃至整个机体工作能力暂时降低的现象叫疲劳。疲劳是一种正常生理现象,是运动到一定阶段必然出现的一种生理功能变化,常用"累"来表示。

运动时人体产生的疲劳是一种综合性生理过程。它首先伴有内环境的变化和不同生理功能的失调,从而导致中枢神经系统的保护反应。疲劳时表现出来的症状主要体现在以下几个方面:

(1)自我感觉方面。主要表现为全身疲倦、无力、头重、嗜睡等。

(2)精神方面。主要表现为精神不集中、情绪低落、无热情、焦躁不安、没有耐性、经常出差错等。

（3）全身方面。主要表现为面色苍白、眩晕、口舌干燥、声音嘶哑、肌肉抽搐呼吸困难、腰酸腿疼等。

当机体出现这些疲劳症状时，要及时休息，并对运动内容进行必要调整，才能有利于疲劳恢复。

二、运动性疲劳的分类

运动性疲劳的分类方法有很多种，下面就介绍几种较为常见的疲劳。

（一）以身体的整体和局部为依据进行分类

按照这一分类标准，可以将运动性疲劳分为以下两种。

1. 整体（全身）疲劳

整体疲劳是指由于全身运动使全身各系统机能下降而导致的疲劳。如激烈的健身运动均可造成全身身体机能下降。

2. 局部（器官）疲劳

局部疲劳是指以身体某一局部进行运动使该局部器官机能下降而导致的疲劳。如负重深蹲可导致下肢肌肉群疲劳、前臂负重屈伸运动则造成前臂肌肉力量下降等。

（二）以疲劳发生的部位为依据进行分类

按照这一分类标准，可以将运动性疲劳分为体力疲劳和脑力疲劳两种，具体如下。

1. 体力疲劳

体力疲劳也叫"身体疲劳"，是指由于从事身体训练使身体工作能力下降而产生的疲劳。在体育活动中，体力疲劳非常普遍，例如剧烈运动后出现的周身乏力、工作能力下降等均属于体力疲劳症状。

2. 脑力疲劳

脑力疲劳，是指由于运动刺激使大脑皮层细胞工作能力下降，大脑皮层出现广泛性抑制而产生的疲劳。例如，在长跑等周期性耐力运动过程中，由于运动时的单调刺激，在体力尚未明显下降时，大脑细胞的工作能力已开始下降，并引起整个身体机能下降。脑力疲劳往往同时伴有心理疲劳。

（三）以身体各系统为依据进行分类

按照这一分类标准，可以将运动性疲劳分为以下三种。

1. 骨骼肌疲劳

由于运动引起的骨骼肌机能下降，称为骨骼肌疲劳。例如，力量训练后肌肉收缩力下降、肌肉酸痛、肌肉僵硬等。在体育活动中最为常见的就是骨骼肌疲劳。

2. 心血管疲劳

由于运动引起的心脏、血管系统及其调节机能下降，称为心血管疲劳。疲劳时表现为：血压升高、心率恢复速度减慢、心脏射出的血液减少等。

3. 呼吸系统疲劳

由于运动引起的呼吸机能下降等，称为呼吸系统疲劳。呼吸系统疲劳多出现在长时间运动或憋气用力后,并伴随着心血管系统疲劳。例如,剧烈运动时呼吸表浅、喘不过气、胸闷、肺功能下降等。一般在运动中并不常见。

(四)以运动方式为依据进行分类

按照这一标准,可以将运动性疲劳分为快速疲劳和耐力疲劳,具体如下。

1.快速疲劳

由于短时间、剧烈运动引起的身体机能下降,称为快速疲劳。例如,100米跑和400米跑在不足10秒和1分钟的时间内就可造成机体极度疲劳。快速疲劳产生快,消除也相对较快。

2.耐力疲劳

由于小强度、长时间运动引起的身体机能下降,称为耐力疲劳。越野滑雪、长距离游泳、马拉松跑等可产生耐力疲劳。耐力疲劳发生较缓慢,但恢复时间也相对较长。

三、导致运动性疲劳产生的原因

在长时间中等强度的排球运动后,会产生复杂的代谢反应。如肌糖原大量消耗、血糖浓度下降、体温升高脱水和无机盐丢失等。随即机体就会表现出疲劳,但根据运动的不同,产生的代谢反应不同,导致运动性疲劳产生的原因也会有一定的差异性,具体来说,最主要的原因有以下两种。

(一)能量物质耗竭

排球运动中的许多环节都是以无氧糖酵解供能为主的大强度运动,直接能量来源于骨骼肌中的ATP。根据这种大强度传统体育运动能量代谢的特点,ATP供能的主要方式是CP分解和糖酵解。运动中ATP的合成主要依靠糖的无氧酵解,随着训练负荷的加大,体内肌糖原大量分解消耗,肌肉中发生ATP和CP的最大消耗和乳酸最大堆积。因此,运动时出现HL值升高,血pH值降低,发生失代偿性酸中毒,致使ATP合成量减少,对肌肉运动能力产生一定的影响,从而导致疲劳产生。

(二)中枢神经失调

排球运动项目动作技术、战术变化多且复杂,训练时要求运动者做到神情专注、情绪饱满,注意力与动作紧密结合,手眼相随、手到眼到,意识与呼吸、动作协调一致。运动者不断根据现场的情形进行分析判断,以作出各种战术变换。这些外界刺激就会形成大量兴奋冲动向大脑皮层相应的神经细胞传递。当神经细胞长时间兴奋冲动导致能源物质消耗增多,为避免能源物质消耗过多,当消耗到一定程度时,相应的神经细胞便产生保护性抑制,出现中枢神经的支配失调,运动能力下降,产生疲劳。此外,大运动量训练,大量血液流入肌内而相应减少了对大脑的供求量,致使脑pH值下降,大脑神经细胞的供氧量暂时不足,造成运动能力下降,从而导致疲劳的产生。

四、运动性疲劳的主要表现

运动性疲劳主要分为生理性疲劳和心理性疲劳两种。对于排球健身来说,其表现也体现在两个方面。

(一)运动性生理疲劳的表现

通常情况下,可以将运动性疲劳分成三个程度,即轻度、中度和重度疲劳。这三种程度疲劳的表现有一定的差异性,具体如下。

1.轻度疲劳

运动后产生疲劳感是正常的,如呼吸变浅变快,心跳加快等。轻度疲劳可以在短时间内消除。

2.中度疲劳

中度疲劳主要自我感觉是全身疲倦、嗜睡、头晕、无力等;在精神方面不集中、焦躁不安、没有耐性、无热心、情绪低落、经常出差错;患者还会出现面色苍白、肌肉抽搐、呼吸困难、声音嘶哑、口舌干燥、腰酸腿疼等。中度疲劳通过采取一系列手段也能很快消除,不会影响身体。

3.重度疲劳

重度疲劳通常表现为神经反应迟钝、烦躁、不易兴奋、抵触等现象。肌肉力量下降,收缩速度放慢,肌肉出现僵硬、肿胀和疼痛,动作慢、不协调。机体抵抗或适应阶段所获得的各种能力消失,并出现应激相关疾病,表现器官功能衰退,导致重度疲劳。如果不能及时消除重度疲劳,就会影响学习和生活,对身体健康带来很不利的影响。

(二)运动性心理疲劳的表现

当运动健身者产生心理疲劳时,大多数人都会出现厌恶训练的感觉,此外运动健身者的心理技能往往会有以下几方面的表现。

1.主观体验和行为表现

当排球运动健身者产生心理疲劳时,主观感觉乏力,进而对训练和健身的兴趣减退,运动动机水平下降,训练热情降低,烦躁易怒,对外界刺激特别敏感。有时因对个别技战术缺乏认识或兴趣而产生极度厌倦,从而以一种消极被动的态度应付训练。

2.适应性

产生运动性心理疲劳后,如果运动者无法完全恢复时,心理疲劳持续积累,一旦超过某一临界点,便开始对运动者的运动行为产生负面影响,从而会导致其在运动过程中适应能力有较为明显的降低。

3.情绪性抑制反应

产生心理疲劳后,排球运动者不仅运动能力下降,而且情绪不稳定,意志减弱,还可导致情感紊乱加重,更有甚者会产生抑郁心理。

五、运动性疲劳的诊断方法

通过对运动性疲劳的及时诊断,能够很大程度降低疲劳或者过度疲劳对机体的损害。诊断疲劳的方法有很多,大致可以归纳为以下几种。

(一)主观疲劳评定法

运动者疲劳时通常自我感觉力不从心,不能达到预定的训练强度和速度,并且运动成绩下降,但为生理性,属机体的代偿性疲劳,经休息可以恢复,其疲劳程度较过度训练综合征是疲劳在2周内持续不断缓解,较慢性疲劳综合征是日常生活减少一半以上,并持续6个月且经休息后24小时能缓解者为轻。

如果有以下几种情况,要综合考虑是否出现运动性疲劳:①面色发红或苍白;②食欲不佳,食量减少,睡眠差,入睡迟或失眠;③下肢肌肉有酸沉感,动作迟缓;④精神不振,厌烦运动;⑤排汗量增加,在相同的运动负荷中,排汗量较以往增加。

(二)生理学评定方法

心肺功能如血压、脉搏、每分输出量、每搏输出量、心电图、最大摄氧量、肺活量、呼吸肌力等,通过血压与脉搏的变化所出现的紧张性不全反应,一般可预示运动健身者功能不良,或出现早期过度训练征象。通过肌电图的参数(如积分肌电图、幅值等)或以测量等长收缩中肌肉的张力及疲劳程度,通过脑电图、脑血流图可以反映运动健身者疲劳时大脑局部缺氧缺血情况;通过测定呼吸肌力、膈肌压力时间指数、膈肌肌电图及肺肌耗氧量等,可以反映呼吸肌疲劳和膈肌的疲劳程度。目前,国外以核磁共振(NMR)和阳离子发射X射线层面照像术(PEI)的方法研究运动性疲劳。其中,P—NMR可无创伤性连续测定身体手臂、腿部肌肉和大脑中的ATP、CP、Pi、pH等和某些代谢产物浓度,故可获得从运动开始直至疲劳时体内物质变化的动态含量,也可以进行动态观察,不仅是研究能量代谢新的生物化学方法,而且是研究脑局部缺血、神经递质等的无损伤方法。

(三)心理学评定方法

从心理学角度,可选用艾森克人格问卷(EPQ)、明尼苏达多维个性量表(MMPI)、情感状态特征表(POMS)等对疲劳进行评定。尽管如此,运动性疲劳的诊断标准迄今仍不明确,还缺乏能反映运动性疲劳的权威性定量客观指标,即指标缺乏特异性。

(四)生化学评定方法

从生化学角度对疲劳进行评定,主要是以血乳酸、血红蛋白、无氧阀、血气分析(氧分压、二氧化碳分压)、血氨、血清酶以及一些代谢产物在尿中的含量变化等为主要依据进行的。

六、排球运动性疲劳的恢复

排球运动对人的体能消耗较大,因此在进行排球运动过程中以及过后都会产生明显的疲劳感。为了使运动中所消耗物质和各器官系统下降了的机能得到恢复,以及使在排球运动中所产生的代谢产物尽快消除,以免造成过度疲劳,通常采用以下几种恢复手段。

(一)运动中的恢复手段

经过高强度排球运动后,肌肉中乳酸堆积较多,直接引起肌肉机能下降,乳酸增多,肌力减退。如果剧烈运动后立即静止,那么肌肉中的乳酸排除就较慢,而采用一定时间强度较小的运动缓冲,则可加快乳酸的消除,这种运动恢复手段比较普遍。此外,在运动结束阶段,进行一些游戏性的活动,也是运用较多的恢复手段。

(二)运动后的恢复手段

运动后加快肌肉恢复的方法比较多,现代训练中多采用睡眠、按摩等方法。

1.整理活动

整理活动是消除疲劳、促进体力恢复的一种非常有效的方法。运动后做整理活动,可使心血管系统、呼吸系统仍保持在较高水平,有利于偿还运动时所欠的氧债和使生理机能水平逐渐平缓及逐渐下降到一定水平。它是消除运动疲劳、促进体力恢复的一种有效的主动恢复手段。比如,能达到改善血液循环,加速下肢血液回流,对促进代谢产物消除目的的慢跑和呼吸体操;能够减轻肌肉僵硬和酸痛,对促进肌肉中乳酸清除有良好作用的肌肉、韧带拉伸等放松练习等。

2.物理措施

恢复疲劳的物理措施有很多,比如,温水浴、蒸气浴、桑拿浴、理疗、针灸、拔罐等。通过这些措施的实施,能够有效缓解和消除疲劳。其中,温水浴是一种简单易行的消除疲劳方法,可以促进人体血液循环,有利于疲劳肌肉的物质代谢。水温以 40℃ 左右为宜,温度不易过高,时间为 10 分钟左右,勿超过 20 分钟,以免加重疲劳。除此之外,利用电疗、磁疗、光疗、蜡疗等作用于局部或整体,可促进血液循环,加速疲劳消除和机能恢复,同时具有治疗损伤的作用。需要强调的是,音乐对消除疲劳有神奇的作用。音乐可以缓解中枢神经系统的疲劳,调节循环、呼吸系统和肌肉的功能,音乐还有镇痛、镇静、改善注意力的作用。

3.合理膳食

排球运动时所消耗的物质要靠饮食中的营养物质来补充,运动训练和健身后,合理营养有助于运动健身者体力恢复和运动性疲劳消除。所以,运动后应根据排球运动项目的特点补充足够的蛋白质、糖、维生素、无机盐和水等。在疲劳时应注意补充能量,尤其是糖、维生素、蛋白质等。应多吃些富含碱性的食物,如蔬菜、水果、豆制品等,以利于保持人体内酸碱度的基本平衡,保持人体健康,尽快消除运动带来的疲劳。另外,大量研究表明,补充肌酸虽然对耐力性运动能力不产生影响,但能提高动力性、短距离、高强度以及间歇性运动的运动能力,有人研究发现,补充肌酸在跖屈肌和伸膝肌收缩时有明显的抗疲劳作用。

4.睡眠

睡眠是恢复体力、消除疲劳最常规的方法,也是非常有效的方法之一。运动导致身体疲劳后,保证良好而充足的睡眠是使身体得到恢复的重要措施。这是由于睡眠时人体器官、系统活动下降到最低水平,物质代谢减弱,能量消耗仅维持到最低水平,这时合成代谢有所加强,运动时消耗的能源物质逐渐得到恢复。同时,睡眠对大脑皮质细胞来说也是一种保护。为此,应合理安排作息时间,讲究睡眠卫生,并始终如一。

5.按摩

按摩对消除疲劳非常有效。通过按摩不但能促进大脑皮层兴奋与抑制的转换,使因疲劳引起的神经调节紊乱消失,还可改善局部或全身血液循环状况,促进代谢产物的消除,减轻肌肉酸痛和僵硬,提高肌肉的收缩力,改善关节的灵活性。按摩有人工按摩、机械按摩、水力按摩和气压按摩四种,其中人工手法按摩是最受运动健身者欢迎的消除疲劳方法,有着良好效果。按摩时以揉捏为主,交替使用按压、叩击等手法,按摩可在运动结束后或者晚上睡觉前进行,可根据运动健身者承受运动负荷部位,进行局部或全身按摩。有条件的运动健身者也可采用有振动的机械按摩和脉冲水力按摩及气压按摩。主要的按摩手法有推拿、揉捏、拍打、抖动、按压等。

6.拉伸练习

拉伸练习是根据肌牵张反射引起肌肉放松的原理而给肌肉施加的一种刺激。这种刺激不但不会使肌肉收缩,而且会使肌肉放松。对开始出现弹性下降的肌肉进行伸展,可以使挛缩的肌纤维展拉,达到放松、促进血液循环的目的,促进血液流通,快速有效分解体内多余的乳酸。拉伸练习的生理效果在于改善肌肉血液循环,减轻因运动性疲劳而造成的肌肉疼痛,消除肌肉僵硬现象,使缩短的肌纤维重新拉长,恢复弹性。

7.药物疗法

为了加速消除运动性疲劳,运动后可适当服用一些药物,如中药黄芪、刺五加、参三七、维生素 B1 和 B12、维生素 C 和维生素 E 等。这些药物都能有效调节人体生理机能,加速新陈代谢,补充能量,减少组织耗氧量,改善血液循环,补充肌肉营养,对促进疲劳消除有一定的效果。同时,也可适当服用人参、蜂王浆、鹿茸等,也有养血补气、增强体力、消除疲劳的功效。

8.心理疗法

心理疗法能减轻紧张情绪,放松肌肉,对消除疲劳和延迟疲劳产生有良好的效果。训练或健身后,适时地找学生谈心、开小结会都是帮助放松、消除疲劳的行之有效的办法。心理疗法包括自我调整、放松训练、心理调整和气功等手段。

第三节　排球运动伤病的防治方法

一、排球运动中运动性损伤的防治方法

(一)运动性损伤的产生原因

运动性损伤会对人们的日常生活、学习、工作带来很大影响,并且还会造成不良的心理影响。运动中对运动性损伤的预防工作不够重视,不积极采取预防措施,往往就会导致运动性损伤发生。体育运动中,由于很多原因,如柔韧性和力量差、没有把握好练习内容和节奏等都容易造成损伤;或者由于腿部力量弱,在完成跑跳练习时可能将踝关节的外侧韧带扭伤,或使膝关节韧带及软组织损伤。总的来说,导致运动性损伤发生的原因主要有两大方面,即内部因素和外部因素。

1.内部因素

导致运动性损伤发生的内部因素主要包括性别、身体状况、运动技能、思想意识以及心理状态等,具体如下。

（1）性别

女性运动性损伤的发生率较男性高。因为女性骨骼比男性重量轻，坚固度低，抗压抗弯能力只有男性的 2/3。另外，女性体脂含量高，肌肉重量占体重的比例少，力量比同龄男性小 $20\%\sim25\%$。

（2）身体机能状况

身体机能状况不好的情况下，会因肌肉力量较弱、身体协调性较差、对意外事件缺乏敏锐的判断力和准确的保护反应而导致损伤。对身体机能产生影响的原因主要有以下三个方面。

①患病或伤病初愈阶段。

②睡眠或休息不好。

③疲劳、贫血等。

（3）运动技能

锻炼者由于运动技术不熟练或技术动作上存在缺点和错误，违反了人体结构特点和各器官系统功能活动规律，也容易引起损伤。

（4）思想意识

运动性损伤的发生，常与思想麻痹、情绪急躁、急于求成有关。青少年往往年轻气盛，活泼好动，爱表现自己，却又缺乏运动性损伤的防范意识，忽视各种预防措施，运动中常不能遵循循序渐进和量力而行的原则，使得在进行一些运动时，发生损伤的危险性很大。

（5）心理状态

运动中有畏难、恐慌、害羞、犹豫不决或过分紧张等不良心理状态的人，也容易造成运动性损伤。

2. 外部因素

导致运动性损伤发生的原因有很多，主要包括以下几个方面。

（1）运动前未进行充分的热身活动。

（2）身体某一部位重复练习过多。

（3）缺乏休息时间。

（4）所穿的衣服、鞋子不适合训练。

（5）训练的量过大。

（6）训练方法有错误。

（7）忽视了自身的身体状况。

（8）技术动作缺少准确性。

（9）场地设施不合要求。

（10）忽视了训练的安全准则。

（11）没有接受充分的训练指导。

（12）自我保护意识不强。

（二）运动性损伤的分类

1.以伤口的种类为依据进行分类

按照这一标准，可以分为两大类，即开放性损伤和闭合性损伤，具体如下。

（1）开放性损伤

受伤后的皮肤、黏膜遭到破坏，其完整性不复存在，受伤组织有伤口与外界相通，可见有出血、渗液等异常现象。如擦伤、撕裂伤、切伤及刺伤等损伤。

（2）闭合性损伤

受伤后的皮肤黏膜依然保持完整，受伤组织未见有伤口与外界相通。如肌肉韧带拉伤、关节韧带扭伤等损伤。

2.以受伤部位为依据进行分类

按照这一标准，可以将运动性损伤分为以下四类。

（1）皮肤损伤，比较具有代表性的有擦伤、撕裂伤、切伤及刺伤等。

（2）骨关节损伤，比较具有代表性的有骨折、骨裂、关节脱位、软骨及骨髓损伤等。

（3）肌肉韧带损伤，比较具有代表性的有挫伤、拉伤、扭伤、断裂等。

（4）神经损伤，比较具有代表性的有血管损伤、内脏器官损伤等。

3.以损伤程度为依据进行分类

按照这一标准，可将运动性损伤分为以下三类。

（1）不损失工作能力的轻度损伤。

（2）失掉工作能力24小时以上，并需要门诊治疗的中度损伤。

（3）需要长期住院治疗的重度损伤。

4.以损伤发生的缓急程度为依据进行分类

按照这一标准，可以将运动性损伤分为急性损伤和慢性损伤两类。

（1）急性损伤

遭受一次直接或间接外力作用而造成的损伤。其特点主要是起病急，伤后症状迅速出现，病程大多较短。

（2）慢性损伤

慢性损伤特点主要为发病缓慢，症状渐起，病程迁延。慢性损伤按照病因又可分为陈旧性损伤和劳损两类。其中陈旧性损伤是指急性损伤后因处理不当而反复发作的损伤；劳损则是指由于某局部运动负荷长期过度，超出了组织所能承受的能力，致使该部位微细损伤逐渐积累而造成的损伤。

（三）运动性损伤的预防

1.预防运动损伤的意义

参加排球锻炼的主要目的是增强体质，提高健康水平，更好地为祖国建设贡献力量。运动性损伤的出现，不仅会对自身体质、健康水平产生一定的影响，而且严重者还有可能给身体造成一定负担，严重者甚至会危及生命，给个人、家庭及国家带来不必要的损失。因此，不仅要掌握好科学的治疗方法，更重要的是要做好充分预防，防患于未然。因此，我们有必要采取相关措施,加大运动安全教育力度,使运动参与者充分认识到运动损伤预防的重要性。这对推动我国全民健身运动、体育教学和运动训练具有重要意义,对提高国民素质和运动技术水平也具有积极作用。

2.运动性损伤的预防措施

针对运动性损伤发生的原因,在进行排球运动时,为了更好地控制和降低运动性损伤的发生几率,需要掌握一定的预防措施,具体来说,主要体现在以下几个方面:

(1)通过各种形式使运动健身者的预防意识得到进一步的增强。我们应建立锻炼者、医生和社会体育指导员三结合的制度,经常举行有关锻炼、运动损伤知识讲座,互相讨论。并积极开展运动损伤防护、急救知识教育。在锻炼和健身中,认真贯彻"预防为主,安全第一"的方针。加强社会体育指导员和锻炼者对预防运动损伤意义的认识,是确保锻炼者身心健康,提高运动成绩的重要环节。在伤后要正确分析受伤原因,总结经验教训,能够有效降低运动损伤的发生率。

(2)全面提高身体素质水平,使体质有所增强。拥有足够的肌肉力量,如爆发力、协调能力、平衡能力及良好的心肺功能是健身者取得优异运动成绩并保证身体健康的基础,有了这些良好的素质条件,就能降低运动损伤的发生率及严重程度。因此要注意全面身体锻炼。另外,还要针对不同的运动项目,注意加强易伤部位及薄弱环节的锻炼,提高身体功能,才能减少损伤。

(3)做好充分的医疗监督,充分了解自己的身体状况。锻炼者在锻炼前及锻炼中都应进行体格检查,尤其是伤病检查,如锻炼者患有先天畸形,畸形部位又是该项目负担较重的部位,则不宜从事该项目锻炼,如髌骨软骨病、副舟骨等不宜从事跑跳项目;腰椎先天畸形不宜从事体操、举重等腰部负荷较大项目等。锻炼者在锻炼中应进行定期普查,普查时应根据专项特点重点检查易伤部位,早期发现各种劳损性损伤,以便与社会体育指导员配合给予及时处理及合理安排锻炼。锻炼者必须加强自我监督,学会专项多发病的自我监督方法和内脏器官的功能检查。做到心中有数。

(4)通过借助各种保护措施达到良好的自我保护目的。锻炼者必须根据项目特点学会自我保护的方法,社会体育指导员也应熟练掌握保护与帮助的技巧,建造一些必要的保护设施。此外,锻炼者还必须学会正确使用各种保护支持带,在大运动量锻炼和健身中或肌肉、关节有疼痛时,应用保护支持带固定,可减少损伤的发生。

(5)尽可能地创造出良好的运动环境。在锻炼和健身中应严格实施场馆、设备的卫生监督,对有安全隐患的场地器械及时检查、维修,对场地器械和防护用品要定期进行卫生安全检查,还应注意运动服装的卫生要求,以及在恶劣气候条件下从事锻炼和健身时的相应防护措施。

(四)运动性损伤的处理

1.擦伤

擦伤是外伤中最轻、最常见的一种,约占运动损伤的16%。

（1）擦伤的原因及症状

①原因

主要是由于肌体表面与粗糙物体相互摩擦而引起的皮肤表层损害。

②症状

表皮剥脱，有小出血点和组织液渗出。

（2）擦伤的治疗方法

发生擦伤时，要根据伤情进行有针对性的处理，具体处理措施如下。一般较轻较小的擦伤，可以用生理盐水或其他药水冲洗伤部，涂抹红药水或紫药水，不需包扎，一周左右就可痊愈。面部擦伤宜涂抹 0.1% 新洁尔灭溶液。通常较大的擦伤伤口易受污染，需用碘酒或酒精在伤口周围消毒，如果创面中嵌入沙粒、炭渣、碎石等，应用生理盐水棉球轻轻刷洗，消除异物，消毒后撒上云南白药或纯三七粉，盖上凡士林纱布，适当包扎。若不发生感染，两周左右即可痊愈。关节周围的擦伤，在清洗、消毒后，最好用磺胺软膏或青霉素软膏等涂敷，否则会影响活动，并易重复破损。

2.肌肉挫伤

（1）肌肉挫伤的原因及症状

①原因

肌肉挫伤是由钝性暴力直接作用于身体某部位而引起的局部肌肉急性闭合性损伤。暴力直接作用部位出现程度不等的红、肿、热、痛及功能障碍。

②症状

疼痛，表现为先轻后重。开始为广泛性钝痛，无活动受限，数小时后，出现剧烈疼痛，并伴有功能障碍或暂时的功能丧失；压痛，伤处压痛明显，可触及皮下肿块；肿胀，受伤部位或很快出现肿胀，或较长时间后乃至次日出现肿胀，有皮下组织局限性血肿形成，后逐渐可见大面积青紫色瘀斑。

（2）肌肉挫伤的治疗方法

受伤后立即停止运动，于局部冷敷、加压包扎，并将受伤肢体抬高。同时，可以外敷清热、消炎、止痛的中草药。48 小时内切忌做按摩、热敷、理疗和伤肢的屈伸活动。48 小时后伤情已基本稳定，可拆除包扎实施局部按摩、热敷、理疗等措施。另外，伤者还可以根据伤情，有针对性地选择一些适宜的运动方式来进行功能恢复，从而达到较快恢复肌肉力量的目的。

3.肌肉拉伤

（1）肌肉拉伤的原因及症状

①原因

肌肉受到强烈牵拉所引起的肌肉微细损伤、部分撕裂或完全断裂，叫做拉伤。排球运动中，大腿后群肌肉和小腿后群肌肉的拉伤最为常见。

②症状

拉伤后局部疼痛、压痛、肿胀、肌肉发硬、痉挛、功能障碍。如果肌肉断裂，伤员受伤时多有撕裂感,随之失去控制相应关节的能力,并可在断裂处摸到凹陷,在凹陷附近可摸到异常隆起的肌肉断端。

(2)肌肉拉伤的治疗方法

拉伤时应立即采用氯乙烷镇痛喷雾剂等进行局部冷敷,加压包扎,并把患肢放在使受伤肌肉松弛的位置,以减轻疼痛。对于肌纤维轻度拉伤及肌肉痉挛者,较好的处理方法是针刺疗法。肌肉、肌腱部分或完全断裂者应在局部加压包扎,固定患肢后,马上送医院诊治,必要时还要接受手术治疗。通常情况下,拉伤48小时后就可以进行相应的按摩,但是要求按摩手法一定要轻缓,否则不仅不会缓解损伤,还有可能会加重伤情。

4.膝关节脱位

(1)膝关节脱位的原因及症状

①原因

膝关节的脱位大多为强大暴力作用而发生的,各个方向的暴力均可造成,作用于胫骨上端或股骨下端,同时使小腿旋转,因此脱位由于暴力方向不同,可有前脱位、后脱位或侧方脱位,以前脱位较多见。脱位后侧副韧带、交叉韧带和贮韧带均可损伤,并可能合并骨折、神经血管的损伤,使下肢麻痹,感觉运动丧失,肢体缺血造成坏死。

②症状

膝关节出现外伤,并肢体有畸形、肿痛,出现活动障碍受限,根据脱位方向,胫骨可向后、向前和侧方移位,因韧带撕裂而使关节不稳定,并有反向活动。

(2)膝关节脱位的治疗方法

通常单纯的膝关节脱位很容易复位,只需通过牵引法便可复位,复位后膝在屈曲10～15°功能位固定4～6周,去除石膏,进行功能锻炼,有时在复位后3～5天行关节腔积血抽吸,在固定期间练习股四头肌收缩以防止肌萎缩,1个月后带石膏行走加强功能锻炼。

5.膝关节损伤

膝关节损伤的形式有很多种,不管是哪种,都要及时进行处理,严重者送医院进行救治。较为常见的膝关节损伤主要有以下两种,其具体的原因、症状以及治疗方法都有一定的差异性。

(1)膝关节胫侧副韧带损伤

①膝关节胫侧副韧带损伤的原因及症状

原因:导致膝关节胫侧副韧带损伤的原因主要是直接或间接外翻位暴力。较为常见的是膝关节屈曲位小腿突然外展外旋,足及小腿固定大腿突然内收内旋或外力直接作用于膝外方产生很大的外翻力导致股骨内旋等,均容易导致膝关节外翻位损伤。轻度外翻位暴力常导致胫侧副韧带浅层损伤,可发生股骨内上髁内侧副韧带止点撕脱骨折或胫骨内踝处韧带撕脱;严重外翻暴力可导致内侧副韧带深层、前交叉韧带及半月板损伤,成为"三联伤"。少数导致胫骨外侧平台骨折,甚至半腱肌及缝匠肌断裂或撕脱骨折。青少年运动健身者可致股骨骨骺处发生骨折。通常将内侧副韧带损伤分为部分损伤、完全损伤及联合损伤(合并半月板或前交叉韧带)。

症状:受伤后膝内侧部突然出现剧烈疼痛,关节强迫于屈曲位,腘绳肌产生保护性痉挛,拒绝任何活动,勉强用足尖行走。轻中度韧带损伤,如不损伤关节内结构,一般不引起膝关节肿胀,经过简单固定可继续参加健身;严重的内侧副韧带损伤,内侧副韧带深层损伤,特别是合并有半月板损伤、交叉韧带损伤或关节骨折,膝关节可出现关节肿胀,积血,功能障碍更加明显。

②膝关节胫侧副韧带损伤的治疗方法

对于损伤的处理,要根据实际损伤的情况进行有针对性的治疗。损伤早期采取处理措施的主要目的是防止损伤加重、固定、止痛。局部立即给予氯乙烷麻醉、降温或冷敷,松软敷料及弹性绷带加压包扎止血固定,抬高患肢,减轻肿胀。3天后局部热敷或应用中药外敷,并进行股四头肌训练。3周内在局部支持带或支具辅助下扶拐杖行走。6周后去除支具或拐杖膝关节屈伸活动,渐进性抗阻锻炼。3个月后恢复日常活动。如果损伤程度较为严重,出现患膝疼痛、肿胀明显,外翻应力试验阳性,X线片有骨折等情况,则应该考虑通过手术进行修复。手术修复断裂的韧带止点或缝合撕裂的内侧副韧带,术后康复训练。合并内侧半月板及前交叉韧带损伤者,也需手术修复。

(2)半月板损伤

①半月板损伤的原因及症状

原因:半月板是位于胫股关节间隙内的纤维软骨,内侧半月板呈"C"形,外侧半月板呈"O"形,具有传导载荷,维持关节稳定,协调膝关节伸屈及旋转运动,协助滑润关节等功能。在剧烈运动或体育锻炼中,从蹲位站起时双脚在地面上未动,膝关节扭锁机制出现障碍导致半月板损伤。在正常关节运动中,半月板是随着股骨移动而活动,不与胫骨一起移动。只要膝关节伸直时胫骨能够外旋,膝关节屈曲时胫骨能够内旋,半月板就会自由运动,不会受到牵拉和张力,此即扣锁机制。如果膝关节伸直或屈曲时没有胫骨的外旋或内旋,半月板的自由活动消失,在关节中出现了矛盾运动,在剪力与压力的作用下会导致损伤而撕裂。

症状:受伤当时患者膝关节疼痛,出现肿胀和关节功能障碍。疼痛常在外伤当时出现,位于关节的一侧,位置较固定,常在膝关节的某一角度发生,活动后加重,休息后减轻。半月板本身无神经末梢,疼痛主要来自关节囊的刺激,或活动时机械牵拉刺激周围组织的感觉神经所致。急性期过去后,关节活动时膝关节疼痛同时发出"咔哒"声,或单独出现弹响声音,部分患者伴有膝关节伸直或屈曲受限。

②半月板损伤的治疗方法

该损伤的治疗方案取决于损伤是急性还是慢性,是否是运动健身者,需结合病人的意愿作出选择。对于急性半月板损伤的初期患者,慢性半月板损伤症状、体征不肯定者,经关节镜检查适合保守治疗者,应采取非手术治疗,目的是保护撕裂的半月板组织,减轻疼痛与肿胀,恢复肌肉张力和关节活动范围。方法:受伤当时给予加压包扎与抬高患肢,具有止血与缓解症状作用;冷敷在受伤当时立即进行,具有止血、消肿和组织麻醉作用;关节穿刺抽液适用于关节肿胀严重患者;利用红外线、磁疗仪等理疗方法促进肿胀消退和淤血吸收;石膏或支具固定具有止痛和利于组织撕裂修复作用;抗炎止痛治疗缓解症状,为康复训练创造条件;功能锻炼在疼痛得到控制情况下进行,早期可进行股四头肌等长训练,主动锻炼在疼痛能忍受时进行。保守治疗6周,如果症状消失,股四头肌能达到正常侧的80%～90%,可开始正常活动。如仍有明显的半月板损伤症状,应手术治疗。手术治疗半月板损伤的方式有半月板缝合术、半月板切除术、异体半月板移植术。

6.踝关节扭伤

(1)踝关节扭伤的原因及症状

①原因

踝关节扭伤是排球运动锻炼中常见的一种关节韧带损伤。常因跳起后落地姿势不正确,或落地时地面不平而导致裸关节内翻或者外翻。

②症状

伤处疼痛、肿胀,韧带损伤处有明显压痛和皮下淤血。

(2)踝关节扭伤的治疗方法

发生踝关节扭伤后应立即用冷水冲洗或冷敷(放上清洁的凉毛巾或冰块),用绷带固定包扎,并抬高患肢。24小时内不得按摩、热敷等。24小时后根据伤情进行外敷药、理疗、按摩等治疗。

7.肩关节损伤

(1)肩关节损伤的原因及症状

①原因

主要由于肩关节的反复旋转或超常范围活动,引起了肩袖肌腱和肩峰下滑囊受到肱骨头与肩峰或喙肩韧带的不断挤压、摩擦和牵扯所致。

②症状

急性肩袖损伤后,疼痛多发生在肩外侧,部分病例疼痛向三角肌止点或颈部放射,不少病人夜间疼痛加剧。肩关节活动受限,主动或被动地使上臂外展至$60～120°$角间或内外旋转时疼痛。当上臂从$180°$角上举位放下时,同样也在$120～60°$角间出现疼痛,这是肩袖损伤,尤其是冈上肌损伤的重要征象。

(2)肩关节损伤的治疗方法

急性期上臂置于外展$30°$位置,适当休息,理疗、针灸、按摩、外敷中药或痛点封闭,效果都较好。按摩可以用推、揉、搓、滚等手法,配合选用曲池、肩髃、阿是穴等,最后活动运拉肩关节和上肢。如果怀疑有肌腱断裂者,要送往医院作进一步检查和处理。

8.跟腱断裂

(1)跟腱断裂的原因及症状

①原因

跟腱大多是由于激烈训练、健身时强烈急停、变向、跟腱韧带劳累过度导致跟腱损伤甚至断裂。

②症状

跟腱断裂足部表面无异常现象,但有剧烈撕裂疼痛,丧失足部活动能力,是一种非常严重的运动损伤。

（2）跟腱断裂的治疗方法

发生跟腱损伤，应快速用冷水、冰块冷敷，固定踝关节，抬高患肢，送医院处理。

9. 脱水

（1）脱水的原因及症状

①原因

运动健身者没有及时给身体补充水分，或因出汗、腹泻等排出过多水分，或者饮水不合理等，都会造成机体脱水。

②症状

运动健身者脱水后，症状较轻者会感到全身乏力，情绪烦躁、脉搏增高、增快；而症状较为严重者则会出现血压降低、循环衰竭甚至死亡。

（2）脱水的治疗方法

如果已经造成脱水，就应该及时进行补充，但要注意补充时要遵循循序渐进的原则，少量多次进行补充，还要注意应补充温热的水或饮料，避免对肠胃产生刺激。运动结束后，应稍作休息，再补充水分。

10. 脑震荡

（1）脑震荡的损伤原因及症状

①原因

头部受到外力打击或撞击后，使大脑管理平衡的膜半规管、椭圆囊、球囊等感受器功能失调，引起大脑暂时的意识和功能障碍，就是所谓的脑震荡。在排球运动中，常会出现脑震荡情况，如两人头部相撞、撞击硬物或从高处跌下时头部着地等。

②症状

致伤后，患者出现神志昏迷、脉搏徐缓、肌肉松弛、瞳孔稍大、神经反射减弱或消失等症状；清醒后，患者常有头痛、头晕、恶心、呕吐感，表现得情绪烦躁、注意力不易集中、耳鸣、失眠、记忆力减退等。

（2）脑震荡的治疗方法

对于轻微的脑震荡，一般都可自愈，无须住院，但要注意休息和必要的药物治疗，保持情绪稳定，减少脑力劳动即可得到有效缓解并治愈。发生较为严重的脑震荡之后，应立即让患者平卧，头部冷敷。若有昏迷，即指压人中、内关、合谷穴；若呼吸发生障碍，则立即进行人工呼吸。如果通过上述处理措施，出现反复昏迷或耳鼻口出血，两瞳孔放大且不对称时，表明病情严重，应立即护送至医院治疗。在运送途中，要让患者平卧，头部固定，谨防颠簸。在恢复过程中，可以通过科学方法，定期或不定期地试验脑震荡痊愈的程度，从而确定康复状况。通常情况下，可采用的检测方法是：闭目，单腿站立，两臂平举，如果能保持平衡，表明脑震荡已基本治愈。这时，就可以根据自身的伤情和恢复情况，进行有针对性的适宜运动锻炼，但需要注意的是，为了防止伤情复发，应尽可能避免滚翻和旋转性动作。

二、排球运动中运动性疾病的防治方法

运动性疾病一般是指机体因对运动不适应,造成体内调节平衡功能紊乱而出现的一类疾病、综合征或功能异常。运动性疾病广泛存在于体育运动中,身体素质较差、训练水平较低以及缺乏健身经验的运动健身者比较容易在运动过程中引发运动性疾病。运动疾病引发的原因有很多,如运动过量、运动方法不当、过度训练、身体疲劳、情绪欠佳、食欲不振、休息不充分以及原有疾病诱发等。运动性疾病必须得到及时防治,否则就会影响身体健康水平、竞赛能力,严重时还会致残或致死,因此必须高度重视。

在排球运动健身中,常见的运动性疾病及其防治方法如下。

(一)过度紧张

1.过度紧张的原因及症状

(1)原因

导致过度紧张的原因主要有以下几个方面:生理状态不良;运动水平不高;机体过分疲劳;伤病中断训练后突然参加剧烈活动;患有心血管疾病,过于勉强完成剧烈运动,更容易发生过度紧张,严重者可导致猝死。

(2)症状

头晕、眼前发黑、面色苍白、全身无力、站立不稳;有恶心呕吐,脉搏快速细弱,血压明显下降的现象。严重者会出现嘴唇青紫,呼吸困难,右季肋部疼痛,肝脏肿大,心前区痛,心脏扩大等急性心功能不全等症状。

2.过度紧张的防治措施

(1)预防措施

平时加强身体全面训练,注意循序渐进,运动前应充分做好准备活动。伤病初愈或因其他原因中断训练后重新开始训练,应逐步增加运动强度和运动量。参加大强度训练前,应做体格检查,若有高血压、心脏病等疾病,则不可参加。锻炼基础差和患有心血管疾病的人,应根据身体情况参加活动,不可勉强。要严格遵守作息制度,注意个人卫生和合理营养,加强对体育活动参加者的医务监督。

(2)治疗措施

轻度的过度紧张,应使患者安静平卧,注意保暖,经短时间休息后,症状即可消失。有脑缺血时,应将患者平卧休息,头稍低,同时注意保暖,给以热糖水或镇静剂。对于严重的心功能不全患者,应保持安静,平卧,指掐"内关"和"足三里穴"。如果昏迷,可指掐"人中穴"。对于呼吸或心跳停止者,应做人工呼吸或胸外心脏挤压术,并迅速请医生处理。

(二)运动中腹痛

1.运动中腹痛的原因及症状

(1)原因

准备活动做得不充分;运动速度和强度加得过快或太突然;缺乏锻炼或训练水平低。呼吸与动作之间的节奏配合不良;身体状况不佳、劳累、精神紧张;膳食制度不合理,饮食上存

在问题等。

(2)症状

小负荷和慢速度运动时,腹痛不明显;随着运动负荷和强度增加,腹痛也逐渐加剧。腹痛部位,常为病变脏器所在:左上腹痛,多为脾淤血;左下腹痛,多因宿便引起;右上腹痛,多为肝胆疾患、肝脏淤血;右下腹痛,多为阑尾炎;中上腹痛,多为急性或慢性胃炎;腹中部痛,多为肠痉挛、蛔虫病。

2.运动中腹痛的防治措施

(1)预防措施

加强全面身体训练,提高生理机能水平。要充分做好准备活动,运动中注意呼吸节律,中长跑时要合理分配速度。膳食安排要合理,饭后须经过一定时间后才可进行剧烈运动,运动前不宜过饱或过饥,也不要饮水过度。训练时要遵循训练的科学性原则,要循序渐进地增加运动量。对于各种疾患引起的腹痛,应就医检查确诊,彻底治疗,疾病未愈之前,应在医生指导下进行体育活动。

(2)治疗措施

用手按压疼痛部位,或弯腰跑一段距离,一般疼痛即可减轻或消失。减慢运动速度和降低运动强度,加深呼吸,调整呼吸和运动节奏。上述处理方法如还无效或加重,应停止运动,口服止痛药物,点掐或针刺足三里、内关、三阴交等穴位,进行腹部热敷等。还没有效果,则需请医生诊治。

(三)岔气

1.岔气的原因及症状

(1)原因

运动时发生与腹痛位置不同的突然性胸壁或上腹近肋骨处疼痛现象叫"岔气"。出现"岔气"的原因主要有两个:一是运动前没有做好准备运动,二是呼吸节奏紊乱或心肌功能不佳。

(2)症状

胸壁或上腹近肋骨处出现疼痛,影响体育运动正常进行。说话、深呼吸或咳嗽时局部更加疼痛。疼痛的局部可有压痛,但不红肿。

2.岔气的防治措施

(1)预防措施

运动前要充分活动肢体,使身体适应后逐渐加大运动量。在运动中要掌握正确的呼吸方法和节奏,并养成经常锻炼的习惯。

(2)治疗措施

深吸气后憋住不放,握拳由上到下依次捶击胸腔左、右两侧,亦可用拍击手法拍击腋下,再缓缓作深呼气。深吸气憋住气后,请别人捶击患者侧背部及腋下,再慢慢呼气。可连续做数次深呼吸,同时自己用手紧压疼痛处。用食指和拇指用力捻捏内关穴和外关穴,同时做深呼吸和左右扭转身躯动作。可深吸气后憋住不放,用手握空拳锤击疼痛部位。

(四)肌肉酸痛

1.肌肉酸痛的原因及症状

(1)原因

运动时肌肉活动量大,引起局部肌纤维及结缔组织的细微损伤,以及部分肌纤维的痉挛所致。

(2)症状

局部肌肉纤维细微损伤及痉挛。整块肌肉仍能完成运动功能,只是存在一定的酸痛感。

2.肌肉酸痛的防治措施

(1)预防措施

准备活动中,注意使即将练习时负荷重的局部肌肉活动得更充分;根据不同体质、不同健康状况科学地安排锻炼负荷。锻炼时,尽量避免长时间集中练习身体某一部位,以免局部肌肉负担过重;整理运动除进行一般性放松练习外,还应重视进行肌肉的伸展牵引练习。

(2)治疗措施

对酸痛局部进行静力牵引练习,保持拉伸状态2分钟,然后休息1分钟,重复练习。对酸痛的局部肌肉进行热敷,促进血液循环及代谢过程,有助于损伤组织修复及痉挛缓解。对酸痛局部进行按摩,使肌肉放松,促进肌肉血液循环,有助损伤修复及痉挛缓解。口服维生素C,维生素C有促进结缔组织中胶元合成的作用,能加速受损组织修复和缓解酸痛。补充微量元素锌元素,有利于损伤肌肉修复。

(五)运动性贫血

1.运动性贫血的原因及症状

(1)原因

贫血是一种症状,不是独立的疾病,可由各种原因引起。运动者在训练过程中如果生理负担量过大,则可导致贫血。

(2)症状

血液检查时,血红蛋白含量减少,男性低于120克/升,女性低于105克/升。主要症状有头晕、乏力、易倦、记忆力下降、食欲差,发病缓慢。运动时症状较明显,常伴有气促、心悸等症状。主要的身体特征为皮肤和黏膜苍白,心率较快,心尖区可听到收缩期吹风样杂音等。

2.运动性贫血的防治措施

(1)预防措施

合理安排运动量和运动强度,遵守循序渐进和个别对待的原则;多食含蛋白质丰富的食物,克服偏食习惯;多补充身体所需的铁元素。

(2)治疗措施

适当减少运动量,必要时应停止训练。服用维生素C和胃蛋白酶合剂,有利于铁的吸收;口服硫酸亚铁片剂,对治疗缺铁性贫血有明显效果。改善营养,尤其是补充富含蛋白质和铁的食物。

(六)运动性低血糖

1.运动性低血糖的原因及症状

(1)原因

运动前体内肝糖原储备不足,运动时不能及时补充血糖的消耗;长时间进行剧烈运动时体内血糖大量消耗和减少;中枢神经系统调节糖代谢的功能紊乱,胰岛素分泌量增加;患病参加运动等。

(2)症状

轻者感到非常饥饿、极度疲乏、头晕、心悸、面色苍白、出冷汗;重者可出现神志模糊、语言不清、四肢发抖、呼吸短促、烦躁不安或精神错乱,甚至惊厥、昏迷。检查血糖,则明显降低。脉搏快而弱,血压偏高或无明显变化,或昏倒前升高而昏倒后降低,呼吸短促,瞳孔扩大。

2.运动性低血糖的防治措施

(1)预防措施

运动量大时,应准备一些含糖饮料,供途中饮用。平时缺乏锻炼者,或患病未愈及空腹饥饿时,不要参加长时间的激烈运动。

(2)治疗措施

使病者平卧、保暖。神志清醒者可饮浓糖水或吃少量食品,一般短时间内即可恢复。不能口服者,可静脉注射 50% 葡萄糖 40~100 毫升。昏迷不醒者,可针刺人中、百会、涌泉、合谷等穴位,并迅速请医生前来处理。

(七)中暑

1.中暑的原因及症状

(1)原因

炎热天气下进行长时间耐力运动;身体疲劳、失眠、失水、缺盐;对高温环境适应能力差。

(2)症状

早期有头晕、头痛、呕吐现象。逐步发展为体温升高,皮肤灼热干燥。严重者可出现精神失常、虚脱、痉挛、心律失常、血压下降。过于严重的,甚至会昏迷,危及生命。

2.中暑的防治措施

(1)预防措施

准备清凉消暑或低糖含盐饮料,并准备急救药品,发现中暑症状,立即停止运动,及时处理。高温炎热季节运动时,应适当减少运动量和运动时间。夏天在室外锻炼时,应戴白帽,穿浅色、宽松、通风性好的运动服。

(2)治疗措施

当有先兆或轻度中暑时,应迅速撤离高温环境,至通风阴凉处休息,解开衣领,并服用清凉饮料、浓茶、淡盐水和解暑药物等。对病情较重的患者,应立即移到阴凉处,让其平卧。根据不同病情分别处理:中暑痉挛时,牵伸痉挛肌肉使之缓解,并服用含盐清凉饮料;中暑衰竭时服用含糖、盐饮料,并在四肢做重推按摩。症状重或昏迷患者,可针刺人中、涌泉、中冲等穴位,并应迅速送往医院进行抢救。

（八）昏厥

1. 昏厥的原因及症状

（1）原因

长时间站立或过久下蹲后骤然起立,使脑部缺血,容易引起昏厥。跑动后立即停止,由于下肢血管失去肌肉收缩的挤压作用,加上血液本身的重力关系,大量血液积聚在下肢舒张的血管中,造成回心血量减少,因而心输出量减少,使脑部突然缺血,而发生昏厥。这种昏厥也叫"重力性休克"。神经类型欠稳定的人,一旦受惊、恐惧、悲伤,或者看到别人出血,都可反射地引起广泛的小血管急性扩张,血压下降,从而导致脑部血液供应不足而发生血管抑制性昏厥。

（2）症状

昏厥前,病人面色发白,感到头昏眼花,全身软弱无力。昏厥时失去知觉,突然昏倒。昏倒后,面色苍白、手足发凉、出冷汗、脉搏慢而弱、血压下降、呼吸缓慢。经过短时间平卧休息,脑缺血消除,知觉迅速恢复,但精神不佳,仍有头昏,全身无力的感觉。

2. 昏厥的防治措施

（1）预防措施

当有昏厥的前期症状时应立即平卧,或由同伴扶着走一段路,可使症状减轻或消失;坚持锻炼,增强体质;久蹲后要慢慢站立起来;跑后不要立即站立不动,应继续慢跑并做深呼吸。

（2）治疗措施

让病人平卧,头部稍放低,松解衣领,注意保暖。用毛巾擦脸,自小腿向大腿做重推摩和揉捏。若病人没有苏醒,则用指针掐点人中穴。禁止给任何饮料饮用或服药。有条件的话,应给氧气和在静脉注射 25%～50% 葡萄糖 40～60 毫升。如呼吸停止,应立即进行人工呼吸,醒后可给以热饮料,注意休息。在急救的同时,应该尽快联系医生。

（九）休克

1. 休克的原因及症状

（1）原因

运动量过大,身体生理状态不良,肝脾破裂大出血、骨折和关节脱位导致的剧烈疼痛等。

（2）症状

早期常有烦躁不安、呻吟、表情紧张、脉搏稍快、呼吸表浅而急促等症状。发作期表现为精神萎靡不振、面色苍白、口渴、畏寒、头晕、出冷汗、四肢发冷、脉速无力,血压和体温下降。严重者出现昏迷。

2. 休克的防治措施

（1）预防措施

对有可能发生休克的运动者,要采取相应的预防措施。如活动性大出血者要确切止血;骨折部位要稳妥固定;软组织损伤应予包扎,防止污染等。对严重感染的病人,要采用敏感抗生素,静脉滴注,积极清除原发病灶,以免发生感染。充分做好严重患者的术前准备。

（2）治疗措施

使病人安静平卧。对伴有心率衰竭的严重病人,应保持安静,使其平卧,注意保暖。可给服热开水及饮料,针刺或点人中、足三里、合谷等穴位。由骨折等外伤剧痛而引起的休克,应给以镇痛剂止痛。急救的同时,应立即送医院。

第六章 排球运动教学与训练

第一节 排球运动教学与训练的基本原则

一、排球运动教学的基本原则

（一）排球运动的一般教学原则

1. 系统性原则

排球运动教学的系统性原则是指排球运动教学的内容、方法以及运动负荷安排必须根据人的认识规律、动作技能形成规律以及人体生理机能活动能力变化规律来合理安排。

排球运动教学系统性原则的基本要求有以下几个方面。

（1）有节奏地安排运动负荷

排球技术技能的形成主要是通过身体练习来实现的，因此，运动负荷是影响排球运动教学的一个重要因素。排球运动教学负荷安排应循序渐进、有节奏地进行。教学开始时，负荷强度不宜过大，随着运动技能的不断熟练，慢慢、逐步地提高运动负荷强度和量，这样有利于排球运动教学。

（2）教学内容由浅入深

在安排排球运动教学内容和组织教法时应由简到繁，由易到难，由已知到未知逐步深入，不断提高。

（3）教学内容紧密衔接

每个单项技术，或每个战术以及每次课、每学期的教学内容和教法，都应前后衔接，逐步提高和深化。

2. 自觉积极性原则

自觉积极性原则，就是通过教师采取各种措施和教学手段、方法，培养和激发学生学习排球运动基本理论、基本技术和基本技能的强烈愿望，使之在学习过程中自觉地发挥最大的主观能动性，把认真完成学习任务变成自觉的行动。

在排球运动教学中，遵循自觉积极性原则是很有意义的。学生有了高度自觉性和积极性，就能使中枢神经系统处于最适宜的兴奋状态，为学习和掌握排球基本理论、基本技术和基本技能创造良好的生理和心理条件。这样便能很好地保证教学任务完成。

3. 从实际出发原则

排球运动教学的从实际出发原则是指教学的任务、要求、内容、组织、教法、运动负荷安排等都要从客观实际情况出发，力求符合学生的年龄、性别、身体发展水平和体育基础。

从实际出发原则的贯彻应注意以下问题:

(1)教学内容要适合全班大多数同学的基本要求。

(2)要从学生的年龄、性别、身高、发育程度、健康状况、接受能力和专业基础差异等实际情况出发区别对待,因人施教。

(3)对排球基础好、掌握接受动作快的学生要向他们提出更高的要求,增加练习难度。

(4)对不善于动脑筋、学习不够努力的学生,则要提醒他们端正学习态度,启发他们多进行思考。

(5)对基础差、掌握动作较慢的学生,要降低要求及练习难度,增强他们的信心。

4.直观性原则

直观性原则是根据人对事物认识规律和排球运动教学特点提出来的,在排球运动教学中有着重要的意义。

排球运动教学的直观性原则,就是在教学过程中,使学生通过自己的各种感觉器官(视、听、触觉等),结合已有的知识经验来感知所学技术动作和有关知识。结合排球课教学特点,在教学中要充分利用学生听觉、视觉和肌肉本体感觉的作用。

教学过程中教师应正确示范,广泛运用挂图、连续图片、电影、幻灯及录像等直观教具和现代化教学手段,有助于学生建立正确的动作表象,这对以后形成正确的动力定型是非常重要的。

5.巩固性原则

在排球运动教学中,巩固性原则是指使学生牢固地掌握排球技战术,并通过多次反复练习,防止遗忘,进而达到运用自如的程度。

排球运动教学中遵循巩固性原则有以下几点要求。

(1)教学内容要正确反复练习

按照正确的排球技术不断重复练习,每次练习都要求正确。根据运动生理学规律,凡是已经掌握或初步掌握的技术动作或身体素质,如果长期中断练习,就会生疏和消退。因此,在教学过程中要有计划地安排作业,使已经学过的内容经常得到复习,温故而知新。每次课都要花一定时间复习上一次课的内容,使其得到巩固,同时也为下一次课学习新内容打下基础。

(2)对学生练习要区别对待

课中安排练习时,应根据对象的年龄及身体状况等特点,不断地提出新要求,不断增大难度,以迅速提高学生的技术水平。

(3)增加学生的触球次数

加强练习密度、在课内尽可能让学生增加触球次数,这是掌握和提高技术,运用技术能力的关键。练习中,还要注意战术意识的培养,并不断巩固已学到的技术。

(二)排球运动的特殊教学原则

依据排球运动技能的开放性和对抗性理论,深入研究排球运动特点和排球运动教学实践经验,从认知策略角度可以提出如下特有的教学原则。

1.学习技术动作与实战对抗运用相结合的原则

排球运动具有个人技术与集体战术相配合的显著特点,其运动的对抗性和开放性决定了其教学过程必须把实战对抗能力放在重要地位。从认知策略上来说,技术动作的学习与实战运用相结合发展,符合开放性运动技能教学的规律。学生在习得运动技能时,首先建立起对抗概念和技术实效概念,而不是把技术仅视为固定程序的身体操作。从某种意义上来说,从实战中学和在适应中学是排球运动技能形成与发展的普遍规律,因此,必须把技术动作的学习与实战运用的能力培养发展结合起来。

2.技术个体化和区别对待的原则

技术动作的规范性是排球运动教学普遍追求的目标。规格和规范是指动作的基本结构符合人体运动学特征,达到节省和实效的目的。由于学习者在身体形态、行为习惯、身体素质、智力和运动经历等方面存在区别,使得"技术规范化"的个体表现也存在较大差别。教学的目的是使初学者通过练习,形成符合自身条件的动作完成方式。因此,排球运动教学要在规范化基础上遵循技术的个体化原则,容许学生之间存在技术动作上的细微差别。由于个体差异的存在,教学必须根据对象的不同来选择不同的教学方法,要照顾不同能力对象的学习速度,贯彻区别对待原则。

3.专门性知觉优先发展的原则

排球运动是以球为工具的运动,场地、器具和同伴等要素构成了特有的运动环境。在运动教学中,对环境和器具的感知是专门性知觉发展过程。例如,排球运动教学中的垫球练习是知觉感知的重要方法。在现代排球运动教学中,知觉感知至关重要,教学中常常采用大量熟悉"球性"的练习来优先发展这种能力,以确保技术动作的学习。

二、排球运动训练的基本原则

(一)目的性原则

目的性原则也称意识性原则或主动积极性原则,是指运用宣传和其他手段,动员排球运动员在充分理解排球训练目的、意义的基础上,自愿、主动、积极地进行排球训练活动。

排球运动训练是一种有目的、有意识的活动,其过程始终受一定目的的支配。对于人类总体而言,参加排球运动是为了谋求人类自身的健康完善和身体潜能的开发。就每个个体而言,也带有十分明确的自我身体完善目的。

排球运动既是一种克服自身惰性的体力性活动,又是克服外界环境阻碍的意志性活动。运动员要不断地战胜贪图安逸的心理惰性,保证在预定时间参加活动。在排球运动训练中,身体还要承受一定的运动负荷,要有额外的体力消耗。因此,没有明确目的和主动自觉的精神是不可能坚持下去的。

(二)全面性原则

全面性原则,是指通过排球运动训练使运动员的身体形态、机能、素质和心理品质等各方面都得到全面和谐发展。人体的各组织、器官、系统之间是相互联系、相互制约的,它是一个有机的整体,也就是说身体某一方面的发展会对其他方面的发展产生直接影响。在这种环境下,就要求运动员进行排球运动训练时要全面,要促进机体的全面协调发展。

为了更好地贯彻全面性原则,运动员在进行排球运动训练时,应对改善机体形态、提高身体机能、适应环境、抵抗疾病、愉悦身心等方面进行综合考虑,全面发展。全面发展不等于没有重点,而是要根据个体需要,发展各自职业需要的部位和素质,以及在劳动过程中活动最少的部位。这样有的放矢地进行训练,将收到更好的效果。

(三)周期性原则

任何形式的排球运动训练都需要遵循一定的周期循环,周而复始地安排训练,这就是周期性原则,排球运动训练同样如此。在排球运动训练中,其下一个训练周期的要求和水平都应在前一个周期的基础上有所提高。

运动员通过一段时间的排球训练,其竞技能力可以在一个周期训练中达到最佳状态,这种状态就是所谓的竞技状态。竞技状态是通过长时间训练培养出来的,这个时期称为状态获得阶段。竞技状态形成后,可以稳定在一定的时期内,叫做竞技状态保持阶段。但是它有一定的保持时期,这一时期过后,竞技状态就会下降,称为竞技状态下降阶段。一般来说,周期训练划分为 3 个时期,即准备期、竞赛期和休整期,也就是说前一周期是下一周期的积累,每一个周期都是在原来周期基础上有新的目标。适当变换训练思想、内容和方法,以求周期性地提高运动成绩。

很明显地,竞技状态是排球运动员获得优异运动成绩所表现出来的最适宜准备状态,这离不开长期的刻苦训练。这一过程主要包括以下三个阶段:

(1)形成阶段。在这一阶段中,运动员进行排球训练可引起机体的适应性变化,机体能力、身体素质、心理品质和专项技战术不断得到提高,从而形成了统一的、具有专项化特征的竞技状态。

(2)保持阶段。在这一阶段,运动员能充分发挥出自己的运动潜力,创造优异成绩。

(3)消失阶段。运动员长时间进行排球运动训练容易造成疲劳积累,使得身体各方面机能都处于衰退趋势,因此运动员需要疲劳缓解和恢复。运动员要经过不断地调整、恢复和训练,才能进入新的训练周期。

竞技状态发展中的三个阶段是紧密相连的,形成一个周期性循环。运动员要在遵循周期性原则的前提下进行训练,在排球训练的过程中要注意以下几个问题:

首先,划分排球训练周期时,为加强排球基础训练,准备期计划时间应较长些。竞赛期应根据比赛的具体情况来安排时间。休整期应尽可能与期终复习考试时间一致。休整期仍应坚持适量训练,假期可安排较大负荷集训。

其次,在一个排球训练周期内,运动员应大力加强身体素质和基本技术训练,并做好心理准备,对平时非主要比赛,可用训练的心态迎接,这一环节应特别重视,从而使整个排球训练计划具有完整性和系统性。

最后,周期结束时,要总结经验,针对排球训练中出现的问题进行研究和分析,并及时加以改进,另外还要根据排球训练的总体目标,合理安排下一周期的训练,使其能在前一周期训练的基础上提高运动员训练水平。

（四）恢复性原则

人体机能提高是通过负荷、疲劳、恢复、提高这种循环往复过程实现的。由于参加排球运动的个体在身体活动时增加运动强度和运动量，故其身体会产生疲劳。因此，要想从排球锻炼中获得最大收益，在下一次锻炼之前必须注意休息，以使体力得以恢复。两次锻炼之间的休息阶段，就是所谓的恢复阶段。

长时间进行排球运动训练，运动员身体会受到较大冲击，这时就需要充分休息，否则就可能会引起过度锻炼的疲劳综合征。缓解这种症状的方法是增加两次排球训练之间休息时间和在训练时降低运动强度。对于严重的过度训练者来说，还需要增加营养、接受理疗和按摩等，使机体得以恢复，否则会导致症状进一步恶化。尽管运动量过大是引起过度锻炼症状的主要原因，但饮食不平衡也可能引起"锻炼延续效应"。

（五）针对性原则

在排球训练过程中，要根据运动员个人特点，如年龄、性别、身体条件、承担负荷能力、技术水平、心理品质、文化程度等，有针对性地确定训练任务、选择方法、手段和安排运动负荷，这就是所谓的针对性原则。这一原则在排球运动训练中具有非常重要的作用和意义。

由于每个运动员的年龄、身体素质、运动能力等方面都存在一定差异性，如果对不同的运动采取同一种训练方法，就不会取得理想的训练效果，这就需要根据每个运动员的实际情况有针对性地选择训练方法、训练内容以及运动负荷，特别应该注意改善和提高自己的薄弱环节。在排球运动训练中，不仅各人的起点不同，而且随着训练过程加深每个人都会不断地发展变化。如有的运动员在训练初期进展不大，但到了某一阶段就可能突飞猛进；有的开始进展很快，但后来反而慢了下来；有的人运动素质好，而有的则在另一些素质上表现突出；有的人能适应大负荷量的训练，而有的人则能承受大强度训练的刺激。运动员存在的技术缺点也不相同。由此可以看出，在排球运动训练中，要想取得较为理想的训练效果，有针对性地对待是非常重要的。

为了能够更好地贯彻实施针对性原则，在排球运动训练过程中，需要注意以下两个方面。

（1）教练员全面、详细地了解运动员的具体实际情况，并根据这些情况来有针对性地选择适宜的训练方法。从运动员选材到培养，教练员要了解和分析研究运动员生长发育过程中的特殊情况，如有的早熟、有的晚熟，有的出成绩快、有的慢，女运动员月经期间对排球训练的反应也不尽相同。对于这些，教练员从训练一开始就应注意积累并建立运动员档案资料，做到对每一个运动员都很了解。

（2）要对整个球队和队员个人的特点进行全面、深入地了解，并以此为依据来制订相应的排球训练计划。在制订排球训练计划时，要在全面了解全队和每个人的基础上，充分反映全队特点和个人特点，既有对全队的要求，又有对个人的要求。

（六）循序渐进原则

在进行排球运动训练时，训练者通常会按照事先制订的锻炼计划，持之以恒地从事身体锻炼，并且其锻炼的内容、形式都是由简到繁、由易到难，运动负荷也是由小到大。

进行排球运动训练,都是从不适应向适应转化的过程。同时,这一过程也是一个由"适应"向新的"不适应"转化的过程。面对新的健身项目,训练者开始会出现一定的不适应,而经过一段时间锻炼,会逐步适应此项健身运动,而当机体出现持续性适应后,如果不增加练习负荷,即不增大负荷刺激,机体对该负荷的反应就会逐渐降低直到不明显,即出现"习惯性负荷"效应,身体锻炼的效果也会逐渐降低或不明显。排球运动训练的过程,也就是"两个转化"不断循环和螺旋式上升的过程。这就说明,训练者要想获得在身体形态、生理、生化等方面的良好变化,就必须坚持循序渐进原则。

排球运动训练要求对运动方法和技能有一定掌握。学习和掌握技能技术的过程,实质上是运动性暂时神经联系建立和巩固的过程。要想建立、保持和完善这一联系,就必须对此进行不断强化。如果出现中断练习,或时练时停,就必然会造成暂时神经联系的减弱,甚至消退,这对掌握排球运动技能技术是不利的。

(七)"五结合"原则

在排球运动中,技术、战术、作风、体能和心理状态是比赛中取得优异成绩不可缺少的五个方面。这五个方面不但互相促进、相辅相成,而且在比赛中往往是综合表现出来的。因此,在排球训练中应将这五个方面有机结合起来,提高单位时间内的训练效益。但每一次训练要有不同重点,侧重解决不同问题。如在排球技术训练课上,首先要解决计划中所要解决的某项技术问题,并要对战术意识提出适当要求,而且还要兼顾体能、作风、心理等方面的培养和提高。

(八)科学安排运动负荷原则

科学安排运动负荷原则是指在排球运动训练中要根据运动员承受负荷能力、人体机能训练适应规律,逐步、有节奏地加大运动负荷,并使大、中、小负荷科学结合,保证良好训练效应积累。

训练负荷的安排对排球运动训练效应有着重要影响,有机体对适宜负荷才会产生适应性变化。排球运动训练的经验证明,量大、强度大的负荷训练是提高训练水平和运动成绩的关键。如果负荷过小,不能引起机体必要的应激反应。但在过度负荷作用下,机体则会出现劣变现象,导致伤病发生。

排球运动训练要合理安排运动负荷就要依据人体适应规律安排训练任务。人体适应规律是训练过程中对人体施加运动负荷产生的效应,实质是一个生物适应过程。负荷保持在一定范围的条件下,机体的应激以及随之产生的一系列适应变化,都会保持在一个适度范围内。这时负荷量越大,对机体刺激越深,所引起的应激也越强烈,机体产生的相应变化也就越明显,人体竞技能力提高也就越快。不同时期训练任务不同,负荷量也不同。准备期任务是全面发展运动素质、掌握技术、提高人体竞技能力,这一时期调整节奏,负荷量和强度均有增加,以增量为主,强度适中;比赛期则应使负荷强度可能增加到最高水平,负荷量相对减少;过渡期主要是消除疲劳,通常要采取较小的训练负荷。

科学安排运动负荷原则,是根据排球运动员的身心发展规律、人体机能适应性规律和超量恢复原理提出来的。

排球运动训练贯彻科学安排运动负荷原则,应注意以下几点。

1. 根据运动员的排球训练水平确定适宜的运动负荷

根据运动员的排球训练水平确定适宜的运动负荷,通过训练,逐步、有节奏地加大训练负荷,最后达到训练指标要求。首先,要根据排球运动员的年龄特点和训练水平,确定适度的训练负荷。其次,要有节奏、循序渐进地加大排球运动负荷,并且大、中、小负荷相结合。在一次大负荷训练后,应有足够的休息,并在后续排球训练中适当安排中、小负荷训练作为调整。对于身体发育较晚的排球运动员,负荷不宜太大,防止过度训练和运动损伤。在排球训练中还要综合考虑运动员的学习、营养、作息和恢复等问题。

2. 要处理好负荷量与负荷强度的关系

在一个大周期的排球运动训练中,一般是准备期优先增加量,并在中期达到较大量,后期逐渐下降,同时开始提高强度,在准备期后期达到较高水平。在竞赛期,强度继续提高,并达到该周期最高峰,以迎接主要比赛,与此同时,量也下降到较低程度。如果竞赛期较长,则中间可适当降低强度,增加量,然后再降低量提高强度,达到强度的第二个高峰。到休整期,量与强度均呈急剧下降趋势,使运动员得到很好休整。

3. 要处理好负荷与恢复的关系

运动员在排球训练中承受一定负荷后,机体会产生疲劳,因此要有一定休息时间,保证机体得到充分恢复和超量恢复,以利下次训练。排球运动训练过程中的任何一种负荷,都包含着负荷量与强度两个方面。前者反映训练负荷对机体刺激量的大小,后者反映负荷对机体刺激的深度。反映负荷量大小的指标一般为次数、时间、距离、重量等。反映负荷强度大小的指标一般为速度、远度、高度、单位练习负重量或练习密度、难度。负荷量和强度构成了负荷整体,彼此依存、相互影响。任何负荷量都是以一定强度为条件,任何负荷强度又都以一定量为基础。

4. 要由小到大,逐步提高,有节奏地安排运动负荷

由于人体对负荷有个适应过程,而人体各方面的适应又不是同时产生的,所以要由小到大,逐步提高,有节奏地安排,采用大、中、小负荷相结合,不同性质的负荷交替安排,使负荷波浪式发展提高,以获得良好的训练效应。

在科学安排排球运动训练的运动负荷时,还应考虑运动员的营养状况、学习及其他活动的负担等情况。

(九)训练与比赛相结合原则

训练与比赛两者相辅相成。在排球运动的训练中,各个训练周期的主要任务不同,比赛次数也要不同,赛和练要安排得当。一般来说,对初学者和技术水平不高的队,比赛不宜安排过多,而较高水平的队应多安排比赛,则应通过比赛发现问题,并进行针对性训练。

随着排球运动训练实践不断丰富,经验不断积累,以及对训练过程客观规律认识不断深化,排球运动训练原则也在不断地完善和发展。而且,上述原则不是孤立的,它们之间是紧密联系、相互作用的。

（十）一般训练与专项训练相结合原则

一般训练与专项训练相结合原则，是指根据排球运动特点、对象水平和训练不同时期、不同阶段任务，把一般训练与专项训练结合起来，以促进训练水平的提高。

在排球运动训练中，要采取多种训练手段和方法对运动员进行全面训练，以促进运动员的全面协调发展。另外，在排球训练过程中还应加强运动员对非专项理论知识的了解，以更好地提高其训练水平。

排球运动员的身体素质与排球技术动作之间是相互影响、相互制约的关系，身体素质是运动员技术训练的保障，技术训练要建立在一般训练基础上，只有这样排球运动的专项训练才能取得理想的效果。因此，在排球运动训练中要始终贯彻一般训练与专项训练相结合的原则，一般来说应注意以下几点。

1.要确定好一般训练与专项训练的比重

首先要根据排球专项的特点来安排。对难度大、技术复杂的动作，一般训练的比重可相对少些，专项训练的比重可大些；对技术、战术都比较复杂，对体力要求也较高的动作，则两者比重可较为接近。

对于初次参加排球运动训练的运动员，主要进行一般性训练，以后随着运动水平不断提高，一般训练的比重可适当降低。运动员在基础训练阶段，主要进行一般训练，打好各方面的基础，待到熟练掌握后，逐步进行专项训练。在专项训练初期，专项训练也具有多项性质，逐渐过渡到单一专项，而在整个专项训练阶段，一般训练仍要保持适当的比重，应根据训练实践的变化，及时调整两者的比重，使之处于最佳状态。

2.一般训练的内容要合理

一般训练的内容要注重基础性和实效性，其结构应具有排球专项的运动特点，以便更容易将这些练习效应转移到排球运动中去。在基础训练阶段，一般训练应围绕打好身体和技术基础的任务进行。

3.将训练任务、目标、重点难点等贯穿到排球运动训练的各个阶段中

一般训练的练习，其主要目的就是要打好基础，因此要根据这一目的安排内容；专项训练练习，则应根据专项特点和需求进行安排，并应体现出各专项的特点，要在全面安排的基础上，突出重点，明确目的，力求精练，获得最佳效果。

4.采用多种训练方法和手段

排球运动员选用的训练方法和手段要能符合自身身心发展的特点。可适当增强训练的趣味性和多样性，以提高运动员的训练积极性。在排球运动训练中可采用重复、变换练习法，也可适当采用游戏、比赛的方法。

第二节　排球运动教学与训练的基本方法

一、排球运动教学的基本方法

教学方法是指在教学中为了完成一定的教学任务所采用的一些方法和手段。依据现代教学理论和排球运动教学的实践经验,排球运动教学方法可分为传统方法和现代方法。传统方法是现代方法的基础,是广大教师多年教学实践中行之有效的经验总结和概括。现代方法是近年来发展起来的以现代教学理论为依据的教学方法,它针对传统教学中存在的某些弊端,通过合理的教学设计,在教学双边活动中发挥学生主体作用和教师主导作用,采用启发和诱导的方法,调动学生学习的自觉性和积极性,使教学效率得到提高。在具体教学中,排球运动的教学一般分为技战术教学和理论教学。在技战术教学中,为了更好地学习和掌握排球运动的各项技术与战术,必须首先了解学生学习排球技战术的规律。然后根据学生学习过程中的具体情况,选择适当的教学方法,并通过合理、正确的教学手段,在教学过程中使学生尽快掌握排球各项基本技战术。

(一)传统教学方法

排球运动传统教学方法的理论基础是传统教育学中关于教学过程的理论。其特点是注重教学双边活动中教师教授知识技能的方法,其教学方法程式比较简单,各种方法相互配合,构成了以“教”为核心的教学方法体系。主要方法有如下几种。

1. 讲解法

讲解法是指教师用语言艺术来表述排球运动技术动作,它与演示法相结合,可帮助学生建立正确的技术概念。教学中采用简练准确的语言来分析技术动作的方法和要领、战术配合的方法和要求及运用过程中的注意事项等,使学生通过听来感知教学内容。实践中讲解要与演示相配合,讲解内容要与学生程度相适应,要掌握好讲解时机,突出重点,避免冗长枯燥。在技术教学中,运用讲解法时应注意讲解要明确、正确,少而精,还要富有技巧和启发性。排球运动的讲解教学法具体有以下几种形式。

(1)直述讲解

直述讲解是使用简明扼要的语言,且多用于对课程的任务与内容、简单的技术环节与动作方法、练习形式与要求予以说明的一种讲解方法。

(2)概要讲解

概要讲解是使用技术动作、战术方法等要领或要点,提纲挈领地说明操作方式、方法,且多用于较复杂技、战术环节教学的一种讲解方法,例如将扣球的挥臂击球动作归纳为“鞭打”。

(3)分段讲解

分段讲解是依据技术动作、战术方法的若干环节,按其主次轻重,逐一予以说明,且多用于较复杂技、战术教学的一种讲解方法,例如扣球技术、拦防战术。

(4)侧重讲解

侧重讲解是在分段讲解或概要讲解时,为突出重点、难点,且多用于较复杂技、战术教学的一种讲解方法,例如扣球技术中关键的人—球关系保持。

(5)对比讲解

对比讲解是运用技、战术相关理论,对某一环节操作时的异同、正误、优劣等予以辨析,且多用于解决较复杂技、战术教学难点的一种讲解方法,例如垫球击球点的空间位置。

运用讲解法应注意以下几个问题：

第一，明确讲解目的。针对课时任务、目标和练习要求，要讲清重点和难点。针对练习过程中出现的问题，依据其涉及范围，选择性地使用个人、小组和集体讲解形式。

第二，讲解的内容既要科学，又要符合学生的实际接受能力。尽可能使用相关学科原理进行讲解，但必须将其转换为实际生活中的实例，以便学生理解与接受。

第三，讲解应少而精。尽可能使用最集中、最概括、最精练的专业口诀、术语，讲清教材的重点、难点和关键环节，例如扣球两步助跑的节奏"先慢后快"。

第四，讲解要富有启发性。教师的讲解应尽可能联系日常生活中的经验，启发学生结合教材内容，引导学生积极思维，例如利用物体高速运行时突然停止所产生的状况，用以说明起跳过程中"制动"的动作功效。

2.演示法

演示法是教师将所教技术的正确动作用教具或做动作表演出来，让学生对技术动作有正确的认识。教学中适时地进行技术动作示范和战术配合方法示范，运用幻灯、投影、挂图和录像等电化媒体手段，使学生通过看来直观地感知教学内容。实践中演示要与讲解相配合。一般可采用以下几种演示方法。

(1)动作演示法

动作演示法，是指教师（或指定学生）在教学现场通过具体的动作范例，与讲解法结合，使学生建立正确的技术动作概念，了解动作方法、要领，以指导学生学习技术动作和进行技术练习。在排球运动技术教学中，运用示范法时要根据排球运动技术教学的任务、内容、要求，有目的地进行示范。完整技术教学的示范要清楚显示完美的动作形象，体现完整动作的连贯性。而单个环节的动作要显示动作关键。同时，示范动作要正确，要按照技术动作的规范进行示范，力求做到动作准确、熟练、轻松、优美。而且示范的动机和位置要适当，要在学生最需要看示范的时候及时做示范，示范位置要使全体学生都能看到和看清。

(2)多媒体演示法

多媒体演示法是指运用图片、教具、模型、影视及计算机多媒体等进行演示教学。它能生动、形象、准确地帮助学生建立技术动作概念，尤其运用影视或计算机多媒体技术的各种手段，使学生对排球运动技术的了解更加直观、信服，可激发学生学习排球运动技术的兴趣，提高教学效果。在运用多媒体演示法教学时要注意图片资料演示要与影视相结合，使学生建立正确技术连贯的动态概念，避免产生动作技术脱节的现象。而且，运用影视演示教学要有明确的目的性，结合慢速度播放，及正常速度与慢速度相结合，让学生看清所学技术动作的画面，尤其是关键技术，必要时教师要加以引导。

运用示范法应注意以下几个问题。

第一，示范动作必须按照动作规格要求进行，力求准确、熟练、轻松、连贯、完美，给学生建立一个生动的动作视觉表象。

第二，明确示范目的，合理选择示范的时间维。在教新教材时，为了使学生建立完整的动作概念，应进行常速的完整示范；为掌握技术的某一动作或动作的某一环节时，则应进行中速、低速,甚至静止示范。例如,正面传球的手型与触球部位,可采用静止示范。

第三,明确示范目的,合理选择示范的空间维。对于不需要固定场地的教学内容,如准备姿势、移动、垫球,可以在队列中央的正面、侧面选择示范位置;对需要固定场地、器材的教学内容,如发球、扣球和一般二传,则需要合理安排学生队形和示范位置。与此同时,对于复杂技术,例如传球和扣球,还应合理选择示范方向。

第四,示范与讲解相结合。在学习新教材时,介绍了技术动作名称、作用之后,应先做一次完整的动作示范,再讲述动作方法;在教复习教材时,应先讲解,后示范,并将关键性环节的讲解与强化性示范同步进行,如扣球击球臂动作轨迹、传球退让性动作。

3.完整法

完整法是从动作开始到结束,不分部分和段落,完整、连续地进行教学的方法。其优点是不割裂动作环节之间的有机联系,不破坏技术动作结构。其缺点是不易掌握技术动作的关键环节。它多用于技术动作结构相对简单和技术动作内在结构严密而不易分解的教学方法,例如垫球和扣球技术。

运用完整法应注意以下几个问题。

第一,简化动作要求。在开始进行复杂技术动作的完整教学时,应通过降低动作难度的途径,用简化动作要求的措施达成完整技术教学的目的,如助跑起跳扣固定球。

第二,先注重技术动作的外形,后强调技术动作的内核。在进行复杂技术动作教学时,应在粗略掌握动作技术的基础部分和动作过程的前提下,逐步突出诸如方向、路线、节奏、发力顺序等动作细节。

第三,尽可能多地运用诱导性练习。以技能形成和迁移规律为基本原理的诱导性练习,具有与所学技术动作的结构相似、肌肉用力顺序趋于一致、练习情境雷同的特征。因此,它对正确掌握动作技术的重点和难点,加速动作技能的形成具有较大促进作用,如传实心球、扣击吊球。

4.分解法

分解法是把完整技术合理地分成几个部分或几个段落,然后按部分或段落逐次叠加,直至最后完整掌握技术动作的教学方法。其优点是可以简化动作技术的掌握过程,有利于动作技术重点和难点的学习。其缺点是易于破坏技术动作结构,干扰正确技术动作形成。分解法又可具体分为以下几种形式。

(1)单纯分解

单纯分解是一种将技术或战术分成若干个部分,按其先后次序,依次逐一教学,最后再将若干个部分全部综合起来的教学方法。此法适用于技术动作或战术结构相对松散而又较分明的教材,如发球,先教准备姿势,再教抛球,然后教挥臂击球动作,最后将三个部分连接起来。

(2)递进分解

递进分解是一种将技术或战术分成若干个部分,按其先后次序,先教第一部分,再教第二部分,然后将第一、二部分联合起来学习,学会后再教第三部分,第三部分学会后,再联合

第一、二、三部分进行学习,直至完整地掌握技术或者战术的教学方法。此法适用于技术动作或战术结构相对严密的教材。例如,"中一二"进攻战术,先教后排三人接发球站位,再教三人接发球,然后将三人接发球站位和三人接发球结合起来学习,基本掌握以后再教"中一二"进攻阵型,最后将"中一二"进攻阵型与前面的两个部分联合起来练习。

（3）顺进分解

顺进分解是一种将技术或战术分成若干个部分,按其先后次序,先教第一部分,学会后再教第二部分,第一、二部分学会后再加教第三部分,直至完整地掌握技术或战术的教学方法。此法适用于技术动作或战术结构相对较严密的教材。例如,正面扣球,先教助跑起跳,学会后再教原地挥臂击球动作,助跑起跳与原地挥臂击球动作学会后再教助跑起跳扣固定球,助跑起跳扣固定球学会后再加助跑起跳扣抛球,直至完整地掌握正面扣球技术。

（4）逆进分解

逆进分解是一种与顺进分解法相反,先学最后一部分,依次从增加前一个部分直至完整地掌握技术或战术的教学方法。此法适用于技术动作或战术难度相对较大的教材。例如,正面扣球可先教空中击球动作。

运用分解法应注意以下几个问题:

第一,技术动作环节的划分应以不影响动作技术的结构特征和不破坏各技术动作环节之间的有机联系为前提。

第二,运用分解法的时间不宜过长。为了防止分解的动力定型和破坏动作技术完成的连贯性,应适当地与完整法结合起来加以运用。

5.纠正错误法

在练习过程中,学生不可避免地要出现错误动作,教师必须及时采取相应的措施予以纠正,此时要运用纠正错误的方法。教学实践中,纠正错误首先要找到产生错误的原因,然后再采用相应的措施进行纠正。

运用纠正错误法应注意以下几个问题:

第一,钻研教材,总结教学经验,分析错误成因,把握教材重点和难点,预设预防措施,及时提供纠正手段。

第二,合理选择与运用诱导性练习,预防旧动作技能对新学动作技术的干扰,适时采用有效的专门化练习,纠正错误动作。

第三,找准直接关系到动作技术完成与否的关键环节,采取相应限制性练习的纠正措施,予以及时强化。

（二）现代教学方法

排球运动现代教学方法,代表着排球运动教学手段现代化的发展趋势。排球运动现代教学方法的理论基础来自现代科学理论中关于学习理论的研究成果,如认知心理学中发现学习理论和掌握学习理论、新行为主义心理学中关于程序学习理论和社会学习理论等。这些方法的共同特点是把当代系统论、信息论和控制论运用于教学实践,强调教学过程中学生的主体作用,使学生成为教学过程中的主人,而教师则处于主导的地位。现代教学方法能够最大限度地调动学生学习的积极主动性,在传授知识技术的同时,注重能力培养。现代排球教学主要有以下方法。

1. 发现教学法

发现教学法是指在教学开始时期以及教学全过程中,不断提供学习的有关线索,找出学生学习与训练方面可能遇到的一些问题,让学生独立发现问题,让学生带着问题去学习、练习的一种教学方法。教师通过指导语的方式对所授教材内容进行改造,使之成为学生通过努力可以自行解决的问题,同时向学生提供大量观察和分析的直观感知材料。学生在课前根据自己对排球运动知识的理解,以及自己的经历进行预习,带着遇到的问题,到课堂上寻找解答方案,在学生解决问题时教师给予必要的指导,最后采用分析和归纳的方法共同进行总结。此方法在学习排球运动战术和理解攻防关系、掌握技术要点时十分有效。

2. 程序教学法

程序教学法是将技术教学过程按设计好的步骤来执行的一种方法。在程序设计好以后,便在教学中按照程序进行教学,如遇某一步程序任务没有完成,则通过反馈退到前一步程序中重新执行或采用其他方法进行补救,否则便不能进入下一个教学程序中。程序教学法运用了控制论的理论与方法,可以控制技术教学的整个过程,把所学习技术内容分成一个个环节,一步步呈现给学生,以保证学生能够掌握较为复杂的技术。教学中,教师要求学生对每一步教学都要作出积极应答,教师观察学生练习时的动作表现以及提问对技术知识理解的情况,应给予及时确认。确认为正确的直接进入下一步学习,错误的则返回重新学习。这种教学对学生了解整个技术教学步骤,理解完整技术,提高自我控制能力都有一定的好处。

3. 掌握教学法

依据教学目的任务和初始测量的结果,把所教授的教材内容分解成具有不同层次的目标体系,然后依据目标分类体系制定出相应的评价标准。在教学开始时、过程中和结束时,分别对教学状态进行评价,开始阶段为初始评价,过程中为形成性评价,结束时为终结性评价。评价结果作为反馈信息提供给教师和学生,使教师始终了解教学目标达成度,通过重复教学、调整、强化和个别辅导等措施,使教学目标分层次实现,最终达到所有学生都得到提高和发展的教学目的。

4. 案例教学法

依据大纲的要求,选择排球比赛中比较典型的战例作为教材内容,教学中通过对案例分析,可以形象生动地进行教学,有助于使学生建立概念,归纳出要掌握的有关知识和要求,然后组织集体练习,最后达到掌握的目的。此方法通常在排球运动战术配合教学、运动规则与裁判方法的教学和排球运动竞赛组织编排等内容的教学中采用。运用案例教学法时,要注意案例的选择能反映教学内容,并具有典型意义,同时要求学生具有一定的运动基础。

5. 合作教学法

依据社会学习理论,把排球运动教学组织作为社会活动的过程。教学中依据自愿的原则把学生分成人数不等的若干个小组,练习时要以小组为单位结成"伙伴对子"。小组内发挥技术骨干的作用,优生帮助差生。教学过程中多运用小组练习、小组竞赛和小组评价等方法进行活动,在小组和伙伴的合作活动中学习掌握教学内容,使学习成为学生之间的合作活动,在合作学习环境中完成学习任务。

二、排球运动训练的基本方法

(一)身体训练法

1.持续训练法

持续训练是指在相对较长的时间内,持续不断地进行较稳定的、强度不大的排球练习方法。这种训练方法能很好地发展排球运动员的一般耐力和有氧耐力,是排球运动身体素质训练中最为常用的训练方法,如较长时间的匀速跑。在非周期性项目中,常用于巩固提高技术和发展专门耐力,如排球连续垫球、多次滚翻救球等。

在运用持续训练法进行排球训练时需要注意以下几点:

(1)由于持续训练时间较长,练习量较大,因此强度不应太大。一般情况下,心率控制在130~160次/分之间,并以恒定运动强度,有利于发展一般耐力。若要提高专项耐力,则可以提高强度,持续适当时间。

(2)在训练期或休整期,采用中小强度进行持续训练,是为了发展或保持一般耐力水平。

2.重复训练法

重复训练是指按照要求不改变动作结构和运动负荷量,反复进行练习,使条件反射得到建立、巩固,从而使运动技术形成牢固的定型。重复训练法也常用于排球技术训练中,对运动员掌握和提高排球技术水平具有重要的作用。

重复训练法在两次练习之间的间歇时间没有严格规定,通常是使运动员得到充分恢复后再进行下次练习。因此,常用于极限或次极限强度负荷的排球训练中,强度可达极限强度的90%以上。

排球运动员运用重复训练法进行训练时需要注意以下几个方面:

(1)重复训练用于排球技术训练时,一般要注意以下两点要求:一是要严格按技术规范练习,而在负荷强度上不提出过高要求。为了掌握和巩固正确动作,必须有一定重复次数作保证。但是,如果排球运动员连续出现错误动作,就应该停止练习,以防止形成错误的动力定型。二是在保证重复练习次数的基础上,逐步增加练习量和强度,使运动员在较困难的条件下保证技术的正确性、熟练性。

(2)重复训练用于排球运动身体素质训练时,应尽量采用简单而有实效且已基本掌握的练习作为训练手段,在确定练习数量、负荷强度、重复次数时,要根据运动员的实际情况进行安排。对身体素质训练水平较差或身体机能较差的排球运动员应降低要求,并在练习之间安排较充分的休息时间,随着训练水平的不断提高,逐步加强练习次数、负荷强度和重复次数。

(3)采用重复训练方法时,应明确进行排球训练的最终目的,提高训练积极性。重复训练法由于反复练习同一动作,容易产生单调乏味情绪和分散注意力,从而影响训练效果,在实施训练过程中,应灵活地结合一些排球比赛或游戏活动,以提高重复练习兴趣。

3.间歇训练法

间歇训练法是指依规定要求进行排球练习后,按照严格规定的时间和休息方式进行休息,在机体机能尚未完全恢复的情况下,就进行下一次排球练习的训练方法。由于这种方法是在运动员机体未能完全恢复时就进行下一次练习,所以能有效地提高呼吸和心血管系统的机能。间歇训练方法同重复训练方法的关键区别在于,间歇训练每次练习的间歇时间有严格规定,要在排球运动员机体机能能力未完全恢复的情况下就开始下一次练习;而重复训练的间歇时间是在排球运动员机体机能能力基本恢复的情况下,才进行下一次练习。在排球运动训练时,可根据训练强度来安排间歇时间。间歇训练法可分为慢速间歇训练法和快速间歇训练法。

(1)慢速间歇训练法

慢速间歇训练法的特点是练习强度不大(约30%～50%),可用于发展有氧耐力和局部肌肉耐力。

(2)快速间歇训练法

快速间歇训练法一般强度较大(50%～80%),多用于发展无氧耐力、速度力量和速度耐力。

在运用间歇训练法进行排球训练时需要注意以下几个问题:

首先,要根据训练任务安排间歇训练方案。间歇训练法由五个要素组成:即每次练习数量、每次练习负荷强度、重复次数、间歇时间及休息方式。它们是相互影响、相互制约的,因此在变换或调整某一要素的参数时,要充分考虑到其他因素的影响。

其次,某一间歇训练方案确定后,应经过一段时间的训练,使运动员有了适应和提高后,再根据训练任务和具体情况,适时地进行调节变换。

最后,间歇时的休息方式以轻微活动为好,这种轻微活动可以加速血液循环,帮助排除代谢所产生的废物。

4.变换训练法

变换训练法,是指在排球训练过程中有目的地变换练习负荷、单个动作结合,以及变换练习环境、条件等进行训练的方法。在负荷较大、比较枯燥的身体素质训练中,采用变换训练法,可提高运动员兴趣,对神经系统有良好的调节作用,有利于提高训练效果。采取变换训练法时,负荷的变换、动作组合的改变和条件的改变都要循序渐进进行,避免要求过高,不要骤然突变。

排球运动中运动员常采用的变换训练方法有:改变负荷的变换训练法、改变动作组合的变换训练法、改变练习条件和环境的变换训练法。

(1)改变运动负荷变换训练法

改变负荷的变换训练法主要用来提高机体对不同负荷的适应能力。它既可用于发展有氧耐力,又可用于发展专项速度耐力。

（2）改变动作组合变换训练法

改变动作组合的变换训练法多用于排球运动的技术训练。采用这种训练法对提高排球动作技术，尤其对提高连接动作的能力有重要意义，同时对技术多样可变性提出了更高要求，运动员可获得多种感觉的信息，有利于提高神经系统调节能力。

（3）改变练习条件和环境变换训练法

改变练习条件和环境变换训练法分别是改变排球练习环境和改变排球练习条件两种训练方法。改变排球练习条件的训练法，如改变排球场地条件、干扰条件、有对手和无对手条件以及和不同技术特点的对手在对抗条件下练习等。这种训练法主要是使运动员提高适应变化条件的能力，提高在变化条件下发挥身体素质和运用技术的能力以及心理稳定性。改变排球练习环境的训练法，这种方法常用在适应排球比赛环境的训练方面，如根据排球比赛地点的特点，寻找相类似的地方进行排球运动训练。

通过以上三种变换训练法，能有效提高机体对排球比赛的适应能力，改进提高排球运动技术与战术，以及提高运动员的身体素质训练水平，有利于培养运动员的各种运动感觉，克服练习时所产生的单调枯燥感，提高对排球练习的兴趣和进行排球练习的积极性，对推迟疲劳的出现也有着积极的意义。排球运动在进行变换训练时应注意以下几个方面：

首先，在进行变换训练时，应根据排球训练的具体目标，有目的地变换练习的运动负荷、技术动作的组合、练习的环境和条件等。

其次，变换条件训练时，应根据排球训练计划的基本内容灵活采用，要有利于排球技术、技能巩固和运动员身体素质发展。

再次，在排球技术训练中，采用变换训练达到目的后，要注意及时恢复到正常情况下的练习。纠正错误动作，避免由于变换条件训练形成的，与比赛正式要求不相适应的动力定型，增加或减少练习重复次数与调整间歇时间。

最后，随着排球训练水平的提高，应逐步增加练习数量，提高每次练习强度。

5. 循环训练法

循环训练法是指根据排球训练的具体目标，建立若干练习站（点），运动员按照既定的顺序、路线，依次完成每站（点）的练习，周而复始地进行排球训练的一种方法。

循环训练法主要用于排球运动员的一般身体素质和专项身体素质训练，也可用于排球技术和战术训练。由于循环训练法每站都有先确定练习的内容、要求和负荷参数，并能结合其他训练方法形成不同的循环训练方案，所以，根据排球运动训练重点的安排、练习内容及循环顺序、每站练习的负荷量和强度、站与站每次循环之间的间歇时间、站的数量和循环的次数等，可以分为耐力循环、力量循环、速度循环、速度力量循环、协调循环等不同形式的循环练习。

在进行排球运动训练时，采用循环训练法要注意以下几个方面。

（1）根据训练目标确定各站的内容和站的数量

由于练习是连续进行的，因此练习内容应是排球运动员已基本掌握、并有目的地突出重点。各"站"的练习应保证排球训练任务的完成,并应是运动员已经掌握的动作。其中应以某一"站"或某几"站"为重点,要保证重点"站"的训练效果。内容顺序应根据练习对各器官系统和肌肉部位的不同要求而交替安排,各"站"的练习相对带有局部性特点,即针对训练某种局部能力或部位的练习,因此要将发展不同素质和不同部位的练习合理交替进行,不要使同部位的练习连在相邻的两个"站"出现。站的数量一般以 7~10 个为宜,循环一周的时间约 5~20 分钟,各站之间间歇为 15~20 秒。休息方式一般为中或轻度的积极性休息。循环周数取决于排球训练任务的需要和"站"数的多少。各"站"负荷一般选取运动员自己极限负荷的 1/3 至 1/2。可定期逐渐增加负荷。训练频率通常为每周 3 次,持续时间至少 6 周。

(2)针对特点,因人而异确定负荷

练习负荷的安排要从每站练习的数量、强度、间歇时间、循环次数等全面考虑。每站负荷一般为受训练者所能承担最大负荷的 1/3~1/2。循环一周的时间为 5~20 分钟,各站之间间歇一般为 15~20 秒。

(3)组合和变换循环练习的形式

在实践中,可根据运动员的不同情况,安排各种形式的循环练习,如流水式:即一站连一站的练习。轮换式:即将全队成员分成若干组,各组在同一时间内练习同一内容(或在同一个练习站练习),按规定时间一组一组轮换。分配式:即设立很多个练习站,可多达十几个,然后按运动员具体情况分配每个运动员练习某项内容以及练习次数。

6.竞赛训练法

竞赛训练法是指排球运动员在排球竞赛或者游戏的条件和要求下进行训练的一种方法。它不仅是训练的一种手段,是检查排球训练效果的有效方法,而且能有效提高运动员创造性地运用知识、技术和战术的能力以及提高身体训练水平,对培养运动员的应变能力和提高运动训练的实战能力等,具有十分重要的意义。根据训练目标,在排球运动训练中,常用的竞赛训练法主要包括游戏性竞赛、训练性竞赛、身体素质竞赛、测验性竞赛和适应性竞赛等。

在排球运动训练中,运用竞赛训练法时要注意以下几个方面。

(1)负荷要适宜

在排球竞赛训练中,通常易激发情绪与兴趣,能量消耗多,而且较难控制和调节练习中的负荷。因此,在采用此法时,要根据排球专项训练的需要,选择适合运动员特点的竞赛内容和形式,并注意防止因竞赛负荷过大,而影响训练目标和内容的完成。

(2)注意运用时机

采用排球竞赛训练时,教练员既要注意引导运动员发挥自己的特长,又要秉公执法,严格执行比赛规则,及时引导和教育运动员不要有违规行为出现,提高自我控制能力,培养优良体育作风。另外,在排球运动技能尚未形成之前和疲劳时,不宜采用竞赛法,以免影响刚刚形成而尚未巩固的动作技术,同时也可防止伤害事故发生。

(二)心理训练法

在排球运动训练中,心理训练也具有重要意义。心理训练是为了适应现代运动竞赛水平发展需要,随着体育科学与心理科学的发展而逐渐形成和发展起来的,是与体能训练、技术训练、战术训练享有同等重要地位并与它们一起共同构成科学、完整和现代化的运动训练体系必不可少的重要组成部分。

排球运动员的心理训练,就是指有意识并有目的地培养、发展和完善排球运动员在从事专项运动活动时所必须具备的各种心理素质和心理品质的一种教育过程。

实施运动员心理训练的目的就在于发展、提高和完善排球运动员达到最高运动水平时所必须具备的各种心理品质,排除在训练、竞赛过程中阻碍自己获得和发挥运动水平的各种不良心理状态和消极的心理因素,确保最佳竞技水平的获得与发挥。为了实现这一目的,通过心理训练改善心理过程,挖掘心理潜力,掌握心理自我控制调节的策略与方法,提高心理活动水平,从而获得与发挥最佳竞技水平。心理训练主要有以下方法。

1.集中注意力训练

注意力训练是一个综合的努力过程,所采用训练方法也是多方面的。在心理训练中,以下方式的练习颇有成效。具体有以下几种方法:

(1)视物法。看自己面前排球的各部分特点5秒钟,闭目重现5秒钟,再看有何遗漏。

(2)看表法。看着秒针一下一下地移动。最好能坚持60~90秒。

(3)教练故意低声说话,运动员要听清就必须高度集中注意力。

(4)做游戏,达到训练运动员集中注意力并迅速转移注意的目的。

2.放松训练法

利用语言暗示、意念和想象的力量,有意识、系统地训练肌肉动作逐步达到松弛,减缓呼吸,从而使身体、情绪、心理均处于平静状态。放松训练,主要用于针对赛前心情过分紧张和情绪过分激动的情况采用。放松训练的具体方法有自我暗示放松法、肌肉放松法、转移注意和呼吸调节。

(1)自我暗示放松

采用经常性心理训练方法,让队员在心里反复默念"镇静、镇静、镇静就是胜利"。

(2)肌肉放松

先使自己某一块肌肉紧张僵直,然后尽量放松,使自己充分体会到放松的滋味。

(3)转移注意

改变常规的赛前活动形式和内容,使队员获得心理上的放松。如将会议形式的准备会改为在公园里散步谈心;让队员去做最感兴趣的事及其他可转移队员紧张情绪的方法。采用何种方法应有针对性,要区别对待,切不可勉强队员去从事不喜欢干的事。

(4)呼吸调节

通过深呼吸有可能使运动员的情绪波动稳定下来。情绪紧张时,常有呼吸短促现象。特别是过于紧张时运动员常有气不够喘或吸不上气来的感觉,这是呼气不完全造成的。这时可以采用缓慢的呼气和吸气练习使情绪的兴奋性下降。情绪低沉时,可采用长吸气与有力的呼气练习提高情绪的兴奋水平,这就是呼吸调节。

3.表象重现与念动训练

表象重现训练也称想象训练、念动训练、视觉化技术等,是运动员有意识、系统地在脑中再现原已形成的运动动作表象。表象是过去感知的事物在头脑中的重现,是一种重要的心理能量,它能帮助运动员加快熟练技能,加快学习新技术,改变不良习惯,演练比赛情景,预想行动方案,提高自我观察力,建立自信心。研究证实,通过表象训练提高表象能力,可以提高动作精确度 34%。

念动训练在基本技术训练中可以广泛采用。因为排球技术练习多是单个技术的重复练习。有充分的时间来进行意念活动并使意念和动作完全结合起来。少年队员主要是解决那些基本规范技术;成年队员主要是解决那些高难技术。

4.语言提示与自我暗示

教练员和运动员通过一些有针对性和诱导性的语言,对心理过程施以影响,以达到调整情绪、意志过程的目的,就是语言提示。这些语言提示由运动员自我在内心进行,就是自我暗示。提示和暗示首先要有针对性,否则就没有效果,提示和暗示还要有诱导性,而且必须是积极的诱导。

(1)关于"摆正位置""端正动机"方面的积极提示

教练员应正确、客观地分析双方实力对比,使运动员摆正自己的位置。若双方实力"势均力敌"或一方稍弱一点,要用积极、正面实力的语言启发运动员立足于"拼",使队员获得"增力"情绪。若稍强于对手,要用中肯的语言使运动员做好充分的困难准备,树立起在"拼搏"中取胜的信念。

(2)关于增强信心的积极提示和暗示

教练员多用鼓励性的语言,肯定队员的优点和成功,要让队员对自己充满自信,使队员充满必胜信念。

(3)运动员个人的积极暗示

运动员在对自己的实力和发挥产生怀疑时,就会出现信心不足。因此,运动员应进行增强信心的自我暗示,不轻易地否定自己,不怀疑自己的成功;相信自己,允许自己有失误;挖掘自己的潜力,相信自己有很大的潜力可挖等。

(4)运动员之间的提示

队员间的语言提示可以以两人谈心,3～4 人小组或者 6 个主力队员在一起的方式来进行。

5.意志训练

意志对行动的调节有发动和制止两个方面,前者是推动人去从事达到预定目的的活动,后者则是制止不符合预定目的的行动。同时,意志不仅调节外部动作,也调节人的心理状态。意志和认识过程、情绪、情感都有着密切的联系。在进行意志训练时要注意与它们的关系。在运动训练实践中,培养意志品质主要是通过克服运动实践本身的困难和教练员有意制造的困难。在克服困难的训练中,可参考以下方法。

(1)鼓动法

表扬本队意志坚毅的队员,介绍排球界意志顽强、战胜强对手的事例,激励队员产生仿效的愿望,从而乐于接受困难和自觉地培养意志。

(2)刺激法

通过大强度、大密度的训练,刺激有机体,使之能逐步承担更大的运动量,同时也增强了运动员克服困难的信心和勇气,增强了意志力。当然,刺激量也应该是循序渐进的。

(3)诱导法

激发和诱导运动员对某种训练手段的兴趣,在积极参加训练实践中得到意志的培养。在诱导中注意循序渐进,从易到难。

(4)强制法

教练员的命令、规定及竞赛规程中的规定等内容,不管运动员乐意不乐意,都必须按要求去进行或完成。

6.应激控制训练和生物反馈训练

在激烈的排球竞赛中,运动员往往出现应激过度现象,从而使心理能量被消极感受掠走,导致动作变形、乏力而失败。所以应激控制训练更多的是针对过度应激的控制训练。应激控制训练的主要方法有环境刺激控制训练、身体应激控制训练和积极性思维控制训练。生物反馈训练是借助现代仪器把运动员机体的生理信息传递给运动员,使其经过反复练习,学会调节自身生理机能的方法。它可以提高运动员的运动感知能力,促进动作技能形成,校正技术动作,调整情绪,消除紧张,改善机体各器官系统机能。

7.音乐调节

通过情绪色彩鲜明的音乐控制情绪状态叫做音乐调节,音乐能够影响人的身心健康,这一概念早已为人们所接受。研究表明,音乐能使人产生兴奋、镇定、平衡3种情绪状态,可以用来消除大脑工作所带来的紧张,也可以帮助人体内在地集中注意力,促使大脑的冥想状态井然有序。因此,运动员如果有异常的情绪表现(如过分紧张),听一段轻音乐或喜爱的歌曲,往往能得到调节情绪的良好效果。

8.模拟训练法

模拟训练是根据比赛环境、条件及对对手特点的了解和分析后而作出的适应这些情况的安排。模拟训练可使运动员事先就习惯于比赛过程的各个环节,形成"先期适应"。日常训练中的模拟训练,因为没有特定的比赛对象和条件,主要是根据运动员的心理特点来进行。如有的队员在第一个发球成功后,不善于控制自己,第二次发球总是失误。训练时,当该队员发好第一球后,教练员立即提出"连发3个好球"的要求,让队员学会及时进行心理调节。又如有的队员在比赛时第一次接发球没接好,就会失去信心,从而影响以后的接发球效果。在练接发球时,教练员模拟对方发球者专找该队员发球,要求他做好充分准备,力争接好第一球。接好第一球后就算这一次模拟结束,再来第二次。当出现第一次接球不成功时,立即进行第二次接球,要求运动员仍要用第一次接球的状态去接球。教练员还应进行技术纠正和心理提示,帮助运动员首先是接好第一球,在第一球未接好时,力争接好第二球。这样训练多次,就可以解决运动员的心理问题,帮助队员稳定地发挥技术。

9.对赛前不良情绪的对策

临赛前夕,运动员出现情绪过分激动状态时,应针对其具体情况,用语言调整比赛动机和期望水平,使其恢复至适宜状态。还可以采用"转移注意""放松训练""安慰疗法"等方法来逐渐缓解过激情绪,尽量使其下降至正常水平。

赛前出现情绪冷漠状态时,应针对其具体情况,用语言激励、动员、鼓励队员,调动其参赛积极性。对信心不足的队员除鼓励之外,还要帮助他进行实际的分析,制定具体的对策,提出具体办法。

第三节　排球运动教学计划的制订

一、排球运动教学大纲的制定

排球教学大纲是排球教学计划的具体表现形式,是按照学科专业教学计划的要求,规定排球课程具体内容,实施排球教学工作的一个法规性文件。它是选编教材、教师实施教学、合理进行考试命题、课程评价、促进课程建设的依据和标准。

(一)教学大纲制定的基本结构和内容

1.大纲说明

一般是说明制定大纲的主要依据,教学指导思想,教学内容学时分配,以及课程目标、要求等。

2.教学目的与任务

根据培养目标,结合排球运动教学的特点,明确提出本课程在理论、知识、技术、战术、规则能力培养和素质教育等方面的具体任务。

3.教学内容

教学内容应包括理论、实践和能力培养3部分内容。基本理论应包括排球运动概述、技战术理论分析、中学排球教材教法、竞赛组织工作、规则与裁判法、场地设施与管理、课余训练与健身指导;实践部分的基本技术战术教学内容要列出技战术名称,标明教材内容的层次关系,即普修内容与专修内容或重点内容与一般内容;基本能力的培养要提出具体内容,如运用教学原则、选择教学方法与手段、组织教学工作的能力;讲述排球技战术理论方法的能力;自学、自练、自评和创新能力;辅导课外活动、组织竞赛和裁判工作能力等。

4.教学基本要求

教师自身要加强职业道德修养和行为规范,努力提高业务素质,不断更新理论知识,联系排球课程教学实际,以身作则,教书育人,真正成为学生的楷模。在教学过程中,重视教学方法的改革与创新,注重运用多样化、现代化的教学手段,提倡教学相长,培养学生的自学、自练、自评能力和创新能力。

5.成绩考核

成绩考核应包括考核的内容、方法、标准,以及技评与达标、理论与实践和能力考核的比重等。

6.教学基本条件与教学措施

为了有效地保证教学正常进行,必须配备必要的场地设备与器材。教学措施,主要是指完成教学大纲任务的组织措施和教法措施。

7.教材与教学参考书目

为了提高教学质量,保证教学任务的顺利完成,对教师必备的书籍和参考用书应有明确要求,即使用与大纲内容有关的教材。此外,也要选择其他比较权威的排球专著,扩大知识面,丰富补充教材内容与教学方法。

(二)教学大纲制定的注意事项

(1)要考虑排球学科自身的特点,注意在实现培养目标的总体前提下,使课程教学内容既要紧密衔接,又要防止遗漏、避免重复。

(2)大纲所列的教学内容要有相对稳定的基本知识理论和基本技能,反映出学科的最新成果。培养能力等实践性教学环节应在教学大纲中占有重要位置。

(3)按照学科的科学体系和教学法的特点建立严谨的课程教学内容顺序。

(4)在所学知识的分量上既符合培养目标的要求,又适合学生的接受能力。

(5)文字清楚、语言精练、格式统一、名词和术语规范准确,使教师能准确把握学生掌握教材程度的含义。

二、排球运动教学进度的制定

排球教学进度是具体落实排球教学大纲中所规定的教学内容、教学时数、考试考核等核心要素的教学工作计划。它是教师编写教案的重要依据之一。科学地安排教学进度是保证教学质量的基本途径。

(一)教学进度制定的基本结构和内容

教学进度一般以卡线表形式出现,其基本结构和内容如下。

(1)表题。进度使用的对象及年、月、日。

(2)表格的纵向结构与内容。一级纲目由理论部分、实践部分、其他等三个部分组成。二级纲目由理论教材,技战术的主要教材、次要教材和介绍教材,其他的具体安排(如教学实习、教学比赛、裁判实习、考试、机动)等三个部分组成。

(3)表格的横向结构与内容。一级纲目由周次构成;二级纲目由每周所对应的课次构成。

(4)表体由若干次课及其内容构成。

(二)教学进度制定的注意事项

1.合理划分教学阶段

教学阶段的划分是整个教学过程中确定教材的教学时数和教材内容在进度中出现时机的基本依据,是保证课程教学质量的基本途径之一。排球普修教学进度一般包括以下 5 个阶段。

(1)单项基本技术教学及其串连阶段。

(2)单项基本技术运用及其串连阶段。

(3)多项基本技术运用及进攻战术教学阶段。

(4)多项技术运用及防守战术教学阶段。

(5)多项技术运用及攻防战术运用提高阶段。

由于 5 个阶段的教学目的任务有所不同,所以各阶段教学时数分配的比重亦应有所侧重。一般而言,第 1 阶段 30%,第 2 阶段 25%,第 3 阶段和第 4 阶段各占 20%,第 5 阶段占 5%。

2.合理安排各阶段教材序列

合理安排各阶段教材序列是保证课程教学质量的又一个基本途径。其操作要点主要如下:

(1)先以单项基本技术教学。

(2)复杂的单项基本技术一经出现,就必须连续出现,如垫、传、扣。

(3)随即出现单项基本技术运用,并连续出现。

(4)技术串连,如发—垫、垫—传等。

(5)基本技术分析理论课。

(6)出现进攻战术教学。

(7)防守战术。

(8)攻、防战术教学后,应为基本战术分析理论课。

(9)规则与裁判法理论课。

(10)排球技、战术教法理论课。

(11)教学比赛,并逐步向完整、复杂的条件过渡。

(12)一般教材穿插安排在相应的基本技、战术教材之后。

(13)介绍教材安排在课程结束前,以多媒体视频教材形式进行。

3.合理安排课时教材序列

合理安排课时教材序列是保证课程教学质量的另一个重要方面,其操作要点主要如下:

(1)每次课的教材最多不超过 3 个。

(2)新教材每次课最多 2 个。

(3)战术教材应与匹配的技术教材一起安排。

（4）一般教材应与匹配的主要教材一起安排。

（5）教学比赛不以教材形式出现，而以技战术教材中练习手段的形式出现。

三、排球运动单元教学计划的制订

（一）单元教学计划制订的基本要求

单元是由课组成的，若干次教学课组成了一个教学单元。需要注意的是，每个单元教学计划之间在内容上应该有所联系，在难度上应该有所区别。单元教学计划中的若干次教学课的内容也要有内在联系。换言之，单元教学计划应该在水平教学计划和学期教学计划的统领下，设定一个明确的教学主题，围绕这个主题，再设置相应的教学内容。在每次教学课之间，应该表现出内容的延续性、递进性、层次性、连贯性、关联性和衔接性。

单元教学是以一个教学单元（是指教学段落，通常把水平目标引领的教学内容分为大小不同的若干单元，即把性质相同的或有内在联系的教学内容组成一个相对独立的主题教学内容，并对这个主题教学内容作教学时数上的相对规定。）作为一个相对独立的教学单元，教学中必须从单元这个整体出发，统筹安排制定教学方案。即在一个相对规定的课时内，对某个主题教学内容进行系统的学习过程。它是由主题教学内容为基础设计的单元教学目标，为达成教学目标而采用的多种教学方法，选用多种课型，合理安排教学步骤等环节构成。

（二）单元教学计划制订的内容

单元教学计划的制订应充分考虑当地课程资源，本校实际情况和学生的兴趣爱好等因素。依据水平学习目标的要求，对教学内容做好教学时数上的层次性安排。单元教学计划的制订大体上要涉及七个层面的表述，即学习目标、学习内容、课次、难重点、学习方法、评价方法、课外作业等。

四、排球运动教案的制定

排球教案是根据排球教学进度中特定课次所规定的教材，根据授课的实际情况编写而成的每次课的具体计划。它是教师实施、控制课时教学进程的重要依据之一。科学编写课时教案是保证教学质量的基本途径。

（一）教案制定的基本要求

教案是单元教学计划的具体执行计划，是以一个课时为单位来设计和安排的。教案要根据单元教学计划的目标，结合学生的具体情况，选择相应的教学内容和教学策略来制定。教案是具体的教学文件，也是教师实施每次课教学的最直接依据。

教案的表现形式一般有三种：文字式、表格式和流程图式。但无论是哪种形式，一般都应该包括教学目标、教学内容、学习步骤（教与学的方法）、运动负荷控制、时间分配、教学组织和教学后记等内容。

在编写教案时，首先要摸清学生的基础情况，结合教学内容提出合理的教学目标和任务。教学任务不能提得过高或过低，要符合学生的实际水平，尽可能做到使大多数学生经过自己的努力能够完成任务。

(二)教案制定的基本结构和内容

教案一般以预先印制的表格形式出现,其基本结构和内容如下:

(1)教学任务(或者教学目标)。

(2)教学内容与要求。在这个目录下,又分准备部分、基本部分和结束部分。每部分均有活动内容及活动操作要求。

(3)时间。90 分钟课:准备部分 20～25 分钟;基本部分 60～65 分钟;结束部分 5 分钟。40～45 分钟课:准备部分 7～10 分钟;基本部分 30 分钟;结束部分 3～5 分钟。

(4)次数。根据教学内容及具体情况确定次数。

(5)组织教法。准备部分、基本部分和结束部分所有活动相对应的练习方法,其中包括教师活动(讲解、示范、纠正错误),学生练习队形,操作方式方法。

(6)课后小结。课时教学任务(或者教学目标)完成状况及其成因;下次课所要采取的主要对策。

(7)课外作业。布置本次课教材实践,或者理论作业;布置下次课实践,或者理论教材的预习内容。

(三)教案制定的注意事项

1.教学任务(或教学目标)

课时教学任务应具体。例如,某个技术(战术)教学任务(或目标),必须具体到某个技术(战术)的某一个环节。课次教学任务须具有递进性,以建立某项技术(战术)的概念,初步掌握、改进、强化、提高和巩固某技术(战术)某环节的序列依次延伸。课时目标制定时,例如技能目标,必须使用诸如"能够模仿""能够领悟""能够做到"等行为动词,并使用诸如"至少完成多少次什么动作""准确判断率达到 95%"等指标予以量化。在一个课次中,教学任务必须有道德品质教学任务,例如培养积极进取的集体主义精神。教学目标必须有情感教育目标,例如培养团队竞争与合作意识。

2.准备部分

准备部分的主要功能是使学生注意力迅速集中到课程任务(或目标)及操作要求上来,进而使学生身体各器官、系统机能逐步进入兴奋状态,为基本部分做好心理、生理准备。排球课准备活动的形式多种多样,但无论采用何种形式,准备部分活动内容都必须与课程任务相匹配,即为基本部分服务。体育院系排球课程可在准备部分有目的地安排学生进行教法实习。

3.基本部分

基本部分是实施课时教学任务(或目标)的主体部分。

(1)在教材安排的次序上,新授课教材领先,随后才是复习教材;技术教材在前,战术教材随后,身体练习教材则最后安排。

(2)在教学内容一栏里,每项教学内容下都需有要求,即操作过程中的详细注意事项。

（3）在组织教法一栏里,图文并茂地说明与每项教学内容相匹配的练习操作方式方法,并与教学内容一栏里相应的教学内容对齐。

4.结束部分

结束部分的内容主要由使学生身体各器官和系统的兴奋度逐步趋于相对安静状态的整理活动、小结课时任务(或目标)的达成度、布置课外作业和整理场地器材等 4 个部分组成。

（四）排球运动教案案例(大学一年级)

1.运动参与

（1）使学生参与到排球下手发球的练习中来。

（2）让学生了解跑步是日常生活、体育娱乐中最基本的一种活动能力,从而参与到跑步的练习中来。

2.运动技能

（1）通过对排球下手发球动作的复习,学生能在掌握的基础上提高技术,有 90％的同学能够将球发过网。

（2）通过练习,使学生掌握跑动的技术,提高跑动的能力。

3.身心健康

发展学生的速度、耐力、灵敏及协调性等身体素质,培养勇敢、顽强、拼搏进取的精神。

4.教学重点

排球下手发球时的直臂击球。

5.教学难点

克服学生厌跑的心理障碍。

6.教学流程

（1）课的导入

①常规教学

A.体育委员整队集合,检查服装、人数。

B.师生问好。

C.简单介绍本课的内容和要求。

D.安排见习生。

②要求

"静、齐、快",精神饱满。

（2）准备部分

①慢跑 2 圈(绕 4 个排球场的边线)。

②专门性准备活动:肩部—腰部—膝关节—手腕—脚踝。

③教法:组织学生慢跑 2 圈;带领学生做专门性准备活动。

④学法:按教师要求慢跑 2 圈;听教师口令进行准备操的练习;充分拉开身体各部分肌肉、关节。

（3）基本部分：复习排球下手发球

①教学步骤

A. 教师讲解示范排球下手发球的技术动作。

B. 了解学生的基本情况。

C. 及时纠正错误动作。

D. 巩固排球下手发球技术。

②教法

A. 讲解示范发球技术，提出注意点。

B. 分组练习，了解学生情况。

C. 及时纠正学生错误动作。

D. 组织学生进行展示，给予评价。

E. 再次分组对发练习。

F. 教师巡回指导。

G. 教师小结。

③学法

A. 认真观察教师示范动作。

B. 分组进行对发练习。

C. 及时纠正错误动作。

D. 个别同学展示，学生相互学习。

E. 积极参与，进行自评、互评，共同进步。

F. 小结。

（4）结束部分

整队集合、放松操、师生再见、回收器材。

（5）场地器材

排球 30 个、排球场 4 个、100 米跑道。

第七章　排球运动体能素质训练方法

第一节　排球力量素质训练方法

一、力量素质的概念与分类

（一）力量素质的概念

力量素质是指机体或机体的某一部分肌肉工作（收缩和舒张）时克服内部阻力（肌肉的粘滞力、关节的加固、肌肉间的对抗力等）和外部阻力（重力、支撑反作用力、摩擦力、空气或水的阻力）的能力。

生物学研究表明，人体的一切活动都是依赖于肌肉的收缩力量来完成的，人体的肌肉收缩维持着人体的基本运动能力。如果肌肉失去力量，人就无法进行活动，因此，对于人体来说，力量素质是最基本的身体素质。这种肌肉能力可以通过具体的力量素质训练获得。

（二）力量素质的分类

1. 最大力量

最大力量是指以最大限度地发挥机体神经肌肉系统的意志收缩对抗外力的一种力，机体的最大力量主要表现在克服和排除处阻力大小上。对于机体而言，最大力量是经常处在动态变化中，因此，机体的力量素质是可以不断发展的。训练实践中，可以通过发展肌肉内和肌肉间协调性的方法来提高最大力量。

2. 快速力量

快速力量又称速度力量，是机体在最短时间内发挥出最大力量的能力，可表现为速度和加速度，还可表现为爆发力、弹跳力和起动力。其中，爆发力是神经肌肉系统以最短时间用最大加速度爆发出最大的肌肉力量能力，其产生主要来源于肌肉弹性，主要是肌肉在运动瞬间通过非常短暂的拉长效果（肌肉向运动的反方向用力收缩）而产生的一种力量，它是一种弹性能。弹跳力是神经肌肉系统在触地前瞬间被拉长，随后在自动（触地）转化为缩短的过程中，以很高的加速度朝肌肉运动的反方向运动而产生的跳跃力，主要是机体刺激肌梭感受器引起的牵张反射结果，一般认为，机体的肌肉拉伸速度越快，肌肉工作转换越快，机体的起跳越高。起动力是神经肌肉系统在极短时间内发展最高的力量能力，在机体用力开始后约50毫秒就可达到较高力值，它是快速力量中收缩时间最短的一种力。

3. 力量耐力

力量耐力是机体长时间承受负荷对抗疲劳的能力，机体承受的负荷约为个人最大负荷的 30%。一般来说,在运动过程中,机体肌肉的 1/3 都会参与工作。

二、排球力量素质的训练方法

在力量素质训练实践中,力量素质的训练手段有多种,克服外部阻力是发展机体力量素质的重要手段和方法。这里主要结合身体的不同部位对力量素质的训练介绍如下。

(一)上肢力量素质训练

1.杠铃训练

(1)颈后伸臂:身体直立,双手约以肩宽间距反握轻杠铃于头后部。用力伸双臂向上提升杠铃,然后屈臂放下杠铃于原处,重复练习。

(2)屈肘:身体直立,双手约以肩宽间距反握杠铃于身体前部。用力屈双臂向上提升杠铃,然后伸臂放下杠铃于原处,重复练习。

(3)屈腕:双手持轻杠铃坐在凳子上,前臂与地面约保持 45°夹角,膝部支撑肘部。肘关节大约 90°夹角,只用腕部完成动作。连续进行手腕屈伸动作。

2.结合球的训练

(1)瑞士球俯卧撑:双手撑在球上,双脚掌撑地,身体成一斜线。向身体下方屈肘,使前臂"包"在球上,而后撑起身体,全身充分伸展,保持平衡,重复练习。

(2)实心球移动俯卧撑:俯卧,一手撑在球上,一手和双脚掌撑地,身体成一线。把两只手都放在实心球上,完成俯卧撑,换另一只手撑地。身体左右移动,两只手轮流撑在球上,尽量快速完成练习,重复练习。

(3)侧俯卧屈肘:手持一个较重的哑铃,其重力能够使人屈肘时在球上前后移动。躯干侧俯卧于球上,并固定练习臂,充分伸展练习臂后进行屈肘练习。

(4)仰卧伸臂:双手持哑铃仰卧在球上,双臂向上伸直。上臂固定下降哑铃至头两侧的球上。充分伸展臂后进行屈肘练习,伸臂过程中肘部始终指向上方。重复练习。

(5)压臂固定瑞士球:躯干正直坐在长凳上,一侧臂水平外展用手压住球。同伴以 60%～75%的力量向侧面各个方向拍球,练习者尽最大努力防止球运动。

(6)俯卧撑起跪推实心球:与同伴相对跪立,约 5 米间距,其中一人双手在胸前持实心球。持球人身体前倒顺势向上方双手推出实心球,推出球后双手撑地。双手迅速推地,将身体恢复跪立姿势,准备接球,重复练习。

(7)实心球俯卧撑:双手撑在球上,双脚掌撑地,身体成一线。向身体下方屈肘,而后撑起身体,重复练习。

3.其他辅助器械训练

(1)单杠引体向上:双手掌心向前,约以肩宽为间距直臂握住单杠。屈肩和肘关节向上拉引身体,重复练习。

(2)双杠臂撑起:双手掌心向下,约以肩宽为间距直臂在双杠上支撑身体。由直臂支撑身体姿势开始,屈肩和肘关节向下降低身体高度,然后再撑起身体,重复练习。

(3)爬绳:双臂微屈,双手握住绳索,双手依次握住更高位置,拉引身体提升高度。如果上肢力量不足,可用双脚夹住绳索以增加助力。

(二)躯干力量素质训练

1.杠铃训练

(1)转体:身体直立,双膝向前和身体外侧微屈,双脚左右开立约一肩半宽。肩负轻杠铃,微仰头,尽量向身体一侧转体至最大限度,约180°,再向身体另一侧转体直至最大限度,重复练习。

(2)体侧屈:身体直立,双脚左右开立约一肩半宽,肩负轻杠铃,微仰头。尽量向身体一侧屈上体,然后向身体另一侧屈上体直至最大限度,重复练习。

(3)体前屈:身体直立,双脚左右开立约一肩半宽,肩负轻杠铃,微仰头。前屈身体直至与地面平行姿势,然后伸背、伸髋恢复直立姿势,重复练习。

2.哑铃训练

体前屈转体:双脚约以两倍肩宽间距左右开立,掌心向内持哑铃,另一只手扶在腿上。持哑铃体前屈,肘、膝关节固定,使哑铃尽量接触对侧脚尖,然后竖直躯干,重复练习。

(1)体侧屈:双脚约以肩宽间距左右开立,一只手掌心向内持哑铃,另一只手扶腰。保持背部伸直,向持哑铃一侧尽量屈体,然后竖直躯干并尽量向反方向屈体(只在腰部完成侧屈动作,髋和膝关节固定),重复练习。

3.瑞士球训练

(1)仰卧起坐:双脚支撑地面仰卧于瑞士球上,连续进行仰卧起坐练习。

(2)仰卧双腿提球:仰卧,双腿放在瑞士球上,在双踝系一条带子固定住球。双臂向体侧斜下方向伸展贴在地面上,双手掌心向下。将双膝向胸部拉引,直至大腿与地面的夹角稍微超过90°,重复练习。

(3)俯卧伸背:把瑞士球放在宽长凳上,在瑞士球上俯卧,双手握住长凳两侧,双脚离地。以臀部肌群发力,提起双腿至与膝、髋和肩成为一线的高度。

(4)双脚抵墙体侧起:将球放在离墙壁约1米的地方。一侧髋部支撑侧卧于瑞士球上。下方腿在前,上方腿在后,双脚贴地面前后分开,并利用地面墙根固定。双臂胸前持实心球,或交叉抱胸,进行侧向抬起躯干的重复练习。

(5)举腿:将球放在可固定双手的横杠之前,腰背部支撑身体,双膝提起仰卧于瑞士球上,双手握住横杠。先提起骨盆,向胸部拉引双膝。当大腿达到与地面垂直位置时,展体并进一步上举骨盆和下肢,当骨盆和下肢达到最高点时,保持2～3秒,然后重复练习。

(6)仰卧膝夹球转髋:仰卧于地面,双臂向体侧方向伸展。膝关节呈90°弯曲,夹住实心球进行左右方向的转动练习。可以伸直双腿增加难度,用脚夹住实心球进行左右方向的转动练习。

(7)滚肩仰卧转体:坐在瑞士球上。向前迈步成仰卧姿势,上背部支撑体重,双脚在地面。双臂伸直,双手持实心球于胸前,躯干和臀部悬空,并与地面平行。持实心球左右方向连续转体。

4.其他辅助器械训练

(1)侧卧提腿:身体伸展侧卧在斜板上,上侧脚的踝关节固定系在拉力器绳索或橡胶带上。拉力方向靠近身体斜下方,尽量快速向上提腿,重复练习。

(2)侧卧腿绕环:身体伸展侧卧在斜板上,上侧腿做绕环动作。膝关节伸直,只用髋部肌群力量完成动作,尽量大幅度完成动作,换腿重复练习。

(3)背肌转体:身体伸展俯卧在山羊上,腿部固定在肋木上或由同伴帮助固定,上体下屈。双手交叉贴在头后,伸展身体至水平位置转体。身体左右方向重复练习。

(4)仰卧转髋:仰卧在垫子上,双手握在头后固定横杆上,收腹屈膝。快速向身体两侧转髋,使腿贴在垫子上,重复练习。

(5)两头起:仰卧在垫子上,身体充分伸展,双臂贴在头两侧伸直。四肢充分伸直,用肌群力量快速屈体,使手和脚在空中接触,重复练习。

(三)全身力量素质训练

(1)踩 T 形板传接实心球:双脚以肩宽站在 T 形板上手持实心球,与同伴相距约 2 步相对站立。保持屈膝、收腹身体姿势,保持膝关节在踝关节垂直上方。两人相互传接实心球,接球后在 T 形板上保持平衡 2 秒钟再传出。

(2)持实心球侧蹲:双脚以肩宽左右开立,向左侧分步进入侧蹲姿势,重心移到左腿上。充分伸双臂前送实心球,保持此姿势 2 秒钟。右腿蹬离地面形成开始姿势,左右腿交换重复练习。

(3)肩上侧后抛实心球:双手持实心球于胸前,背对投掷方向,双脚以肩宽左右开立。保持屈膝、收腹姿势。抛球前下蹲,将球沿身体一侧转到身后,然后以下肢发力带动躯干回转实心球,将球从身体另一侧肩上向后抛出。

三、排球力量素质训练的注意事项

(1)排球运动员应着重发展爆发性力量。

(2)力量练习前应有充裕的准备活动,负重练习时其负荷量应循序渐进,负荷量大时必须加强保护,身体疲劳时不宜进行力量训练,以免受伤。

(3)力量训练一定要全面,上下肢、前后肌群要平衡发展,离心收缩与向心收缩要成比例,主动肌、协同肌与对抗肌的放松练习也要纳入力量训练计划中。

(4)力量训练不应每次都集中某部位训练,虽然这样训练效果较好,但集中刺激过于频繁,容易使局部肌肉产生疲劳甚至伤害。因此,集中与分散训练应结合进行。

(5)力量训练要因人而异,根据不同年龄、形态、场上位置、个体特征等因材施教,循序渐进。

(6)在力量训练中要突出速度因素,不要片面追求负荷量和难度,关键是在动作正确的情况下选择适宜的负荷强度,重点突出速度。

(7)进行力量训练时,最好坚持认定的一个训练计划,并保持一段时期。同时,在每天的训练课后坚持记录,以便检查和调整训练计划。

第二节　排球速度素质训练方法

一、速度素质的概念与分类

（一）速度素质的概念

速度素质是个体快速做出运动反应并完成动作的能力,根据其表现形式,可将速度素质分为反应速度、动作速度和位移速度。运动员在大多数运动项目中所表现出来的速度素质,都是这三种表现形式的综合体现。构成速度素质的反应速度、动作速度、位移速度之间既有联系又有区别。因此,在发展速度素质中,要注意三者之间的相互关系。

（二）速度素质的分类

1.反应速度

反应速度是指人体对各种信号刺激（如声、光、触等）的快速应答能力。这种能力取决于信号通过神经传导所需时间的长短,即机体的感受器感受到刺激时,由感觉神经元传入至中枢神经,由中枢神经发出指令,经运动神经元传出至效应器肌肉,肌肉产生运动。这在运动中又称为反应时,反应时长反应速度慢,反应时短反应速度快。反应时受遗传的因素影响较大,反应时的长短与刺激信号的强度和注意的集中程度与指向有关。

2.动作速度

动作速度是指人体或人体的一部分完成单个动作或成套动作的快慢以及单位时间内重复动作次数多少的能力。动作速度的快慢取决于信号在各环节中神经传递速度的快慢,同时与神经系统对人体运动器官指挥能力关系密切,此外与人体各器官系统的准备状态、快速力量与速度耐力水平、动作熟练程度也有较大关系。

3.位移速度

位移速度是指在周期性运动中,单位时间内人体快速位移的能力。位移速度与神经过程的灵活性关系密切,神经兴奋与抑制过程灵活性越高,转换能力越强,人体两腿交换频率越高,位移速度也就越快。

二、排球速度素质的训练方法

（一）反应速度训练

(1)两人拍击:两人面向开立,听到开始口令后,设法拍击对方背部,而又不被对方击中自己。在规定时间内（每次1分钟左右）,拍击对手多者为胜。

(2)反应起跳:练习者围圈面向圈内站立,圈内1至2人,站在圆心附近手持小树枝或小竹竿（竿长超过圈半径）。游戏开始,持竿者将竹竿绕过站圈人脚下划圆,竿经谁脚下谁即起跳,不让竿打上脚,被打即失败进圈换持竿者。

(3)起动追拍:两人一组前后相距2~3米慢跑,听到信号开始加速跑,后者追前者,追上并拍击其背部就停止。也可在追赶时,教练发出第2个信号,让其后转身互换追赶。

(4)贴人:练习者若干人,成两人前后面向圈内站立围成一圆圈,左右间隔2米。两人在圈外沿圈跑动追逐,被追者可跑至某两人的前面站立,则后面的第3者即逃跑,追者即改追这第3者,如被追上为失败。

(5)抢球:用实心球围成一个圆圈,球数比练习人数少一。游戏开始练习者绕球圈外慢跑,听到信号各人就近抢球,谁没有抢到被淘汰,并去掉一球继续进行。

(6)压臂固定瑞士球:发展臂部和肩部肌肉群动作反应速度。躯干正直坐在长凳上,一侧臂水平外展用手压住球。同伴以60%~75%的力量向侧面各个方向拍球,练习者尽最大努力防止球运动。

(二)动作速度训练

1.上肢和躯干训练

(1)斜立扩胸:把两个瑞士球左右相邻放在地面上,俯卧用双扶住球面支撑上体。双脚脚掌支撑地面,身体屈膝,并向球倾斜。将两个球向外侧滚动,打开双臂,直到自己能够控制的动作幅度。然后回收双臂,将球滚回开始位置。

(2)双球支撑快速扩胸:把两个瑞士球左右相邻放在地面上,俯卧用双臂的前臂支撑体重。双脚在地面支撑,身体与地面约成30°夹角。将两个球向外侧滚动,打开双臂,直到自己能够控制的动作幅度。然后回收双臂,将球滚回开始位置。

(3)仰卧快速斜推哑铃:把瑞士球放在地面上,练习者先坐在瑞士球上。向前迈步成仰卧姿势,头枕在球上,上背部支撑体重,双脚在地面上。连续快速上推哑铃。

(4)仰卧快速引体:仰卧,双手握住固定横杠,将球垫在膝关节下。上引身体使下颌接触横杠,重复练习。

(5)杠铃片快速头后拉:背靠在山羊上,双手持握杠铃片于头上方,双脚前后开立于地面。向头后沿半圆路线下降杠铃片,然后沿原路线拉起杠铃片,重复练习。

(6)实心球快速俯卧撑:双手撑在球上,双脚掌撑地,身体成一线。向身体下方屈肘,而后撑起身体,重复练习。

(7)纵向飞鸟:双手掌心向内,持握杠铃片于体侧,双脚左右开立于地面。向体侧直臂快速提起杠铃片至头顶,然后沿原路线返回,重复练习。

(8)横向飞鸟:双手掌心向内,双臂平举杠铃片于体前,双脚左右开立于地面。沿体侧向后直臂水平快速移动杠铃片至最大限度,然后沿原路线返回,重复练习。

2.髋部和下肢训练

(1)跨步跳:双脚交替起跳和落地。跳起高度不要太高,摆动腿大腿与地面平行,步长大于正常跑进。

(2)单腿跳:单脚重复起跳和落地。跳起高度不要太高,起跳腿在身体腾空中前摆,大腿与地面平行。

（3）连续蛙跳：双脚重复起跳和落地。起跳和腾空动作与立定跳远相同。

（4）立定跳远：面对沙坑或垫子，双脚以肩宽左右开立，双臂上举并充分伸展身体。下蹲后双腿迅速蹬伸，向前上方跳起，前引双脚落地。

（5）立定三级跳远：预备姿势与立定跳远相同，双脚起跳以单脚落地接跨步动作。另一只脚落地再跨步，双脚落地。

（6）跳深：采用 8～10 个高 60～80 厘米的跳箱，间距约 1 米依次横向排列。练习者从跳箱上跳下，再迅速跳上下一个跳箱，连续练习。

（7）直膝跳深：采用 8～10 个 20～30 厘米低跳箱，间距约 50 厘米依次横向排列。练习者直膝从跳箱上跳下，再直膝迅速跳上下一个跳箱，连续练习。

（8）绳梯 180°转体跳：身体半蹲，双脚左右开立，以前脚掌支撑身体，每只脚站在一个格子里。身体跳起在空中转体 180°，双脚分别落在前面的格子中。身体跳起向反方向在空中转体 180°，双脚各落在前面的格子中，重复练习。

（9）仰卧膝夹球转髋：仰卧于地面，双臂向体侧方向伸展。膝关节呈 90°弯曲，夹住实心球进行左右方向的快速转动练习。也可以增加难度伸直双腿，用脚夹住实心球进行左右方向的转动练习。

（10）快速背肌转体：身体伸展俯卧在山羊上，腿部固定在肋木上，上体下屈。双手交叉贴在头后，快速伸展身体至水平位置转体。身体左右方向重复练习。

（11）靠墙单腿快速下蹲：背向墙面站立，在腰部与墙面之间放一个球。双脚在身体重心前约 30 厘米，以肩宽间距左右开立，脚尖指向前方。靠墙下蹲直到屈膝 90°姿势，保持 2 秒钟，再站起换腿重复。

3. 全身配合训练

（1）垫上后空翻：在海绵包或垫子上双脚以肩宽左右开立，双臂上举并充分伸展身体。下蹲后双腿迅速蹬伸，向后上方跳起后仰头，双脚离地进入 180°后空翻。双手先支撑海绵包或垫子引导身体下落，再收腹使双脚落地。

（2）双腿起跳背越过杆：背对海绵包和横杆，双脚以肩宽左右开立，双臂上举并充分伸展身体。下蹲后双腿迅速蹬伸，向后上方跳起，仰头形成背弓越过横杆。过杆后收腹、团身使背部先落在海绵包上。

（3）前抛实心球或铅球：面对抛掷方向，双脚左右开立约一肩半宽，直臂双手持实心球或铅球举过头顶。团身下摆实心球或铅球至两小腿间并接近地面。迅速蹬腿、挺身、挥臂向身体前上方抛出实心球或铅球。

（4）后抛实心球或铅球：背对抛掷方向，双脚左右开立约一肩半宽，直臂双手持实心球或铅球举过头顶。团身下摆实心球或铅球至两小腿间并接近地面。迅速蹬腿、挺身、挥臂向身体后上方抛出实心球。

（5）跳起转体接实心球：背对接球方向，双脚左右开立紧紧夹住轻实心球。迅速跳起，用双腿将轻实心球抛向空中,身体落地迅速转体接住实心球。

(6)持实心球弓箭步转体:站立,双手持球于胸前,右腿屈膝、屈髋前迈落地。右腿的大腿与地面平行,膝关节弯曲90°,并且不超过脚尖垂线。右脚落地时,身体和持球伸直的双臂快速转向右侧。行进间左右腿交替练习。

(7)持实心球侧蹲:双脚以肩宽左右开立,向左侧分步进入侧蹲姿势,重心移到左腿上。同时充分快速前伸双臂前送实心球,保持这个姿势2秒钟。右腿蹬离地面形成开始姿势,左右腿交换重复练习。

(8)快速高拉:将杠铃放在身体两侧40~50厘米高的支撑物上,双手宽间距握住杠铃杆。由半蹲姿势开始,腿、髋发力尽量快速向上提拉杠铃,返回开始姿势,重复练习。

(9)快速抓举:下蹲,双手宽间距握住杠铃杆,然后用腿、髋发力尽量向上提拉杠铃。当杠铃接近最高点时降低身体重心,翻肩、翻腕上推,并移杠铃到头后上部。举起杠铃成直立姿势,然后返回开始姿势重复练习。

(10)快速高翻:将杠铃放在地面上,双手以肩宽为间距握住杠铃杆。由下蹲姿势开始,腿、髋发力尽量快速向上提拉杠铃。当杠铃接近胸上部时降低身体重心,翻肩、翻腕支撑,固定杠铃在胸上部。身体成直立姿势,然后返回开始姿势重复练习。

(三)位移速度训练

1.上肢和躯干训练

(1)摆臂:双脚并拢站立,以短跑动作前后摆臂,肘关节弯曲约90°,双手放松。前摆手摆到约肩部高度,后摆手摆到臀部之后。

(2)跑步动作平衡:采用最高速度时的单腿支撑姿势,左脚用脚掌支撑,肘关节弯曲约90°。左手在肩部高度,右手在髋部高度,右腿高抬,右脚踝靠近臀部。

2.髋部和下肢训练

(1)跑步姿势交换腿高跳:从慢跑开始,用跑的身体姿势进行高跳。高抬膝,尽量高跳。起跳后用另一只脚落地。

(2)跑步姿势交换腿高跳落点向内:从慢跑开始,沿分道线或直线练习,用跑的身体姿势进行高跳。起跳后用另一只脚落地,继续练习。

(3)跑步姿势交换腿高跳落点向外:从慢跑开始,沿分道线或直线练习,用跑的身体姿势进行高跳。起跳后用另一只脚落地,继续练习。

(4)踝关节小步跑:采用很小的步长快跑,强调脚底肌群的蹬地和踝关节屈伸动作。以脚掌蹬离地面。

(5)后踢腿:从慢跑开始,使摆动腿脚跟拍击臀部,膝关节在弯曲过程中向前上摆动。

(6)脚回环:单腿支撑,手扶固定物维持平衡。一只脚以短跑动作进行回环练习。

3.全身配合训练

(1)原地快速高抬腿:以短跑动作前后摆臂进行原地快速高抬腿,肘关节弯曲约90°。前摆手摆到约肩部高度,后摆手摆到臀部之后。大腿摆到与地面平行姿势。

（2）高抬腿跑绳梯：双脚在同一格内落地，尽快跑过每格约 50 厘米间距的绳梯或小棍。

（3）单腿过栏架跑：以约 1 米间距摆放 8～10 个约 30～40 厘米高的栏架。在栏架一端支撑腿直膝跑进，摆动腿从栏架上越过。

（4）拖轮胎跑：练习者腰部系绳索，拖动一个汽车轮胎跑。

（5）缓坡上坡跑：在坡道上向上跑进。发展最大速度采用的坡度在 30°以下。发展加速能力采用的坡度可以适当增加。

三、排球速度素质训练的注意事项

（1）速度训练应安排在训练课的前半部分，在中枢神经系统处于良性兴奋状态和体力充沛时进行训练的效果最好。

（2）速度的增长较慢，所以速度训练要保持经常性，并对提高动作速度不断地提出具体要求。

（3）速度训练要防止产生不良影响的积累，如做完速度较慢的练习后，要安排速度较快的练习，形成训练的良性转移。

（4）采用极限速度练习时，安排适中的运动负荷。在极限速度练习后，则要使肌肉得到一定的放松，这样做不仅可以尽快地恢复机体的活动能力，还可以促进纤维工作同步化和肌肉工作协调性。

（5）练习手段要多样化，尤其要多采用一些发展速度力量的练习手段，以变化的频率、节奏完成动作，建立起中枢神经系统灵活多样的条件反射。

第三节　排球耐力素质训练方法

一、耐力素质的概念与分类

（一）耐力素质的概念

运动学认为，耐力素质是保证机体长时间运动的重要素质，它是人体在长时间工作或运动中克服疲劳的能力。同时耐力素质也可以作为反映人体健康水平或体质强弱的重要标志，在人体体能素质中发挥着重要作用。

在排球运动中，对耐力素质产生影响的因素有很多，例如在长时间运动时的心理耐受能力、运动器官持续工作的能力、能源物质的储存情况和长时间运动中氧代谢的能力以及掌握运动技术的熟练程度和功能节省化水平等。而其中影响耐力素质的最主要因素是其在长时间运动中所产生的疲劳，造成机体工作能力暂时性下降。因此，提高耐力素质有助于克服疲劳。

（二）耐力素质的分类

根据不同的分类标准，可将个体的耐力素质分为以下几类。

1.根据运动时间分类

(1)短时间的耐力:运动持续时间在 45 秒至 2 分钟的项目所需的耐力,在运动过程中,短时间产生较高的氧债,运动成绩受机体力量与速度耐力素质的影响较大。

(2)中等时间的耐力:运动持续时间在 2~8 分钟以上的运动项目中所需的耐力,运动负荷强度一般要比长时间的耐力项目的负荷强度要大。通常机体在运动过程中,氧不能完全满足机体的运动需要,会在运动过程中产生一定的氧债。

(3)长时间的耐力:运动持续时间超过 8 分钟以上的运动项目所需要的耐力称为长时间的耐力。运动过程中由氧系统供能,运动者心率可达到 170~180 次/分以上。

2.根据氧代谢方式分类

(1)有氧耐力:机体在氧气供应充分的情况下,坚持长时间运动的能力。

(2)无氧耐力:机体在氧供应不足的情况下,坚持长时间运动的能力。可细分为非乳酸供能的无氧代谢和乳酸供能的无氧代谢两种形式。

(3)有氧与无氧混合耐力:一种介于有氧耐力和无氧耐力之间的特殊耐力,进行此类运动时,机体的有氧和无氧代谢同时参与供能。

3.根据肌肉工作方式分类

(1)静力性耐力:机体在长时间的静力性肌肉工作中克服疲劳的能力。

(2)动力性耐力:机体在长时间的动力性肌肉工作中克服疲劳的能力。

4.根据身体活动分类

(1)身体部位的耐力:身体部位的耐力主要是机体的某一身体部位在进行长时间运动时,克服疲劳的能力。在体能练习中,这种局部耐力水平的提高取决于一般耐力的发展水平。

(2)全身的耐力:全身耐力主要是机体在整个运动训练中克服疲劳的综合能力。它可以反映出机体的综合耐力水平。

二、排球耐力素质的训练方法

(一)有氧耐力训练

(1)定时走:在场地、公路或其他自然环境中按规定时间做自然走或稍快些自然走。运动在 30 分钟左右为宜。

(2)沙地竞走:海滩沙地上竞走练习,每组 500~1000 米,4~5 组。

(3)沙地连续走或负重走:海滩沙地徒手快走或负重(杠铃杆或背人)走。徒手快走每组 400~800 米,负重走每组 200 米。

(4)定时跑:在场地、公路或树林中做 10~20 分钟或更长时间定时跑。

(5)定时定距跑:在场地、公路上做定时跑完固定距离的训练。如要求在 14~20 分钟内跑 3600~4600 米。

(6)变速跑:在场地上进行。快跑段、慢跑段距离也根据专项任务具体要求和目标而定。

一般常以 400 米、600 米、800 米 3000 米等段落进行。例如中距离跑运动员常用 200 米慢跑的变速或 600 米快跑、400 米快跑、200～400 米慢跑等变速。

(7)越野跑：在公路、树林、草地、山坡等场地进行。距离要求，一般在 4000 米以上，多可达 10000～20000 米。

(8)法特莱克跑：在场地、田野、公路上进行，自由变速的越野跑或越野性游戏。最好在公园、树林中进行，约 30 分钟左右，也可更长些时间。

(9)3 分钟以上跳绳或跳绳跑：在跑道上做两臂正摇原地跳绳 3 分钟或跳绳跑 2 分钟。要求每次结束时，心率在 140～150 次/分钟，恢复至 120 次/分钟以下开始下一次练习。

(10)长时间滑雪、滑冰、划船：连续不间断地进行 15 分钟以上的滑雪及滑冰活动。连续不间断地进行 20 分钟以上的划船。

(二)无氧耐力训练

(1)原地或行进间歇车轮跑：原地或行进间做车轮跑。每组 50～70 次，6～8 组，组间歇 2～4 分钟。强度为 75%～80%。

(2)原地间歇高抬腿跑：发展非乳酸性无氧耐力，做每组 5 秒、10 秒、30 秒钟快速高抬腿练习，做 6～8 组，间歇 2～3 分钟。强度为 90%～95%。发展乳酸性无氧耐力，做 1 分钟练习，或 100～150 次为一组，6～8 组，每组间歇 2～4 分钟。强度为 80%。

(3)间歇后蹬跑：行进间做后蹬跑。每组 30～40 次或 60～80 米，重复 6～8 次，间歇 2～3 分钟。强度为 80%。

(4)间歇接力跑：跑道上，4 人成 2 组，相距 200 米站立，听口令起跑，每人跑 200 米交接棒。每人重复 8～10 次。

(5)反复跑：跑距为 60 米、80 米、100 米、120 米、150 米等的反复跑。每组 3～5 次，重复 4～6 组，组间歇 3～5 分钟。心率控制，短于专项的距离，练习时心率应达 180 次/分钟。间歇恢复至 120 次/分钟时，就可以进行下次练习。发展乳酸耐力，距离要长些，强度小些。

(6)反复超赶跑：在田径场跑道或公路上，10 人左右成纵队慢跑或中等速度跑，听口令后，排尾加速跑至排头。每人重复循环 6～8 次。强度 65%～75%。

(7)变速跑：变速快跑与慢跑结合进行。快跑段与慢跑段距离应根据专项而定。如发展非乳酸性无氧耐力，则常采用 50 米快、50 米慢、100 米快、100 米慢或直道快、弯道慢或弯道快、直道慢等。发展乳酸性无氧耐力，常采用 400 米快 200 米慢，或 300 米快 200 米慢，或 600 米快 200 米慢等。强度为 60%～80%。

(8)变速越野跑：在公路、树林、草地、山坡等地进行越野跑，在越野跑中做 50～150 米或更长些距离的加速跑或快跑。加速或快跑距离为 1000～1500 米，强度为 60%～70%。

(9)反复连续跑台阶：在每级高 20 厘米的楼梯或高 50 厘米的看台上，连续跑 30～40 步台阶，每步 2 级，要求动作不间断。重复 6 次，每次间歇 5 分钟，强度为 65%～70%。

(10)跳绳跑：跑道上做两臂正摇跳绳跑，每次跑 200 米，5～8 次，间歇 5 分钟。强度 60%～70%。要求每次结束时心率达 160 次/分钟，间歇恢复到 120 次/分钟以下时开始第二次练习。

(11)交替跳藤圈:两手握藤圈,原地双脚连续跳藤圈或双脚交替连续跳。双脚跳每组50～60次,交替跳每组100次,都做4～5组,组间歇3分钟。强度为50%～60%。

(12)沙坑纵跳—途中跑—双杠臂屈伸—双杠支撑前进:沙坑中纵跳20次,途中跑50米,双杠臂屈伸10次,双杠支撑前进。沙坑纵跳为全蹲跳起,途中跑为70%速度,双杠臂屈伸符合标准,支撑前进不能间断或掉下杠来。往返3次为一组,3～5组,组间歇5分钟。强度为60%～70%。

(三)弹跳耐力训练

(1)连续跳上跳下台阶或高台。

(2)连续小负荷多次数的力量训练。

(3)连续收腹跳8～10个栏架。

(4)30米冲刺跑10次,每次间歇15～20秒。

(5)3～5人一组,连续滚翻救球,每人30～50次。

(6)用本人弹跳80%的高度连续跳20～30次为一组,跳若干组,组间休息2～3分钟。

(7)连续扣抛球10～20次为一组,扣若干组,组间休息3分钟。

(8)扣防结合练习,队员扣一个球后防守一个球,连续进行10～15次为一组。

(四)移动耐力训练

(1)看教练员的手势连续向右前、前、左前方进退移动,2～3分钟为一组。

(2)连续跑动滚翻或鱼跃救球。

(3)队员连续移动接教练员抛出的不同方向、不同弧度的球。

(4)单人全场防守,要求防起15个好球为一组。

(5)连续移动。距离3米左右,连续做5～8组。中间间歇15秒。

(五)综合耐力训练

(1)身体训练以后再进行排球比赛或比赛以后再进行身体训练。

(2)连续打5～7局或9～11局的比赛,训练排球比赛耐力。

(3)象征性排球比赛模仿练习。队员从1号位防起一个扣球之后,前移防起一个吊球,再移动到6号位调整传球一次,移动到5号位防一个扣球,再移动到4号位扣一个球,移动到3号位做一次拦网动作,后撤上步扣球,再移到2号位。一次单脚起跳扣球为一组,连续做若干组。

三、排球耐力素质训练的注意事项

(1)耐力训练应安排在训练课的后半部分或各种练习之后。在身体疲劳条件下进行耐力练习,既可以有效发展耐力素质,又能培养意志品质。

(2)耐力素质属于基础素质,应在全年训练计划中做好统筹安排。通常在冬训或一年训练之初多安排一般耐力训练,作为全面训练的基础,在复训和赛前可减少一般耐力训练,增加专项耐力训练,在比赛期间要酌情安排专项耐力训练,但不宜过多。

(3)机体有氧耐力和无氧耐力之间能够相互联系和促进,耐力训练要注意两者结合,有氧耐力练习和无氧耐力练习的比例,应视学生具体情况而定。

(4)耐力训练对学生的意志品质要求较高。坚强的意志能充分发挥队员的内部动因,提高抗疲劳能力和耐力训练水平。因此,在耐力训练中,要注重队员意志品质的培养。

(5)在进行耐力训练时,正确的呼吸节奏是有效摄取耐力训练时自身所需要氧气的关键。在耐力训练中应将加深呼吸深度为主的供氧能力作为着重培养对象。同时,还应注意强调呼吸节奏与动作节奏配合一致性,使呼吸与动作协调。

(6)紧密联系排球专项运动的实际,各种技战术和身体训练只要安排得当都可以提高耐力,特别是在技战术训练中,在时间、密度、强度的安排上应有意识结合排球耐力训练的要求。在形式上接近实战,在量上要超过实战。

(7)耐力素质消退较快,因此,每周至少应坚持一次有一定强度的耐力训练,才能使耐力素质得到保持。耐力训练要持之以恒。

第四节　排球柔韧素质训练方法

一、柔韧素质概述

(一)柔韧素质的概念

柔韧素质,具体是指机体各关节周围的肌肉、肌腱、韧带等软组织的伸展能力及弹性,即关节活动幅度和范围的大小。它是支撑运动器官的形态机能特性,决定着人体各种动作的幅度。柔韧素质是保障各种运动项目提高运动技能的主要因素之一。如果柔韧素质不够好,掌握运动技能的过程会减缓,变得困难。

大学生进行柔韧素质训练,应该认识到柔韧素质与机体柔软性二者的区别,具体来说,柔韧素质要求柔中有刚,刚柔相济;而柔软性只是柔与软的结合,柔中无刚,刚柔不济。

(二)柔韧素质的分类

根据不同的分类方式,可将个体的柔韧素质分为以下几类。

1.根据完成柔韧素质训练动作方式分类

(1)主动柔韧素质。主动柔韧素质是指人体依靠相应关节周期肌肉群的活性完成大幅度动作的一种能力。主动柔韧素质的指标较低。

(2)被动柔韧素质。被动柔韧素质是指借助外界力量使身体各关节灵活性达到最大程度的一种能力。主动柔韧素质在完成各种身体练习时都要体现出来,主动柔韧素质在实践中的意义超过被动柔韧素质,被动柔韧素质是对发展主动柔韧素质的一种潜在能力。

2.根据柔韧素质表现和身体状况分类

(1)动力性柔韧素质。动力性柔韧素质是指依据动力性技术动作的需要,肌肉、肌腱、韧带等软组织拉伸至解剖学所允许的最大限度,随后再利用强有力的弹性回缩力完成技术动作的一种能力。

(2)静力性柔韧素质。静力性柔韧素质是指根据静力性技术动作的需要,肌肉、肌腱、韧带等软组织拉伸至动作所需的位置角度,并能够控制其停留一定时间所表现出来的一种能力。静力性柔韧素质是动力性柔韧素质的基础。但静力性柔韧素质表现较好,并不代表动力性柔韧素质好。

二、排球柔韧素质的训练方法

(一)手指手腕柔韧性训练

(1)两手相对,指尖向上互触,反复弹压练习。

(2)压腕练习。

(3)手持短器械做腕绕环练习。

(4)队员一手侧扶肋木,两腿前后分开,脚跟着地并固定,做前、后转腕练习。

(二)肩关节柔韧性训练

(1)两臂前后绕环和上下摆振练习。

(2)手扶墙(或肋木)压肩、压腰练习。

(3)在单杠和肋木上做单拉、双拉肩练习。

(4)背对肋木坐下,两手从头上握住肋木,两脚不动,腰尽量向前挺起,持续数秒钟。

(5)两人相对,手扶对方肩部,同时做体前屈压肩练习。

(6)两人背向站立,双手互握,左右侧拉。

(三)腰髋的柔韧性训练

(1)双手握单杠或吊环做腰回旋动作。

(2)做队员背对背直臂互握平举或屈肘互勾的大幅度转体动作。

(3)正压腿,侧压腿(在地上或肋木上)。

(4)纵劈腿,横劈腿。

(5)屈腿坐下,两脚掌心相对,双手将膝关节向下弹压。

(6)背向双手头上握肋木,双脚固定,做腰、髋前挺练习。

(7)倒立屈髋:身体由仰卧姿势开始成垂直倒立,头后部、肩部和上臂支撑体重,双手扶腰。呼气,双腿并拢,直膝,缓慢降低双脚高度直至接触地面。重复练习。

(8)助力腰腹侧屈:双脚左右开立,一只臂自然下垂,另一只臂上举在头上部屈肘。在同伴的帮助下向下垂臂一侧屈上体。改变方向重复练习。

(四)腿部的柔韧性训练

(1)两腿交换做前、后、左、右摆振练习。

(2)做各种踢腿动作。向前踢、向后踢、向侧踢等,可徒手做,也可扶墙或肋木等做。

(3)分腿拉脚:前后分腿,右腿在前屈膝约90°支撑,左腿在后以膝关节支撑,右手扶地。

上体前倾,左手在身后抓住左脚,向臀部方向拉。双腿交替练习。

(4)扶墙拉脚:一只手扶墙站立,一条腿屈膝,使脚跟靠近臀部。呼气,另一只手抓住屈膝腿提起的脚背,吸气,缓慢向臀部方向提拉。

(5)坐立后仰腿折叠:臀部坐在垫上跪立,后倒身体到躺在垫上,脚跟在大腿两侧,脚尖向后。身体后倒过程中呼气,直到背部平躺在垫上。重复练习。

(6)直膝分腿坐压腿:双腿尽量分开坐在地面,呼气,转体,上体前倾贴在一条腿上部。交换腿拉伸,重复练习。

(五)踝关节柔韧性训练

(1)跪坐压踝。

(2)负中等重量,踝关节做屈伸动作,如提踵。

(3)把脚放在高约 10 厘米的木板上,足跟着地,做负重全蹲练习。

(4)点起脚尖,做踝关节的绕环练习。

三、排球柔韧素质训练的注意事项

(1)柔韧性素质与中枢神经系统的兴奋性有关。柔韧素质训练应安排在课的前半部分,尤其在队员精力充沛、情绪高涨时训练效果最好。

(2)柔韧性训练要适应专项要求。排球运动所表现的柔韧性,不仅仅是指某个动作反映在身体某一关节或某一部位上,它往往牵涉两个或两个以上的关节或身体部位。因此在训练时要对包括主要柔韧性活动区在内的各相关关节、部位进行训练。

(3)应注意提高学生的协调能力。柔韧素质在某种程度上取决于运动机体的协调能力。做动作时,各部位动作是否协调一致,使各部位动作按技术要求达到舒展程度,以及在完成动作中的主动肌收缩、对抗肌充分放松等,都与协调能力有关。

(4)力量练习是发展肌肉的收缩能力,柔韧练习能发展肌肉伸展能力,因此力量结合柔韧性练习对提高肌肉质量最为有效。

(5)气温对柔韧性有一定的影响。天气暖和,全身发热时柔韧性较好,天气寒冷,身体发冷时柔韧性差。为取得好的训练效果,进行柔韧性素质训练时,要注意外界温度的高低。当气温较低时,准备活动要充分,以身体轻微出汗为宜。

第五节　排球灵敏素质训练方法

一、灵敏素质的概念与分类

(一)灵敏素质的概念

灵敏素质是指运动员在各种突然变换的条件下,协调、快速、准确地完成动作的能力。它综合表现了运动者的运动技能和各种运动素质。灵敏素质建立在力量、速度(反应速度、动作速度、移动速度)、柔韧、耐力、节奏感、协调性等多种素质和技能之上,运动者某一方面身体素质或综合素质的增强都有助于灵敏素质的发展和提高。

(二)灵敏素质的分类

这里主要根据灵敏素质与运动之间的关系,将灵敏素质分为以下两种。

1.一般灵敏素质

一般灵敏素质是指运动者在运动过程中,在各种突然变换条件的情况下,能迅速、准确地完成各种动作的能力,它是专项灵敏素质发展的基础。

2.专项灵敏素质

专项灵敏素质是指在各种专项运动中,运动者能够迅速、准确、协调地完成专项运动各种动作的能力。它是在一般灵敏素质的基础上,不断重复专项技术和技能环节训练的结果。各项运动对灵敏素质有着不同的要求,例如,排球运动中,技术动作复杂,没有固定的程序和动作模式,随时根据复杂比赛条件的变化,改变动作的方向、速度、身体姿势,主要强调反映、判断、躲闪、移动、随机应变、动作敏捷等能力。

二、排球灵敏素质的训练方法

(一)控制性训练

(1)两臂同时分别向前、后绕环。按教练员口令,两臂分别做不同顺序、不同起始节拍的动作。左手前平举,右手在体侧不动—左手上举,右手前平举—左手侧平举,右手上举—左手下放体侧,右手侧平举—左手不动,右手还原。

(2)两足开立和并拢连续跳跃,双手从体侧平举至头上击掌,最后还原。

(3)分足跳时,双手头上击掌,并足跳时双手侧平举。

(4)连续交换单足跳跃。前踢腿时,双手触足尖,后踢腿时,双臂上振。反复进行。一条腿前踢落地后换另一条腿后踢。

(二)垫上训练

(1)做鱼跃前滚翻练习和手撑兔跳练习。

(2)做直体前扑—手掌胸前击掌—推起穿腿—蹬足练习。

(3)做前滚翻—左(右)横滚动—快速起立—原地鱼跃—跪跳起练习。

(4)双人鱼跃横滚翻前进。

(5)三人两边交叉鱼跃横滚翻和三人两边鱼跃前滚翻练习。

(三)橡皮筋训练

(1)做一定高度的侧手翻过练习。

(2)做一定高度的兔跳从下面过,臀部不得碰橡皮筋。

(3)双脚跳过橡皮筋接跪跳起后再跳过橡皮筋。

(4)两条橡皮筋,跳过一条后接俯卧撑,跪跳起后再跳过另一条。

(5)两条橡皮筋,一高一低,中间距离尽可能小些,做鱼跃前滚翻,从中间过,要求上下不得碰橡皮筋。

(四)弹跳板训练

(1)原地或助跑高跳,做收腹展腹练习。

(2)做前、后或左、右分腿跳。

(3)做前屈体摸脚面。

(4)两次转体、落地后接前滚翻或接鱼跃。

(五)结合场地和球的训练

(1)根据不同信号,队员分别做快速起动、制动、变速、变向及跳跃、滚动等动作。

(2)队员做拦网落地后,接鱼跃或滚翻垫球,再上步扣球。

(3)队员做前扑—向后撤步移动—向前单足蹬地鱼跃—向侧后滚翻的组合练习。

(4)持球躺在地板上,自己向上抛球后立即起立将球接住。

(5)将球用力向地面击打,待其反弹后从球下钻过,反弹一次钻一次,力争钻的次数多一些。可以两人比赛。

(6)两人一组,一人侧传另一人抛来的低平球后接滚翻,若干次后交换。

(7)两人一组,一人跳传另一人抛来的球后接着做立卧撑,若干次后交换。

(8)网前拦网一次,转身退到进攻线救一个球,然后回到网前传一个球。

三、排球灵敏素质训练的注意事项

(1)排球运动中的灵活性是由判断能力、反应速度、移动速度、爆发力和协调性几种素质与排球技术结合而成。灵活性训练要求队员注意力集中,动作准确快速,因此应把灵敏素质训练放在课的前半部分进行。

(2)在排球运动中,运动员的灵敏性反应多来自对自己观察情况的判断,根据观察与判断及时做出动作反应。因此灵敏素质训练应以视觉信号为主。

(3)灵敏素质是由多种素质结合而成的,不是单独训练可以完全获得,因此,灵敏性训练应与其他素质训练结合进行。

(4)灵活性训练的内容和动作设计应考虑到排球技术动作的需要,如滚翻、前扑、鱼跃、起立、起跳、空中动作、击球、转体等,应紧密结合技术实际,使灵活素质的提高能更有效地应用到实际比赛中。

第八章　排球运动的其它形式

第一节　沙滩排球

沙滩排球诞生在美国西部的南加利福尼亚海岸。早在 1940 年这里就开始举行了沙滩排球比赛,最初仅仅是以一种闲暇游戏形式出现。后来吸引了越来越多的参加者,使沙滩排球活动得到了迅速的发展。

在美国、巴西,沙滩排球运动开展得最普及,水平也较高,其次是欧洲沿海国家。亚洲沙滩排球起步较晚,水平较低。

1987 年 2 月,国际排球联在巴西举办了第一届世界沙滩排球锦标赛,有巴西、美国、意大利、阿根廷、智利、墨西哥、日本 7 个国家参加了比赛。

1988 年国际排球联正式成立了"世界沙滩排球委员会"。1989 年 2 月在巴西首都里约热内卢举行第一届世界沙滩排球系列大奖的首场比赛。

1988 年我国首次派出男队参加日本沙滩排球国际邀请赛。1989 年我国在北戴河首次举办沙滩排球赛。

在 1993 年 9 月 18 日,国际奥林匹克委员会第 101 次会议确定了沙滩排球作为第二个排球比赛项目被列为 1996 年亚特兰大奥运会的正式比赛项目。沙滩排球进入奥运会比赛的梦想终于成为现实。

球的用料必须是不吸水的材料制成外壳,适合室外环境。球的颜色一般为蓝、黄、白三色又可由橙色、粉红色等其它三种浅色组成,不同颜色构成的花球,主要是提高其观赏性。

一、比赛场地

沙滩排球比赛场地、器材与室内排球基本相同,不同之处有以下几点:国际排联组织的正式沙滩排球比赛场地,要求边线外的无障碍区至少 5 米,端线外的无障碍区至少 4 米;场地的地面必须是水平的沙滩,尽可能平坦和划一。沙滩必须至少 30 厘米深并由沙组成;场地的各界线宽 5～8 厘米,界线必须是与沙滩不同的颜色(最好为深蓝色)的坚固材料制成的缎带构成;没有中线和进攻线;球网的上、下沿各缝有 5～8 厘米的双层深蓝色或其它鲜明颜色的帆布带;标志带为 5～8 厘米宽,1 米长的彩色带子;球的内压为 0.175～0.225 千克/平方厘米。

二、比赛方法

国际排联组织的正式比赛,采用两人制。除此之外,还有组织女子四人制,男女混合四人制,男女混合两人制,男女混合三人制的沙滩排球比赛。沙滩排球的比赛方式分为一局制和三局两胜制。

（一）一局制

胜一局的队胜一场。比赛采用发球权得分制,即只有拥有发球权的队才能得分,否则只能得发球权。一个队先得 15 分并同时超过对方 2 分时即获得该场比赛的胜利,当比分 14∶14 时,比赛继续进行至某一队领先 2 分(16∶14、17∶15)为止。比赛限最高比分为 17 分,即 16∶16 时,先获 17 分的队,即取胜这场比赛。

（二）三局两胜制

胜两局的队胜一场。前两局比赛采用发球权得分制(同方式 A),但当一个队先得 12 分并同时超过对方 2 分时为胜一局。当比分 11∶11 时,比赛继续进行至某一队领先 2 分(13∶11、14∶12、15∶13)为止。但比赛最高分限为 15 分,即当比分为 14∶14 时,先获 15 分的队,即使仅领先 1 分,也取得了这场比赛的胜利。第三局即决胜局,比赛采用每球得分制。即任一队胜一球得 1 分。决胜局中,一个队必须先得 15 分并同时超过对方 2 分才能获胜。当比分为 14∶14,比赛继续进行直至某队领先 2 分为止。第三局比赛没有最高分限。

三、比赛规则

国际排联组织的两人制沙滩排球比赛,比赛规则与室内排球比赛规则的不同之处是:

(1)一个队由两名队员组成。每队的两名队员必须始终在场上,没有换人。当发球队员击球时,除发球队员外,双方队员必须在本场区内,可随意站位,没有固定的位置,没有位置错误或轮转错误,但有发球次序错误。一局比赛每队首次发球时,记录员记录发球次序,比赛中,记录员应展示发球队员 1 或 2 号的号码牌,指明该队的发球次序。记录员发现发球次序错误,应在发球击球后即通知裁判员。

(2)每队最多可击球 3 次,拦网触手也计一次击球,第三次必须将球从球网上空击回至对方场区。

(3)队员不得用手指吊球的动作来完成进攻性击球。

(4)队员用手传球完成进攻性击球时,传球轨迹不垂直于双肩连线,即犯规。

(5)用上手传球防守重扣球时,允许球在手中有短暂的停滞。当双方队员网上同时触球时可以"持球"。

(6)在不妨碍对比赛的情况下,允许队员穿入对方空间场区和无障碍区。

(7)任何队员在本场区空间都可以对任何高度的球进行进攻性击球。

(8)每局比赛中,每队最多可请示 4 次暂停,每次暂停时间为 30 秒,任一队员都可向裁判员提出暂停请求。

(9)在任何方式的比赛中,当双方得分相加为 5 时,由记录员通知裁判员,随即双方交换场区。交换场区时可给球队最多 30 秒的休息时间。但三局两胜制的决胜局交换场区时,没有休息时间。

(10)三局两胜制比赛时,所在局间休息时间均为 5 分钟。

(11)队中比赛过程中受伤,可给予 5 分钟的恢复时间,但一局比赛中最多给予同一名队员两次恢复时间。队员 5 分钟内没有恢复或一局内同一名队员超过两次恢复时间,则宣布该队为阵容不完整。

第二节　软式排球

软式排球是一项新兴的体育项目,20 世纪 80 年代末诞生在日本山梨县,软式排球的设计与开展主要是以中、老年和儿童为对象的群体体育项目。软式排球具有重量轻、体积大、制造材料柔软、不伤手指等特点。因此,软式排球是深受广大体育爱好者欢迎的一项健身运动。

1988 年日本排球协会制定了软式排球竞赛规则。同年 10 月举行了第 1 届中、老年组软式排球比赛。

1991 年 4 月日本修改并出版了举行日本软式排球竞赛规则。

1994 年 2 月日本软式排球规则进一步修改。10 月向美国派出了 30 人软式排球代表团进行访问,从中软式排球在日本全面普及并在国外推广。目前,软式排球在日本、新加坡、韩国、欧洲意大利等国家广泛开展。

1994 年北京体育大学排球教研室最早将软式排球引入我国。

原国家体委于 1996 年颁布软式排球竞赛规则。1999 年 3 月体排协(1999)016 文件,要求各省市纳入中小学教材,并于 2000 年 2 月在集美大学举办了全国高校第一期软式排球培训班。

一、比赛场地

软式排球的场地为长 13.4 米,宽 6.1 米的长方形。其四周至少有 2 米宽的无障碍区。从场面上空至少有 7 米的无障碍空间。地面必须是木地板,塑胶或土地、草地、尽可能平坦,球网高度,成人组 2.2 米,家庭组如 12 岁以下组 2.10 米,10 岁以下组 2.00 米。比赛场地和网高可根据人数和年龄任意增减。如:场地 7 米×14 米,网高 1.80～1.90 米;场地 8 米×14 米,网高 1.90～2.10 米;场地 9 米×18 米,网高 2.24～2.35 米。

二、比赛方法

软式排球是每队由 3～8 人组成的。比赛采用三局两胜制。前两局为只有发球队可以得分,接发球队胜一球时,只获得发球权。每次换发球时发球队员必须交替。一个队赢得 15 分同时超过对方 2 分时即取得这局胜利。当比分为 16:16 时,先获得 17 分仅领先对方 1 分的队即取得这局比赛的胜利。当前两局为 1:1 时,第三局采用每球得分制,即某队胜对方 2 分时才算获胜,没有最高分限制。

三、比赛规则

(1)软式排球比赛的组队形式有家庭组和年龄组两种：家庭组比赛必须是一对夫妇和一名 12 岁以下的儿童，年龄组分为 10 岁以下组、12 岁以下组。如金、银、铜组。金组年龄 50 岁以上，银组年龄为 40～49 岁，铜组年龄 30～39 岁。各组需由男女各 2 名队员组成。

(2)发球队员击球时，双方上场的 4 名队员（发球队员除外）必须在本场区按 1 号位为后排队员，2 号位为前排右，3 号位为前排中，4 号位为前排左队员站好位置，不得造成位置错误。发球队员击球后，队员可自由换位，但后排队员不能进入进攻线前拦网，不能踏及踏越进攻线将高于球网上沿的球直接击入对区。家庭组 3 名队员可以任意站位，前排，左右位置不限，但必须轮流发球。

(3)10 岁组以下的队员不得参与拦网。

(4)必须下手发球。

(5)队员不能用手指吊球完成进攻性击球。

(6)队员用上手传球时，传球轨迹不垂直于双肩连线完成进攻性击球为犯规。

(7)成人组，12 岁以下组，10 岁以下组必须按顺时针轮流换人。

(8)家庭组不需换人。

(9)局间休息时间为 1 分钟。其他规则同六人制。

第三节　小排球

小排球又称"迷你排球"。大约在 20 世纪 60 年代初，前民主德国的教练员们在开展儿童排球的活动中创造了"小排球"，并取得了较好效果。此后排球活动在世界各国普遍得到开展。我国一直重视小排球活动，不少中小学校有开展小排球活动的传统。开展小排球活动有利于发现、培养和选拔竞技排球运动的人才。

一、比赛场地

比赛场区长 16 米，宽 8 米，男女网高均为 1.9 或 2 米（少年组男子 2.24～2.30 米，女子 2.00～2.10 米），距中线中心线 2.5 米处设有扣球限制线，将场地分为前场区和后场区。

二、比赛方法与规则

正式比赛采用五局三胜制。一般比赛采用三局两胜制。以某队先得 11 分并超过对方 2 分的队为胜一局。决胜局中任何一队先得 6 分时双方交换场区。获得发球权后，队员要按顺时针方向轮转位置，方法同六人制排球。发球有两次机会，第一失误，可再发一次。

第四节　九人制排球

九人制排球自 1927~1951 年在我国流行了 24 年之久,有着广泛的群众基础。我国的一些沿海地区,特别一些"排球之乡",仍然有不少爱好者参加九人制排球活动。我国妇女与日本妇女之间也经常开展九人制排球活动,作为国际交流的一种形式。

一、比赛场地

比赛场区长 22 米,宽 11 米。球网高度男子 2.30 米,女子 2.10 米,比赛场区无中线和进攻线。

二、比赛方法与规则

九人制排球双方各上 9 名名队员,分三排站立。正式比赛采用五局三胜制,比赛采用每球得分制,以某队先得 21 分并领先对方 2 分为获胜,无最高分限制。比赛场上位置不轮转,不分前后排,无位置错误,只按事先排定的发球顺序依次发球,任何队员有 2 次机会,第一次发球失误,还可以再发球。持球和连击尺度放宽,但不鼓励捞、捧、携带球等动作。

第五节　四人制排球

四人制排球比赛源于 90 年代初期我国男女排甲级队的冬训。出发点是想以此作为提高运动员的强攻和防守能力辅助训练手段,后来曾一度被我国的全国青年联赛正式采用。四人制排球在四川省和南方一些地区中小学开展较为广泛,并自定规则。

一、比赛场地

比赛场地长 18 米,宽 9 米,男子网高 2.35~2.43 米,女子网高 2.15~2.24 米,小学生比赛网高男女均为 2.00~2.10 米。场长也可缩小为长 16,宽 8 米。

二、比赛方法与规则

四人制排球双方各上场 4 名队员,比赛采用三局两胜制,以某队先赢 15 分并同时超过对方 2 分为胜一局前两局最高分限为 17 分,第三局采用每球得分制,无最高分限制。下面介绍我国某些地区四人制排球竞赛规则,供参考。

(1)场上队员可在场内任意站位,无位置错误。

(2)场上四名队员均可以进攻或拦网。

(3)不允许完全在进攻区内起跳扣球,(包括二次球如轻扣球)。传球、垫球、轻扣球或吊球都不允许球落入对方进攻区内。但发球、防守、拦网以重扣球球触网后允许落入对方进攻区内。

(4)每队每局允许换人 4 人次。

(5)可以扣探头球。

其他规则同六人制排球规则。

第六节　气排球

气排球运动是由我国铁路职工首创并发展成为正式群众竞赛项目的。这是一项针对老年人的特点而开展的健身娱乐的运动项目。它是在气球的基础上,充分融合了排球的特点,具有明确广泛的健身娱乐目的。气排球体软、重量轻、不易伤手指的特点。因此,老年人进行气排球运动完全性强,又具有趣味性。

1991 年编写了第一本《气排球竞赛规则》。1992 年 11 月在武汉举行了首届铁路老年人气排球比赛。1995 年 3 月 4 日中国火车头老年人气排球协会在北京正式成立。

气排球是由软塑料制成,重量 100~150 克,周长 79~85 厘米,颜色为一色的浅色。

一、比赛场地

气排球的比赛场地长 12 米、宽 6 米。比赛网高男子 2 米,女子 1.80 米。每方场内距中线 2 米处划一条平行中线的限制线,队员只能在限制线后将高于球网上沿的球扣或吊向对方场区,在限制区内只能将球传向对方场区。

二、比赛方法与规则

气排球比赛时,每队上场 5 人。发球采用"发一次球便轮换"的方式,即发球得分后,队员不得连续发球,应换下一人发球。比赛采用三局两胜制,计分方法与室内排球相同。

第七节　其他排球活动

一、残疾人排球

为了适应残疾人锻炼身体和开展体育活动的需要,残疾人排球运动正在兴起。残疾人排球运动比赛形式有:轮椅排球、立式排球、坐式排球等。残疾人奥运会上正式设立了立式排球赛和坐式排球赛。

立式排球赛的比赛形式和规则与正常人相同,而坐式排球赛则有一些特殊的规定。

坐式排球赛的比赛场地小于正常的排球场地,比赛场区的面积为 10 米×6 米,由中线分为两个长 5 米、宽 6 米的相等场区,两场区的进攻线距中线 2 米。

比赛球网的长为 6.50 米,宽 0.80 米。男子比赛网高 1.15 米,女子比赛网高 1.05 米。

运动员的场上位置是由臀部的着地部分来决定的。前排队员进攻性击球和拦网时,臀部不允许抬离地面。后排队员可以在臀部不触及越过进攻线的前提下,进行进攻性击球。

在防守区或无障碍区进行防守时,允许臀部暂时抬离地面,同时也允许将球直接击入对方场区。

运动员的身体不得触及 6.50 球网的任何部分。除手的一部分可以越过中线触及对方场区之外,身体任何部分不得触及对方场地。

另有一条与正常人排球赛不同的规定是,允许前排队员拦对方的发球。参加国际正式的残疾人排球比赛,无论是立式还是坐式,在运动员的伤残等级和参赛资格上都有相关的规定。

二、墙排球

墙排球是一种轻松、快速的体育运动,它具有墙球、排球、全角度台球以及室内英式足球的特点,是在 800 平方米的场地空间里,利用墙壁反弹的一项球类运动。这项运动在美国一些健身俱乐部开展得比较普及。

墙排球的规则是以排球为基础的。网高 2～2.50 米,网长至墙球场的两侧。球的重量为 255～285 克,比排球质地软,比篮球略小一点。

比赛由 2～4 人为一方,双方在球过网前有三次击球机会。球可以通过侧面墙壁的撞击进入对方的场地。

三、草地排球

草地排球在美国开展已有很多年的历史了,随着轻型、坚固,体积很小的可携式排球网架的出现,美国的草地排球开展的更容易了。草地排球三人制的比赛较普遍。也有采用二人制比赛。

四、立体网排球

立体网排球是由广州体育学院钟前涓研制的。立体网排球是一项以立体网为中隔、两队分场而争的排球运动。

立体网是由两张现行使用的标准网和一张平张于两网顶端的条型网连接而构成的立体状网。由于立体网的结构从某种程度上削弱了进攻力量,使防守起球更容易一些,比赛中往返球增多,增加了对抗的持续性和激烈性,使比赛更具有观赏性和趣味性。

五、反弹排球

反弹排球是使用正式的排球场地和球,球网高度为 2 米,每方上场 6 人,发球队员站在距网 6 米远的位置上,用下手抛球或下手发球的形式将球发出。接发球的一方要等球落地一次后,击反弹起来的球,每方最多击球三次。第二次或第三次击球可以反弹球,也可以直接将击出。其它与正式排球比赛相同。这种比赛由于允许球落地一次后击球,使球的速度变得比较缓慢,容易接起,可以减少比赛者怕球伤手指的心理,增加了接好球的机会,提高了比赛的连续性。

参考文献

[1]陈春阳,金刚铁,邢继庆. 高校排球运动的教学与训练研究[M]. 长春:吉林大学出版社,2014.

[2]陈婉红. 高校排球教学模式的创新研究[J]. 冰雪体育创新研究,2022(15):78-81.

[3]陈婉红. 高校排球训练现状及策略研究[J]. 文体用品与科技,2022(15):121-123.

[4]程茜. 高校排球运动训练创新发展探究[J]. 当代体育,2021(15):164,166.

[5]郭俊男. 高校排球教学模式的创新思路和对策[J]. 体育画报,2021(5):172,174.

[6]黄桃. 高校排球教学与训练中多媒体技术的应用研究[J]. 科教导刊(电子版),2020(19):238.

[7]贾桂芹,李晓红. 高校排球教学模式优化改革探讨[J]. 长江丛刊,2016(32):201.

[8]鞠菁. 创新高校排球教学模式的路径探究[J]. 当代体育,2022(37):142-147.

[9]李少华,黄彦华. 高校排球教学模式优化与选择浅析[J]. 文体用品与科技,2013(22):71,74.

[10]连立新. 高校排球教学模式创新发展研究[J]. 佳木斯职业学院学报,2016(7):283.

[11]林立宽. 论高校排球教学模式的优化[J]. 智能城市,2017(5):141.

[12]林天豪. 浅析高校排球教学现状及教学模式的改进[J]. 冰雪体育创新研究,2022(5):71-73.

[13]刘春忠,谢月芹,张展. 高校排球教学与训练研究[M]. 长春:吉林大学出版社,2012.

[14]刘涛,陈琴媚. 以排球意识为核心的高校排球训练策略研究[J]. 当代体育,2022(41):113-115.

[15]陆永华. 高校排球训练中软硬结合的训练探讨[J]. 文体用品与科技,2022(20):151-153.

[16]欧阳群华. 高校排球训练中对排球意识的培养思考[J]. 当代体育科技,2021(1):111-112,115.

[17]祁燕琴. 普通高校排球教学现状及教学模式的创新[J]. 体育科技文献通报,2021(5):65,76.

[18]石怀文. 高校排球运动训练与教学实践[M]. 长春:吉林教育出版社,2021.

[19]孙忠伟,张兆. 现代信息技术环境下普通高校排球教学模式研究[J]. 新西部,2010(7):222,218.

[20]王健. 高校排球教学理论与方法研究[M]. 北京:团结出版社,2018.

[21]王龙飞. 普通高校排球教学现状及教学模式的创新思考分析[J]. 商情,2022(52):124-126.

[22]王强. 高校排球运动教学与实践创新研究[M]. 北京:人民体育出版社,2022.

[23]王然. 高校排球教学实践及其课程创新研究[M]. 长春:吉林科学技术出版社有限责任公司,2021.

[24]王薇. 高校排球运动教学与训练发展研究[M]. 长春:吉林出版集团股份有限公司,2022.

[25]吴雪茹.高校排球教学模式创新研究[J].拳击与格斗,2021(22):81—82.

[26]杨艺芸.高校排球体能训练中功能性训练的应用分析[J].运动—休闲(大众体育),2022(17):90—92.

[27]叶春娟.创新高校排球教学模式打造高效体育教学课堂[J].运动,2015(3):112—113,142.

[28]张强.高校排球教学模式的改革与创新[J].当代体育科技,2015(17):96—97.

[29]张天峣.普通高校排球教学模式现状调查研究[J].求知导刊,2016(13):140.

[30]张旖旎,张秀丽,杨建灵.创新高校排球教学模式打造高效体育教学课堂的途径探索[J].体育画报,2022(12):162—163.

[31]赵静,刘志伟.浅析高校排球教学模式优化与选择[J].都市家教(下半月),2014(4):286.

[32]周屹嵩. 高校排球教学研究与改革新思路[M]. 北京:新华出版社,2015.